최고의 집안 최고의 자녀 만들기 비법

일파 도사

미디어북

최고의 집안
최고의 자녀
만들기 비법

글 | 일파 합장

서 문

자식을 둔 부모라면 누구나 내 자녀가 건강하고 많은 이들에게 칭찬받는 성품으로 성장하길 바란다. 성장해서는 가장 최고의 대학에 우수한 성적으로 합격하고 졸업 후에는 좋은 직장 혹은 대기업에 취직해 돈도 많이 벌고 한마디로 성공한 삶 즉 탄탄대로를 걷기를 소원할 것이다.

'개천에서 용이 날 때 드라마가 만들어지고 평지에서 거대한 산줄기가 휘돌기 시작할 때 들을만한 신화가 생기는 법이다.'

요즘과 같은 현대사회에서는 성공은 고사하고 오히려 평범하게 사는 것도 결코 쉬운 일은 아니다. 그러나 내 자식만큼은 특별한 아이로 성장해 가문을 부흥시키고 사회적으로 성공한 사람이 되기를 누구나 바라기에 오늘도 자식들에게 부모로서 최선을 다해 희생을 마다하지 않고 전력투구한다.

오죽하면 자식을 위한 일이라면 '기러기 아빠, 기러기 엄마'가 되는 것도 마다하지 않는 세상이 되었겠는가! 그러나 부모들의 이런 희생에 가까운 피눈물 나는 노력으로 내 자녀가 훌륭히 성장해 성공한다면 더 바랄게 없겠지만 얼마 전 신문보도와 같이 기러기 아빠의 허망한 죽음은 남의 일이 아니다.

부모의 이런 희생과 달리 외국에 나가 있는 자녀들은 가장 우선은 언어가 통하지 않는 전혀 다른 외국 문화권에서의 생활로 공부에 대한 중압감과 문화적 차이를 극복하지 못하고 중도에서 탈락하거나 방황하는 아이들이 생길 수밖에 없다.

그리고 부모가 떨어져 생활함으로 인해 오는 불안함과 공허함을 이기지 못하거나 부모의 입장에서는 경제적 위기로 인해 현실로 다가온 이혼이라는 파경을 맞기도 한다. 내 아이를 훌륭히 혹은 성공한 사람으로 성장시키고자 유학을 선택했던 애초의 계획이 오히려 결손가정이라는 비극으로 이어지는 것이 지금의 현실이다.

부부가 꿈꾸고 원하는 훌륭한 자녀 즉 남들에게 자랑하고 싶을 만큼의 훌륭한 자녀로 성장시키고픈 소망은 부모들의 삶은 저만치 포기하고 기러기 아빠, 기러기 엄마를 자처하면서 까지 자식에게 온갖 정성과 희생을 쏟아 붇는 부모들의 절실함이다. 그러나 부모가 소망한다고 혹은 부모들의 이런 희생으로 자녀 뒷바라지를 한다고 해서 자녀가 모두 성공한 삶을 살 보장이 없다.

그럼 왜 우리는 훌륭한 자손을 갖길 원하는가? 부모의 입장이라면 누구나 당연한 일이겠지만 모든 부모님들은 훌륭한 자녀를 둠으로써 대대에 걸쳐 집안과 자손을 통해 우수한 혈통을 보존하고 더욱더 번영시켜 사회에서 존경받고 대접받는 큰 인물이 되길 바라는 뜻이 아니겠는가!

많은 분들이 더 많은 부를 창출하기 위해 동분서주하고 내 자식과 후손만큼은 훌륭하게 성장해 이 땅에 새로운 명문가를 만들어 주길 절실히 바라는 뜻에서 오늘도 국내든 해외든 궂은 일을 마다하지 않고 불철주야 뛰어다니고 있는 것이다.

아이의 유학을 선택한 부모들은 내 자식들의 성공 신화를 위해서 오늘도 정성을 다해 아이들과 함께 국내·외에서 빌고 또 비는 심정으로 미래를 위해 열심히 뒷바라지 하고 있을 것이다. 자녀의 영어발음을 위해 혀를 수술하고 자식의 과외비를 벌기 위해 식당에 나가 아르바이트를 하며 이것도 모자라 자녀들의 유학을 위해 부부가 생이별을 하는 이상한 나라가 바로 대한민국이다.

언제부터 우리사회에서 기러기 아빠라는 신조어가 생겨났을까? 적어도 부모세대가 고생해 이뤄낸 모든 부를 통해 나의 자식과 손자만큼은 최고의 환경에서 열심히 공부시켜 훌륭한 사회의 일원으로 당당하게 성장해 주기를 학수고대하는 우리의 부모의 마음에서 시작됐을 것이다.

명심보감에 이르길 '성가지아 석분여금(成家之兒 惜糞如金), 패가지아 용금여분(敗家之兒 用金如糞)'이라고 했다. 즉 '집안을 일으킬 아이는 똥을 금처럼 아끼고, 집안을 망칠 아이는 돈을 똥처럼 쓴다'라는 말로 옛 사람들이나 현대인들에게나 자식이 잘 되기를 바라는 마음은 동서고금이 같은가 보다.

부모 심정이란 자식들이 훌륭히 성장하기를 오직 한 마음으로 바라지만 뜻하지 않은 재앙이 늘 내 아이들을 괴롭히고, 자녀들은 부모의 심정과는 정반대의 방향으로 돌진해 끊임없이 부모의 애간장을 태운다.

오늘날의 입시제도에서부터 사회인으로서 성공하기까지 자녀들이 성공할 수 있는 특별한 비법이 없을까? 부모라면 누구나 당연히 간절히 바라는 고민이며 소망이다. 특별한 비법이 없다면 이 책을 세상에 내놓을 이유가 없다. 세상에 많은 부모들이 자식 앞날의 밝은 빛을 보며 속 후련한 길을 갈 수 있도록 확실한 비법을 제시할까 한다.

이 책은 특히 원효대사 때부터 고려시대를 거쳐 500여 년간 조선시대의 왕족과 사대부 선비집안으로부터 지금까지 몇 백년간 종가의 후손들을 통해 전해져 내려오는 확실한 비법을 알려줄 것이다. 수백 년 동안 종가를 지켜온 사대부 집안에서 필살의 비법이 없다면 거짓일 것이다.

앞으로 이 책에서는 원효대사 때부터 조선시대의 왕족과 사대부 집안으로 전해 내려오는 훌륭한 자녀 만들기의 핵심을 지금껏 한 번도 공개되지 않은 선(善)가의 비법을 통해 최초로 공개할 것이다.

이 세상을 새롭게 열어야 한다는, 으뜸의 새벽을 일깨우는 원효(元曉)의 이름만큼이나 원효라는 거대한 산은 1,350년이라는 세월이 흘렀음에도 환하게 빛을 내뿜는 이 땅의 불가사의한 활화산이다.

그간 은밀히 전해져오던 원효대사의 비법은 종교계와 학계, 언론사와 저명인사 풍수지리 가와 기 수련 연구가 그리고 일본, 인도, 중국, 러시아, 캐나다, 대만, 싱가포르, 필리핀 등 많은 나라에 신비한 기적으로 전해져 왔기에 각 나라의 총리, 장관, 왕족 등 저명인사들로부터 수없이 많은 초청을 받았다. 이 비법은 지금도 많은 곳에서 훌륭한 자녀를 만들기 위해 진행 중이며 이 책을 읽는 독자들도 상식이 파괴되는 이 비법을 통해 경이로움을 경험하게 될 것이다.

또한 당신은 이 글을 통해 이론으로 설명하기 어려운 믿을 수 없는 상상의 세계가 존재한다는 것을 접하게 될 것이다. 이 상상의 세계를 통해 우리 집안과 자식들에게 새로운 빛을 비춰줄 수 있구나 하는 가능성을 엿볼 수 있으며 이때 독자들은 자녀 교육에 대한 생각의 틀에 새롭고 경이로운 변화를 경험하게 될 것이다.

지금까지 한 번도 공개되지 않은 비법을 최초로 원효대사 비법의 마지막 수제자인 필자가 지금부터 본문을 통해 공개하고자 한다.

'유불지 즉유지(有不知 則有知)' – '모르는 것이 있으면 아는 것도 있기 마련이다.'

생각만 하고 실천이 없으면 알지 못한 것만 못하다고 했다. 수백 년간 비밀리에 전수돼 내려오는 사대부 종가들의 비법을 독자들에게 상세히 공개하고자 한다. 그로 인해 앞으로는 대한민국의 모든 가정마다 훌륭한 자녀들이 성장하고 그 아이들이 대한민국의 정치, 경제, 사회, 문화를 이끌기를 바란다. 또한 세계적인 인물로 성장해 22세기 '세계 속의 리더'로 영향력을 발휘하는 인재들로 우뚝 서기를 바라는 뜻에서 이 글을 썼다.

특히 이 책은 종교얘기를 하고자 함이 아니다. 부모나 부모의 조상들을 잘 섬기는 '효' 사상이 근간으로 특정 종교행위를 하라고 권하는 글이 아니다. 혹자는 영이나 혼의 존재에 대해 부인하고 싶겠지만 영이나 혼은 분명히 있음을 본문을 통해 실증해 보고자 한다.

필자의 수년간 행해온 수행의 결과 이 책에 적힌 예언들 또한 허구가 아니라 실제임을 밝혀둔다. 혹 이와 같은 일들이 허구라고 생각하거나 거짓이라고 주장하고픈 자가 있다면 언제든지 예언은 허구나 거짓이 아니라 진실이며 현실임을 증명해 보일 수 있다.

그간 애써준 많은 제자들과 물심양면으로 도와주시는 후원자 분들께 한없이 감사함을 표하며 특히 어려운 와중에도 아낌없이 지원해 준 재일교표 민단과 일본의 종단 지도자 분들께도 감사함을 전한다. 또한 필리핀을 비롯해 각 나라에서 적극적인 관심과 도움을 주셨던 관계자 분들께도 이 지면을 통해 거듭 감사함을 밝힌다.

일파 합장

목 차

PART. 1 예언과 기적은 눈으로 볼 수 있어야

PART. 2 절망 속에 인생 스승을 만나다

PART. 3 다시 세상 속으로

PART. 4 후손을 잘 되게 하는 원효대사의 비법

PART. 5 훌륭한 자녀 만드는 비법은 있는가?

PART. 6 오직 영혼을 위해 기도할 뿐

Part. 01

예언과 기적은 눈으로 볼 수 있어야

예언과 기적은 눈으로 볼 수 있어야

1. 명품자녀 만들려면 뿌리부터 명품이어야 한다

1) 아들을 박사학위 받고 교수로, 조카를 신경외과 의사로 만들다

필자는 세계를 다니면서 떠도는 영혼을 천도했는데 목적은 내가 잘 되고 내 주위가 잘 돼야 대한민국 모두가 잘되기 때문이다. 필자는 학교 선생, 의사, 박사를 만들어 낸 산 증인이다. 필자가 25년 동안 수많은 이들을 위해 예언도 하고 비법도 보여주며 잘 되면 동영상도 찍기로 약속 했으나 잘 되고 나면 "내 얼굴 나오면 안 된다"며 공개를 거부하는 자들이 많다.

그래서 필자는 교수가 된 아들과 신경외과 의사가 된 조카에게 동영상을 찍어도 되는지 동의를 얻고 동영상을 찍었으며 그 얘기를 하고자 한다.

한 23년 전 강남 역 근방 TGI 프라이데이 레스토랑이 있었다. 초등학교 3학년 학생과 필자가 앉아서 티본스테이크를 먹으면서 이야기를 했다.

"너는 앞으로 뭐 할 거니? 네 꿈이 뭐니?"

"저는 노래를 하고 싶어요."

아이는 음악을 전공해 석·박사가 되고 대한민국의 명문대 교수가 돼서 많은 제자를 양성하고 싶다는 꿈을 전해줬다.

또 한 아이는 중학교 3학년 정도 됐는데 유도를 잘해 전국대회를 제패하고 아시아 게임에 나가려고 준비를 하고 있었다. 그런데 이 아이가 어느 날 갑자기 잘 나가던 유도를 그만두고 공부를 시작해 훗날 신경외과 의사가 됐는데 그 이야기를 지금부터 해보고자 한다.

결론을 먼저 말하면 뿌리 즉 우리 조상들의 영혼이 잘 가셨으면 망하지도 않고 자신은 물론 자녀도 공부도 잘 되고 탄탄대로를 걷게 된다. 그러나 조상의 혼이 잘 못 가셔서 원귀로 떠돌면 집안에 유산, 낙태로 이어지기도 하고 하는 일마다 대대로 되지 않는다.

필자의 집안에는 형님과 필자 쪽으로 아들이 하나 있었다. 필자도 하는 일마다 되는 일이 없고 죽음의 문턱까지 갔다 온 후 인생의 스승님을 만나 새로운 삶을 살게 되면서 가장 먼저 한 것이 바로 집안부터 발복(운이 틔어서 복이 닥침. 또는 그 복 : 네이버 지식백과 참고) 시키는 일이었다.

다시 앞의 이야기로 돌아가 보면 그 초등학교 3학년 학생이 중학교 들어갈 즈음 다시 필자에게 전화가 걸려 왔다.

"너의 꿈이 교수였다면서…. 교수가 되려면 공부 열심히 해라. 좋은 대학엘 가야 석사 박사가 되지 않겠느냐?"

필자는 그 아이에게 열심히 하라는 조언만 해줬다. 이 아이가 훗날 예술대학을 졸업했다고 전화가 왔다. 군대 갔다 와서 석사 졸업을 하고 연락을 한 것인데 당시 필자는 일본에 있었다. 그 후로 박사가 돼서 교수로 갈 날을 앞두고 마지막으로 졸업식에 참석해 달라며 오셔서 결혼할 여자도 봐 달라는 요청을 해 왔다.

안암동 모 대학에 갔더니 성인인 된 아이가 박사모를 필자에게 씌워줬고 사진도 함께 찍었는데 이 아이가 바로 다 망해먹고 죽으려고 영도다리를 뛰어 내렸다 살아나서 너무나 보고 싶어 수중에 돈 5만원을 갖고 강남역에서 만나 장차 무엇을 하고 싶냐고 물었던 필자의 아들이다.

또 한 아이는 유도를 하는 아이인데 바로 필자의 조카이다. 유도를 잘해서 전국대회를 휩쓸고 유도로 성공을 보장받고 있었다. 공부와 거리가 멀었던 아이가 고등학교 2학년 때 갑자기 유도를 그만두고 수능을 보겠다고 결단을 하자 집안이 발칵 뒤집어 졌다.

조카가 유도를 그만두고 대학을 간다고 하니 집안에서 너무나 반대가 심해 삼촌인 필자에게 연락을 해서 도움을 청했다. 필자는 조카를 천도해 줬고 1년 동안 열심히 공부해서 의대에 합격했다. 그리고 지금은 신경외과 전문의로 종합병원에서 근무를 하고 있다.

이처럼 집안이 바로 서면 자연적으로 자녀들이 잘 될 수밖에 없다. 잘된 집안은 필자가 해 줄 것이 없다. 집안이 바로 서지 않으면 아무리 돈을 써도 잘 될 수가 없다. '효'를 알고 실천한다면 모든 분들의 인성교육이 잘 돼 험한 세상이 될 수 없는 것이다.

의사, 박사를 만들 때 필자가 해 준 것이 없다. 오로지 집안부터 바로 세우는 일을 했고 원귀를 천도했을 뿐이다. 어느 누구나 집안을 바로 세워야 자신은 물론 자녀, 후손 대대에 이르기까지 잘 된다.

요즘 세상에 굿 한번 해보지 않은 사람 있는가? 기도 한번 해보지 않은 사람 있는가? 집안 내 의사, 박사, 기업가 등 잘 되신 분들은 조상으로부터 좋은 영향이 온 것이다. 못 가신 분들의 나쁜 영향도 대대로 이어져 내려온다.

'천도제'. 굿 많이 하지 않았는가? 그럼에도 조상의 영혼이 못 가시면 소용이 없다. 필자가 자녀들이 잘 되기 위해서 가장 먼저 하는 것이 집안 천도제이다. 가짜가 아닌 진짜 천도로 진짜 천도제는 평생에 한번 하는 것이다. 그러나 조상을 천도했다고 해서 다 끝나는 것이 아니다. 우리는 떠도는 영혼들과 함께 살고 있다. 나의 사촌이나 고종사촌이나 지인들 중에서도 나에게 얼마든지 나쁜 영향을 미친다.

특히 중요한 것은 첫째 이들도 천도하지만 유산, 낙태는 언젠가는 우리나 후손들을 찾아와 반드시 고난을 안겨 준다. 필자는 유산 낙태를 천도하고 반성케 하고 발복한다. 두 번째가 원귀 천도이다. 유산과 낙태가 있으면 보복을 받게 돼 있는데 이럴 때 진짜 천도를 해야 한다. 셋째 우리는 떠도는 영혼들과 함께 살고 있다. 어디에 살던 터에 이 영혼들이 머물고 있어 터 천도를 해 줘야 한다. 넷째 발복하고 조상들을 위해 제사를 지내야 한다. 부모나 조상은 우상이 아니다. 제사를 지내는 것은 우상숭배가 아니라 '효'이다.

내 자녀를 교수, 박사, 의사로 만들고 싶다면 먼저 집안을 바로 세우고 위의 네 가지를 지켜야 집안을 명문가로 만들 수 있다.

2) 우리 아이 대한민국의 상위 1% 만들기

교수가 되기 위해서는 거꾸로 보면 전에 박사 석사가 돼야 하고, 명문대를 가야하고, 수능에서 고득점을 맞아야 한다. 더 위로 올라가면 결국 남자와 여자가 결혼하기 전부터 뿌리가 좋아야 한다.

명품 자녀를 만들기 위해서 필자는 아이의 어렸을 때부터 자녀의 사진을 받아 5대 조까지 진짜 천도를 해주고 터, 공부방, 도서관, 학교 등 일체 터 천도를 하고 발복 기도를 해준다. 수능 보기 하루 전에 찾아 와서 우리 아들 시험 잘 보게 해달라고 한다. 그것은 가짜이다. 하루아침에 수능 고득점자가 되고 서울대에 합격하고 명품 자녀가 될 수 없다.

자녀를 최고의 명품 자녀로 만들고 싶다면 남자와 여자가 만나 첫날밤을 보내기 전 조상의 뿌리를 먼저 세우고 임신을 하고 자녀를 출산하고 잘 가르쳐야 하는 것이 순서이다. 자녀가 태어날 때부터 뿌리부터 좋은 자녀가 잉태돼야 한다.

사과농사를 짓는다고 치면 사과가 잘 열려 가을에 수확이 많아야 한다. 그러기 위해서는 밭이 좋아야 하고 거름을 잘 줘야 하고 좋은 종자를 심어야 한다. 좋은 밭에서 좋은 나무가 자라 좋은 열매가 열리게 된다.

마찬가지 이치이다. 밭이란 여자이며 종자는 남자이다. 조선시대 때부터 조상들은 양가 혼인자의 얼굴도 보지 않고 오로지 그 집안을 가장 먼저 봤다. 집안에 잘 가신 조상이 얼마나 많은지를 보고 좋은 집안끼리 혼사를 치렀다.

어떻게 내 자식, 내 후손을 훌륭한 자녀로 만들 수 있는가? 그 답은 먼저 집안이 천도돼야 한다. 첫날밤을 치루기 전에 조상에게 기도를 하라. 그 영정에 술을 따르고 조상님께 좋은 영혼을 잉태시켜 잘 태어나 잘 키울 수 있도록 도와달라고 기도하라. 미리미리 내 집안을 검토하고 조상님께 기도하면 명품 자녀는 뱃속에서부터 결정된다.

3) 공부 잘하는 방법

부모가 돈을 벌고 열심히 일하는 목적은 자녀를 위해서 일 것이다. 그러나 경쟁이 심한 세상에서 명문대를 가고 더 큰 공부를 위해 유학을 가는 것은 소리 없는 전쟁이나 다름없다. 그러기까지 부모의 등골이 빠질 수밖에 없다.

필자는 수많은 학생들을 명문대에 보냈고 12권의 책을 썼다. 그 중에서도 '훌륭한 자녀 만들기'는 약이 되고 살이 될 것이다. 원인은 다른데 있지 않다. 자녀 사진을 카카오톡으로 보내주면 필자가 제일 먼저 하는 것이 5대조까지 영으로 집안을 점검한다.

[그림1] 필자의 저서 훌륭한 자녀 만들기(출처 : 네이버)

못 가신 분은 천도해주고 자녀들이 공부하는 방, 이 터의 원귀들을 위해서도 천도한다. 특히 부모나 조상대에 유산이나 낙태가 있다면 우리 자녀들의 건강이 나빠지고 공부를 잘 할 수 없다. 이를 위해 천도제를 올리고 발복 기도를 한다.

필자는 무당이 아니다. 한 인간을 최고로 만들기 위해 필자가 터득한 비법을 통해 기도하고 발복할 뿐이다. 학부모들이 이런 말들을 한다. 고등학교 까지 전교에서 1등을 했는데 아이가 암기가 안 돼서 점수가 떨어진다며 어떻게 하면 좋을지를 물어온다.

강남 대치동에 가면 유능한 선생님들도 많고 족집게 강사들도 많다. 시험은 때와 시간이 있다. 우리 아이가 잘 되고자 한다면 필자는 어느 누구든지 학생의 이름과 사진을 받아 집안 5대조까지 천도를 해드린다. 내 조상이 아닌 사촌, 친구의 조상도 천도한다. 제일 중요한 것은 내 부모님, 조상에 유산과 낙태가 있으면 언젠가는 후손이 떠도는 영혼들에 의해 보복을 받게 된다.

떠도는 영혼들이 터에 머무르는데 공부하는 방이나 아이가 생활하는 방에 머무르면 학생이 아무리 공부를 해도 기억력이 떨어져 공부한 것을 잊어버리고 점수가 떨어진다. 이럴 때 바로 터 영혼들을 천도하고 발복을 붙인다. 그렇게 하면 머리가 맑아지고 피곤하지 않고 당연히 점수가 잘 나오게 된다.

우리가 암에 걸려 병원에 가면 집안에 암 환자가 있는지 집안 내력을 물어본다. 마찬가지 이치이다. 특히 조상에서 유산과 낙태의 경험이 있으면 반드시 천도를 해야 한다. 그리고 평생 동안 죄인 된 마음으로 반성하고 발복하고 기도하며 살아야 한다. 그런데 천도란 잘 가신 분들을 위해서는 할 게 없다. 못 가신 분들의 영혼을 위해 천도하는 것이다.

4) 필자는 기도할 뿐

대부분 학생이나 학부모들은 좋은 학원과 환경에서 자녀들을 가르치려고 노력만 한다. 필자는 오직 기도할 뿐이다. 서울대, 명문대, 고득점자를 만들어 내는 것은 다른데 있지 않다. 학생의 사진과 이름 그리고 어디에서 공부를 하고 있는지, 어디서 잠을 자고 생활을 하는지 그 터를 알면 아이를 위해 기도할 수 있다.

필자는 원귀가 있는 터를 명당으로 만들 능력을 갖고 있다. 가위에 눌리는 터도 공부가 잘 될 수 없다. 그 터를 천도하고 발복시켜서 금강경을 걸어두면 성적은 올라가게 된다. 기도는 필자가 책임진다.

뿌리를 모르고 오직 노력만 찾는데 노력만 갖고 명문대 들어갈 수 없다. 이런 이치를 모르고 엄청난 돈을 써가면서 자녀 뒷바라지에 여념이 없으니 안타까울 뿐이다.

자녀가 공부도 안하고 재수 삼수를 하는 경우가 있다. 필자가 20여 년간 비법을 써 줘도 믿지 않으면 성과가 없을 수밖에 없다. 좋은 과외, 좋은 학원을 보내도 안 되는 이유는 집안의 뿌리가 잘 돼 있지 않기 때문이다.

5) 버클리 대학을 보내다

미국에 교수(학장)가 필자의 기도로 죽을병에서 살아났다. 그 당시 필자가 미국을 간다고 하니 그곳에도 많은 병자가 있었다. 학장님은 자신이 좋아지자 언니를 불러 언니가 미국을 왔고 지금할 얘기는 그 언니 외손자의 얘기이다.

자신이 좋아지니 언니도 자기처럼 천도하기를 권했고 언니도 좋아지는 체험을 했다. 그러자 언니는 필자에게 외손자를 소개시켰다. 이번에 버클리 대학을 가야하는데 어떤가를 물어왔다. 필자가 사진과 이름을 봤는데 애가 너무 공부를 잘하고 발복을 시키면 대한민국에서 과학계통으로 장관급은 될 거 같았다. 또한 두 딸도 그랬다. 결론은 그 아이들을 천도했고 이제는 대학교를 가서 장학생으로 있으며 그 집안에서는 결혼부터 죽을 때까지를 필자에게 기도해 줄 것을 부탁해왔다.

공부도 안하고 망한 집안의 아이들이 좋은 대학에 가는 것이 아니다. 조상의 원귀를 천도해서 발복해 주면 아이의 머리가 맑아지고 공부에 성과가 나오기 시작하면서 노력하면 아이는 명문대에 합격하게 된다.

6) 공부하고 생활하는 터를 발복하라

서울 강남에는 입시를 위한 학원이 정말 많다. 그런데 필자가 보니 안 되는데 가방만 들고 이 학원 갔다 저 학원 갔다 하는 학생들이 많다. 필자가 그 학원도 따라 가봤다. 학원비도 엄청 비싸고 선생님들도 열심을 다해 가르치고 있었다.

부모들은 자녀 뒷바라지에 여념이 없다. 학생들은 고액을 갖다 바치면서 하루 여러 시간 공부에 빠져있다. 그러나 이렇게 노력을 해도 필자의 학문에서 보면 떠도는 영혼들이 여러 곳에 머무르고 있는 것을 볼 수 있는데 이를 불교 용어로 '척추귀신'이라고 한다.

못 가시는 영혼들이 머물러서 그 강의실에 앉아 있는 곳이 한두 군데가 아니었다. 학생들이 그 자리에 앉아 공부를 하면 아무리 열심히 해도 공부가 머리에 들어오지 않는 것은 당연한 이치이다. 자녀들을 학원에 보내려면 기본적으로 공부하고 생활하는 터에 원귀들이 없어야 한다.

한편 우리가 살고 있는 아파트를 봐도 그곳에 떠도는 원귀가 많다. 터가 중요한데 잘못 된 터에 앉아 버리면 인생이 망하게 된다. 학생들이 좋은 성적을 올려 명문대에 합격시키고자 한다면 혹은 출세를 하려면 터부터 점검하라.

2. 명문대 합격과 숨 막히는 고시합격

1) 조상 영혼 천도로 총장님의 자녀들과 손자들이 가문을 빛내다

어느 날 서울에 있는 종합대학교의 총장님이 필자를 방문했다. 교회의 장로님이신데 우연히 필자의 책을 보고 이렇게 찾아오게 됐으며 책에 나오는 대로 진짜 그런지를 물어보고 싶었다고 했다. 이유인즉 당신 스스로도 성공해 가문의 영광을 만들었고 자식들도 모두 성공해 무엇 하나 부러울 것이 없다고 했다.

그런데 귀신이 집안을 뒤집어쓰고 있는지 똑똑한 손자 2명이 미국에서 공부 도중 한 명은 자동차 사고로 죽었으며 또 하나는 친구들과 바닷가에서 물놀이 도중 사망했다고 했다. 거기다가 "다른 손자들 모두 다가 똑똑하다고 생각했는데 자라면서 영특함이 부모의 반도 못 쫓아오는 것은 고사하고 솔직히 말해 집안의 번영과 영화가 이것으로 끝나는 것은 아닌가 싶을 정도로 손자들의 무절제한 행동이 계속되기에 하루도 편한 날이 없어서 이렇게 지푸라기라도 잡고 싶은 심정으로 찾아뵙게 됐다"라고 했다.

특히 "가장 아끼는 막내 손자는 중학교 때까지 전교수석을 차지할 정도로 영특한 아이였으나 사촌형 둘이 죽은 후부터 비행 청소년으로 변하면서 공부에 대해서는 전혀 기대할 수 없고 그저 말썽 없이 고등학교 만이라도 마쳤으면 하는 것이 소원이다"라고 하면서 근심걱정이 상담 내내 떠나지 않는 것이 눈으로도 볼 수 있을 정도였다.

필자는 집안 내력을 소상히 듣고 무엇이 문제인지 집안내력을 조상님들부터 소상히 살피기 시작했다. 대학교 총장님 되시는 분이 사리를 분간 못할 일은 없는 법이다. 당연히 조상님들 중에 문제가 있었음을 알려주고 총장님과 함께 부모님의 영혼과 특히 할머니, 할아버지의 영혼을 집중적으로 살피고 직계 5대조 조상님까지 하나하나 확인시켜줬다.

처음에는 얼굴이 하얗게 질리는 것 같더니 나중에는 할머니 얘기가 나오자 대성통곡을 하기에 안정을 시켜드리고 필자를 믿고 조상님들의 영혼천도와 발복의 기운을 빌어줄 테니 맡겨보라 했더니 흔쾌히 모든 것을 맡겨줬다.

총장님과 일어났던 지난 1년간의 일들을 일일이 설명하고 싶지는 않다. 외국이나 국내나 성공한 분들은 본인들의 실체를 적극적으로 나타내는 것에 부담을 갖고 있기 때문이다. 그 후 1년 간의 발복으로 집안 전체가 다시 일어났고 회복됐다.

그렇게 아끼고 염려했던 막내 손자는 대한민국 최고 대학교의 경영학부에 입학했고 네 쌍의 자녀 부부는 성공가도를 달리며 지금은 더 없이 행복해하며 감사해 한다. 네 쌍의 자녀 부부는 처음에는 격렬히 반대하며 아버지가 쓸데없는 일을 벌이셨다고 실망했으나 지금은 필자의 신봉자일 뿐 아니라 셋째 아들은 대한민국의 주목받는 분 중 한 분이 됐다.

손자들 모두가 미국과 영국 등 국내·외에서 훌륭한 리더가 되기 위해 열심히 공부하고 있다. 말 그대로 총장님이 원하는 소원대로 다 이뤄졌다. 훌륭한 자녀란 이런 것을 두고 하는 말 아니겠는가!

총장님이 어느 날 차를 한잔 마시며 하신 말씀이 있다.

"적어도 발복이라 함은 태조 이성계의 5대조 할아버지인 이안사의 발복 기도로 5대 후손인 이성계가 나라를 열고 왕이 됐다. 대원군의 아버지인 남연군의 묘 자리를 만들기 위해 가야산을 불태워가며 발복 기원을 빌어서 결국 고종황제를 만들었다. 나는 일파선생의 발복 기원 기도로 풍전등화와 같이 꺼져가던 우리 가문이 살아났으니 이것보다 고맙고도 큰 영광은 앞으로 없을 것이다"라며 지금까지도 집안의 발복 기운을 맡기고 있다.

특히 필자를 찾는 분들 중에는 이분의 막내 손자 아들처럼 대학진학 문제로 고민하는 분들이 특히 많다. 급하게 서두르는 만큼 빠른 효과를 얻길 바란다. 허나 가장 중요한 것은 앞서 말한 총장님처럼 사계절 정도의 기간을 두고 발복 기원을 하는 것이 가족과 학생에게 더 좋은 대학으로 확실하게 진학 할 수 있는 좋은 여건을 만들 수 있다.

이렇게 중·하위권에 머물던 자녀들이 놀라운 변신으로 몇 단계씩 업그레이드 돼 국내·외 명문대학에 입학하는 것을 보면 부모님들도 기쁘겠지만 필자도 참으로 신기하게 느껴질 뿐이다. 심지어 어떤 부모님은 자신들도 포기한 자녀가 필자를 통해 명문대학교에 합격했을 때, 고마워서 감사하다는 말을 할 때 필자의 기쁨은 이루 말할 수 없다. 자녀가 명문대학교에 합격했다는 것은 사업도 술술 잘 풀려서 집안이 잘 돌아간다는 증거이다. 금상첨화(錦上添花)란 이를 두고 하는 말일 것이다. 올해에도 얼마나 많은 기적이 이뤄질까 내심 기다려진다.

2) 가풍 따라 인물이 나는 법

'남종문인화(南宗文人畵)'의 산실인 진도 허 씨는 세계적으로도 드문 5대째 대물림으로 그림을 그리는 집안이다. 서울 사대문 안에 유일하게 종가가 있는 한산 이 씨의 시조인 목은 이색(牧隱 李穡, 1328~1396) 선생의 후손들은 현재 4년제 종합 대학의 교수만 200여명이 넘는다고 하니 가풍 따라 인물이 나는 법이라 하겠다.

[그림2] 허씨 직계 5대 큰 화맥의 뿌리 진도 운림산방(출처 : 네이버)

사대부 집안의 가풍과 인물을 일일이 열거해 구체적으로 쓰고 싶어도 행여 누가 될까봐 자세히 쓰지 못하지만 때로는 정치를 하는 집안으로, 예술인으로, 한국의 인문학을 이끄는 대학자로 또는 무인의 맥을 이어 장군으로, 과학자로, 소설가로 성공하는 후손들의 재능이 어쩌다 소가 뒷걸음치다가 쥐 잡는 격으로 만들어지는 것이 아님을 알아야 한다.

옛말에 '왕대밭에 왕대 나고, 쑥대밭에 쑥대 난다'고 했다. 당신도 모르던 선대조상의 피가 어느 쪽 분야에서 당대에 일가를 이뤘는지를 필자와 함께 조상들의 영혼을 통해 찾아야만 한다. 그것이야 말로 당신의 자녀들이 어려서부터 선대조상의 피를 물려받은 분야에서 발군의 재능을 보이고 결국 성공하는 자녀를 보게 될 것이다.

이렇게 준비한 마음과 실행을 부모가 강력히 원하고 실천한다면 당신의 자녀들이 어떻게 성공하지 않겠는가? 당신 또한 이승에 있는 한은 반드시 성공을 보장한다. 부모님 영혼에 효도함으로 당신과 자녀들은 이미 성공의 길에 들어선다. 이제는 가슴 펴고 세상을 향해 당당히 소리쳐도 된다.

필자가 앞서 밝힌 '조상 영혼천도'의 확인만큼 살아있는 우리를 크게 놀라게 하는 것도 없다. 당사자가 직접 조상 영혼의 유·무를 확인할 수 있는 비법은 확언하건데 고대로부터 현재까지 동·서양의 어떤 종교적 수장도 할 수 없었던 내용이기에 감히 말하지만 목숨을 걸고서라도 확인시킬 수 있음을 거듭 밝힌다. 현실 세계에서 영혼의 세계가 존재한다는 것을 바로 그 자리에서 시원하게 실증해 보인다는 것은 현대문명의 상식으로는 도저히 불가능하게 생각할 수 있을 것이다.

그러나 훌륭한 자녀를 만들기 위해서는 우리의 자녀들이 부모를 통해서 이 땅에 어떤 재능과 운명을 타고 났는지를 파악하는 것 또한 급선무이다. 명문가의 집안에서도 대대로 내려온 집안의 재능과 특기를 살려 자손들을 대(代)를 이어 성공시키고 있다.

3) 검찰 최고 간부의 자녀, 천도를 통해 고시에 합격하다

자식이 잘 되기를 바라는 부모의 심정이야 무엇에 비길 데가 있겠는가! 나도 그 마음이 어떤 건지는 자식을 낳아 기르기 전까지는 알 수 없었다. 그런데 막상 내가 자식을 낳아 길러보니 무엇보다도 먼저 생각이 나는 것은 다름 아닌 어머니였다. 어머니도 나 때문에 그때 이랬을 테지라는 생각이 문득문득 날 때가 많다. 그럴 때마다 뜬금없이 시골집에다 전화를 해서 어머니의 안부를 묻곤 한다. 어머니는 부쩍 전화하는 횟수가 잦은 내가 한편으론 '이놈이 또 왜 그러나?'하며 내심 걱정하는 눈치였다.

나는 내 어머니를 생각해 자식의 안위가 걱정돼 찾아오는 사람들에겐 특별히 세심한 배려를 한다. 그들은 하나같이 자기 자신을 위한 소원은 한 가지도 빌지 않았다. 오로지 처음부터 자식 걱정이다. 대학에 붙겠냐, 시집은 잘 가겠냐, 큰아들이 사업이 잘 안되는데 어떻게 하면 좋겠느냐는 둥 부모가 자식이 잘 되기를 바라는 마음은 끝이 없다.

필자를 찾는 분들 중에는 특이하게도 고시생이나 고시생을 둔 부모님들이 많은 것도 특별한 것 중 하나다. 아마도 치열한 경쟁과 자신과의 싸움에서 오는 스트레스 때문이 아닌가 하는 생각이 든다.

그간 필자를 찾아온 수많은 고시생들 중에는 현직 판·검사가 돼 입신양명을 한 분들이 많다. 그중에 특이한 분이 어느 날 힘들게 일본으로 필자를 찾아왔다. 현직 검찰의 최고 간부이며 수없이 많은 일화를 남기신 유명한 분이라는 것을 나중에야 알게 됐다.

첫 대면의 모습에서 어금니를 물고 눈을 질끈 감으시더니 "자식들의 문제로 찾아오게 됐으나 의논하기에 앞서 스님께서 원효대사의 비법을 터득해 출사를 하셨다니 나를 이해시킨다면 허심탄회하게 자식들 문제를 의논하겠지만 만약에 자신을 이해나 납득시키지 못한다면 스스로 부끄러운 줄 알고 와우정사를 닫아야 할 것이다"라며 무슨 비장한 결심을 한 사람처럼 공갈과 협박을 했다.

필자가 어떻게 저를 알고 찾아오시게 됐냐고 물었더니, 모 부처의 장관을 통해서 자세한 말을 듣게 됐고 반신반의하며 이렇게 찾아오게 됐노라고 했다. 필자는 주저할 이유가 없었다. 오히려 필자 입장에서는 이러한 유형의 분들에게 비법을 알려주기가 훨씬 편하다. 장장 2시간에 걸쳐 비법에 대해서 집중적으로 설명하고 본격적으로 그 분 조상님들의 5대조까지의 영혼을 하나하나 확인시켜줬다.

자신이 직접 몸으로 느끼게 되자 필자에게 깊은 신뢰를 보여주며 그때서야 현직 검찰 고위간부임을 밝혔다. 또한 필자의 비법을 통해 똑똑한 두 자녀가 왜 계속해서 고시에 낙방하는지를 이제야 알게 됐다며 그간 도무지 이해할 수 없었던 심정을 비로소 속 시원하게 풀게 됐다며 진심으로 집안의 발복을 부탁해 왔다.

그 후 두 분의 자녀는 고시에 합격해 지금은 현직에서 활발하게 활동하고 있다. 자녀들이 시험에 떨어진다고 무조건 실망하고 낙담만 할 일은 아니다. 같은 노력을 경주해도 누구는 성공하고 누구는 실패하게 되는 이유가 조상님들의 천도에 달려 있다. 천도를 하게 되면 당신과 당신의 자녀들이 오장육부가 편해지고 머리가 맑아지는 것을 자녀 스스로가 확연히 느끼게 될 것이다. 그러니 당연히 공부도 집중이 잘 되고 머리에 쏙쏙 들어오는 것이 당연하지 않겠는가?

4) 어려서 우물에 빠져 죽은 시아버님 여동생을 천도 후 아들이 고시에 합격하다

우리 주변에는 근본을 바꾸지 않고 무작정 자식이 고생한다고 보약을 달여 보내는 부모들이 많다. 자식은 부모님이 고생해 뒷바라지에 열성이니 부모님께 보답하고자 무작정 공부에만 매달리는 경우를 흔히 보게 되는데 이것은 잘못돼도 한참 잘못된 것이다. 원하는 대학에 가고 싶거나 고시에 꼭 합격하고 싶다면 하루라도 빨리 필자의 말대로 조상님들의 영혼의 안부를 확인하는 것이 급선무임을 잊지 말아야 할 것이다. 우리는 영혼이 있다, 없다를 논하지만 영혼은 무조건 존재한다. 중요한 것은 당신에게 도움이 되는 영혼이냐 아니면 도움이 안 되는 영혼이냐가 중요한 것이다.

추운 겨울이었다. 눈보라가 창문너머로 끊임없이 휘날리고 있었다. 궂은 날씨인데도 불구하고 한 중년 부인이 찾아 왔다. 무척 소박하게 단장한 분이었다. 그녀는 자리에 앉자마자 궁금한 점을 풀어놓기 시작했다. 말에는 구수한 호남 사투리가 묻어 나왔다.

그녀에게는 사법고시를 준비하고 있는 서른이 다 된 큰아들이 있었다. 그런데 고시에 거듭 낙방을 해서 요즘 들어 아주머니와 아들은 매우 힘들어하고 있었다. 그녀는 자기 아들이 고시에 붙을 수 있게 힘 좀 써달라고 나에게 애원을 했다. 나는 그녀의 힘 좀 써달라는 얘기가 무척 재밌게 들렸다. 마치 내가 무슨 고시 문제를 채점하는 사람이 아니면 법원 어디 높은 데 있는 사람인 것처럼 생각됐기 때문이다. 그리고 스스럼없이 내게 그런 말을 하는 그녀가 순박해 보였다.

나를 찾아오는 사람들 중엔 상담을 하면서도 끝끝내 무언가를 자꾸 숨기려 하는 분들이 있다. 하지만 지금 이 분은 본인의 부끄러운 부분까지도 굳이 숨기려 들지 않았다. 속된말로 톡 까놓고 얘기하는 유형들이라고나 할까? 그러다보니 듣는 나도 경계심 없이 편안하게 듣게 되고 더욱 정이 갔다. 나는 그녀에게 걱정 말라며 그 분 집안의 내력을 듣고 어른들의 제사날짜 등을 받아 놓았다. 그녀는 고맙다며 자기가 동대문에서 포장마차를 한다고 한번 꼭 들려달라고 했다. 그래도 동대문 쪽 포장마차에서는 제일 인기 있는 곳이라며 이름이 '짱이야 포장마차' 라고 했다.

'짱이야 포장마차'. 나는 속으로 이름을 되새겨 보았다. 나도 모르게 웃음이 '픽' 하고 흘러 나왔다. 오늘은 눈이 너무 많이 오고해서 하루 포장마차를 쉬기로 하고는 큰 맘 먹고 나를 찾아 왔다는 얘기였다. 무척 밝게 사는 분이었다. 대개 저런 분에게는 큰 악운 같은 것이 삶에 끼어 있지 않다. 사람들이 누굴 볼 때 그 사람 얼굴이 밝은지 아니면 어둔 그늘

이 있는지를 따지는 것은 다 일리가 있는 것이다. 나는 그 자리에서 곧바로 그녀의 집안 조상의 영혼들과 접속을 시도했다.

어디서 웃음소리가 났다. 혼자서 웃는 웃음소리가 아니었다. 여러 명이 무엇이 그렇게 재밌는지 동시에 웃고 있는 소리였다. 나는 정신을 더욱 집중해 그 웃음소리로 더 가까이 다가갔다. 드디어 영혼의 모습들이 보였다. 모두 하나같이 미소 띤 표정들이었다. 내가 지금까지 수많은 영혼 접속을 시도해 봤지만 이런 경우는 처음이었다. 오히려 내가 그들에게 위로를 받아도 될 것 같았다.

'그런데 왜 고시에 계속 떨어졌지?' 이해가 잘 되지 않았다. 더욱 유심히 그들 주위를 살펴보았다. 그때 내 손을 툭치는 누군가가 있었다. 아래를 내려다보니 어린 여자아이의 영혼이 나를 올려 보고 있었다. 그런데 심술이 가득 난 표정이었다. 순간 '아! 이 아이 때문이구나'라는 생각이 들었다. 어려서 제대로 피어보지도 못하고 죽은 영혼이었다. 천도가 끝난 후 나는 아주머니에게 혹 윗대 어른들 중에 어려서 비명횡사한 분이 있냐고 물었다. 그러자 아주머니가 깜짝 놀라는 표정을 지으며 그걸 어떻게 아느냐고 물었다.

아주머니는 이미 돌아가신 자기 시아버님의 여동생이 어려서 죽었다는 소리를 들었다고 했다. 동네 잔칫날 어른들이 신경을 안 쓰는 사이에 우물에 빠져 죽었다는 것이었다. 그녀는 그 얘기를 한참 하더니 나에게 감탄사를 연발했다.

"오매오매, 정말 도사요, 잉. 정말 도사여, 오메, 진짜로 도사를 보는 겨, 내가."

나를 '도사'라고 부르는 그녀의 말투가 또 한 번 나를 즐겁게 했다. 나는 "천도를 시키고 발복을 해드렸으니 아들에게 좋은 일이 있을 것이다"라고 아주머니에게 말했다. 아주머니는 그 말보다는 내가 자기 집안 얘기를 알아 맞춘 게 더 신기한 듯 아들 얘기는 별 신경도 안 쓰는 눈치였다. 유쾌한 분이었다.

그리고 몇 달 후에 한 통의 전화가 왔다. 그 아주머니였다. 드디어 아들이 고시에 붙었다는 것이다. 다 내 덕이라면서 자기 포장마차에 오라고 신신당부를 했다. 자기는 장사를 하느라 올수가 없으니 내가 한 번 오면 있는 힘을 다해 대접하겠다는 거였다. 나는 그러마 해놓곤 막상 그 약속을 까맣게 잊고 지냈다.

5) 음독자살한 젊은 영혼을 위로 후 고시에 합격하다

나를 찾아오는 사람 중에는 고시와 연관된 사람이 꽤 되는 편이다. 고시생을 둔 집의 가족들 또는 고시생 본인들 등등. 하루는 어떤 젊은이가 나를 찾아왔다. 몹시 주저하는 기색이 역력했다. 내 앞에 앉아 있을 때까지도 쭈뼛쭈뼛하며 곤혹스런 표정을 지었다. 그런데 얼굴에 병색이 완연해 있었다. 심상치 않은 기운이 느껴졌다.

나는 그에게 소리를 꽥 질렀다.

"그러다간 죽어. 이 사람아, 정신 차려!"

그는 깜짝 놀라서는 그제야 정신을 차려 자신을 말을 시작했다. 그는 최고 명문대인 S대 법대를 나온 수재였다. 최고의 수재들이 모인 그곳에서도 우수하다는 소리를 듣던 그였다. 그런데 이상하게도 그는 고시에 계속 낙방하고 있다는 것이었다. 한 1년 전부터는 건강까지 나빠지기 시작했다는 것이다. 그는 나에게 상담하면서도 내심으로는 '엉뚱한 일을 하고 있는 건 아닌가?'하며 자존심을 상해하는 눈치였다. 어쩔 수 없는 일이었다. 지금까지 배워 온 것이 가시적인 증거를 중시하는 '법' 이라는 학문이지 않은가!

나는 일단 그 젊은이의 조상들의 영혼을 살펴봤다. 그런데 이상하게도 구천을 떠돌고 있는 영혼이 보이지 않았다. 풀리지 않는 수수께끼 같이 그 젊은이가 실패하는 이유가 잘 보이지 않았다. 내가 곤혹스러워 하자 젊은이는 아예 그러면 그렇지 하는 은근한 비웃음의 시선을 내게 던지고 있었다. 나는 은근히 부아가 났다.

나는 대뜸 그의 손을 잡고 일어섰다.

"같이 가자."

나의 뜬금없는 말에 그는 눈을 동그랗게 떴다.

"자네가 사는데 말이야."

나는 그를 앞세워 무조건 그가 사는 곳으로 갔다.

그는 시골이 고향으로 신림동에 있는 고시원에 들어가 공부를 하고 있었다. 고시원은 예의 그 칙칙함으로 가득 차 있었다. 하나같이 누렇게 들뜬 얼굴들이었다. 나는 그가 공부하고 있다는 고시원 방에 들어가 보았다. 성인 한 명이 누우면 꽉 찰 조그만 크기의 방이었다. 그 좁은 방조차도 책 등으로 반이 채워져 있었다.

나는 방에 들어서다 나도 모르게 뒤로 움칫 물러났다. 무언가 불길한 기운이 방안에 가득 채워져 있었다. 정신을 집중해서 다시 살피니 방 안은 한 치 앞도 제대로 보이지 않는 검붉은 기체로 가득 채워져 있었다. 온통 죽음의 냄새가 진동했다. 그런 곳에서 아직까지도 버티고 있는 그가 용했다. 웬만한 사람 같으면 벌써 큰일을 당하고도 남을 정도로 방안은 죽음의 기운으로 철철 흘러넘치고 있었다. 이런데서 지금까지 견뎌내고 있으니 이 젊은이의 생명의 기운도 대단히 센 것이었다.

이곳이 아닌 다른 곳이었다면 벌써 뭔가 크게 이름을 떨치고도 남았을 거란 생각이 들었다. 그러나 이미 이 방에서 지내는 동안 젊은이는 이 죽음의 기운에 얽혀 들어가 있었다. 그건 방을 옮긴다고 해결될 일이 아니었다. 젊은이는 "방안이 죽음의 기운으로 가득 차 있다"라는 내 말을 잘 믿으려 들지 않았다. 나는 필히 이 방에 무슨 곡절이 있을 것 같아 젊은이와 함께 고시원 총무를 불러 꼬치꼬치 캐묻기 시작했다.

처음에는 완강히 부인하던 총무도 내 집요한 추궁에 입을 열기 시작했다. 그 고시원 방에서 3년 전에 한 고시생이 음독자살을 했다는 것이었다. 고시원 건물 주인이 돈을 써서 입막음을 해서 주위에 별로 소문이 나지 않았다는 것이다. 그 말을 듣고 그제서 젊은이는 내 말을 믿는 것 같았다. 젊은이는 "어쩌면 좋겠냐?"며 이젠 나에게 완전히 의지하는 듯한 표정이었다. 조금 전의 나를 쳐다보던 의심스런 눈초리는 이미 온데간데없었다.

나는 그날 밤 혼자 그 방에 앉아 있었다. 그리고 총무에게 말해 같은 층의 다른 방도 완전히 비우게 했다. 완전히 나 혼자 앉아 불행하게 죽은 영혼을 맞을 준비를 했다. 나는 한 가닥 불빛을 비추던 촛불마저 껐다. 좀처럼 영혼은 모습을 드러내지 않았다. 다만 그 무시무시한 죽음의 기운만이 내 온몸에 쏟아져 내리고 있었다. 나는 있는 힘을 다해 몸 속 맨 밑바닥으로부터 뜨거운 빛을 뿜어 올렸다. 빛이 죽음의 기운과 부딪혔다. 맹렬한 소용돌이가 일었다. 나는 꿈쩍도 않고 그 소용돌이 속에 몰입해 들어갔다. 그리고 소용돌이가 멎고 내 바로 앞에 한 영혼이 앉아 있었다.

초점 흐린 시선의 그는 아직 어린 얼굴이었다. 배를 움켜쥐고 있는 손이 가볍게 떨리고 있었다. 안타까웠다. 저렇게 젊은 나이에 출세라는 강박관념에 시달리다 결국 죽음의 세계로 도망치고 말았다니 가엾은 생각이 내 가슴을 저몄다. 문득 영혼의 눈에서 눈물이 번지고 있었다. 나는 가만히 그의 등을 토닥여줬다. 그리고 그의 아픈 배를 문질러줬다. 한 시간, 두 시간, 나는 온 정성을 다해 그의 배에 가득 찬 독기를 풀어냈다.

그러다 나는 나도 모르게 지쳐 떨어졌다. 혼절한 것이었다. 그만큼 그 방에 낀 죽음의 기운은 무서운 것이었다.

누군가 나를 흔들어 깨웠다. 고시를 준비하는 젊은이였다. 그는 걱정스런 눈초리로 나를 보고 있었다. 나는 걱정스런 얼굴을 하고 있는 젊은이에게 "이젠 됐다"고 말했다. 일어서려는데 핑하고 현기증이 났다. 젊은이가 얼른 나를 부축했다. 혼자 집으로 가기에는 무리였다. 젊은이의 부축을 받아 집으로 돌아왔다. 그리고 나는 몇날 며칠을 꼼짝 못하고 누워 있어야 했다.

젊은이는 며칠 후 나를 찾아와 고맙다며 나에게 봉투를 내밀었다. 봉투에는 십만 원짜리 수표 한 장이 들어 있었다. 젊은이는 무척 미안한 표정이었다. 나는 도로 젊은이에게 돈을 돌려주며 돈 대신 시험에 꼭 붙는 걸로 대신하라고 했다. 그리고 "네가 합격하는 것은 네가 아니라 그곳에 살았던 한 젊은 친구의 덕택이다"라고 말했다. 그 불행했던 한 젊은 친구의 영혼을 위한 최선의 길은 네가 합격하는 것이라고도 덧붙였다. 그는 거듭 감사하다는 말을 하며 내 집을 나섰다.

나는 요즘 가끔 텔레비전 뉴스를 볼 때마다 낯익은 얼굴을 본다. 굵직굵직한 사건이 터질 때마다 단골 담당검사로 등장하는 한 젊은 검사가 있다. 그가 바로 예전에 나에게 찾아왔던 그 젊은 고시생이다. 그는 내가 천도를 한지 얼마 후 사법고시에 합격했다. 그것도 차석의 성적으로 합격했다. 그 후 그는 승승장구해서 지금은 서울 검찰청에 있다. 가끔 그에게서 안부 전화가 온다.

며칠 전에는 전화를 하더니 "내가 선생님 언제 찾아 갈 건지 맞춰 보라"며 장난을 걸어 왔다. 아직도 예전의 순수함을 그는 간직하고 있었다. 전화를 끊고 뜰을 바라봤다. 문득 그 때 그 좁은 방에서 보았던 슬픈 영혼의 모습이 떠올랐다. 부디 그곳에서라도 평온한 안식을 누리기를….

무엇이 발가락을 핥아 쳐다보니 며칠 전 누군가 갖다 놓은 강아지였다. 강아지의 조그만 꼬리가 살랑대며 내 마음속으로 파고들고 있었다.

Part. 02

절망 속에 인생 스승을 만나다

절망 속에 인생 스승을 만나다

1. 세상을 등지고 운명을 따르다

1) 결혼, 아이의 죽음, 사업실패 그리고 건강악화

지나간 어린 시절을 돌이켜 보면 아버지는 내가 열여덟 살이 되던 해에 후두암으로 돌아가셨다. 집이 넉넉하지 않았기 때문에 치료 한 번 제대로 못 받고 이른 나이에 돌아가신 아버지를 생각하면 늘 마음이 아팠다. 아버지가 돌아가시고 그나마 어려운 살림이 더욱 힘들어졌다. 어려운 살림에 공부를 계속하지 못한 나는 제대 후 무엇이든 열심히 일해 돈을 벌어 홀로계신 어머니를 봉양하고 잘 살아 보아야겠다는 일념으로 무작정 서울로 올라갔다.

그러나 배움도 짧고 연고도 없는 내가 취직하는 것은 정말 어려운 일이었다. 신문 광고를 보고 여러 곳을 돌아다녀 보았지만 세일즈, 외판원뿐이었고 배움이 부족해 안정된 직장에는 이력서조차 낼 수가 없었다.

서울에서의 첫 직장은 광화문에 있는 '오리엔탈 사무실'로 감시용 카메라를 판매하는 곳이었다. 첫 직장 생활은 무척이나 힘들었다. 아직 서울생활에도 익숙하지 않은 나는 혹독하고 냉정한 사회생활을 잘 견디지 못하고 곧 그만두고 말았다.

마음이 답답하고 외롭던 나는 교회를 찾았다. 교회에 나가 사람들도 만나고 기도도하며 마음의 위안을 찾기 위해 노력했다. 철야 기도도 하고, 금식기도도 많이 했다. 첫 직장을 그만 두고 전전하던 중 우연히 친구를 만나러 가는 길에 어떤 사람이 학생들에게 교재용 책을 파는 것을 보고 그 일이라면 나도 할 수 있을 것 같아 책 외판 일에 뛰어 들었다.

삼성 출판사에 취직을 해 박영식이라는 부장 밑에서 영업을 배우게 됐다. 그 당시 박 부장은 세일즈에 신화적 존재였다. 그런 부장을 본받아 정말 열심히 일했다. 열심히 일을 하다 보니 회사에서도 인정을 받게 됐고 전국 지방부서에서도 일하게 됐다. 출판사 영업부 시절을 떠올리면 지금도 헤어져 나와 부부의 인연이 끊어진 전 아내 생각이 난다.

부산 지사에 있을 때 아내를 만나 결혼을 했다. 신혼의 단꿈에 젖어 더욱 열심히 일하며 출판사를 하나 차려보겠다는 야무진 꿈을 키워갔다. 아내가 첫 아이를 임신했을 때 나는 대구 지사로 스카우트 됐다. 이제 차차 삶도 안정 돼 간다는 생각이 들었다. 곧 태어날 첫 아이를 생각하며 행복하게 지내는 시절이었다.

겨울이 오고 아내의 해산이 다가왔다. 변함없이 회사에서 일을 하고 있었던 나는 아내로부터 진통이 온다는 연락을 받고 급히 병원으로 향했다. 유난히 눈이 많이 오는 날이었다. 병원에 도착했을 때 아내는 이미 분만실에 들어가 있었다. 첫 아이를 기다리는 모든 아버지의 마음이 그러한 것일까? 무척 설레기도 했지만 한편으로 걱정스러웠다.

꽤 많은 시간이 흘렀는데도 분만실에서는 아무런 기척이 없었다. 점점 더 초초해졌다. 초조한 시간을 넘기고 드디어 아이가 태어났다. 첫 아이는 아들이었다. 눈물이 날만큼 기뻤다. 그러나 새 생명이 태어난 것을 기뻐하는 것도 잠시 하늘이 무너지는 일이 일어났다. 아이는 태어난 지 두 시간 만에 숨을 거뒀다. 열 달 동안 정기적으로 검진을 받았지만 별다른 이상이 없었다. 초산이라서 아내가 고생을 했으나 아이가 걱정될 만큼 난산은 아니었다. 숨을 쉬지 않는 아이를 내 눈으로 확인했지만 도저히 믿어지지 않았다. 죄 없는 어린 영혼이 태어나자마자 고통 속에 이 세상을 뜨다니….

우리 부부의 고통은 이루 말할 수가 없었다. 첫 아이의 죽음은 아내와 나를 무기력한 상태로 몰고 갔다. 도저히 전처럼 열심히 일에 매달릴 수가 없었다. 의욕이 떨어지자 당장 회사의 실적에도 영향을 미쳤다. 한동안 방황을 하다 우리 부부는 대구생활을 정리하고 인천으로 이사를 했다.

새 출발을 하면서 나는 성당에 다니기 시작했다. 아내와 같이 영세도 받았다. 첫 아이를 잃은 슬픔을 달래가며 다시 일에 전념하고자 노력했다. 이어 둘째 아들 보현이가 태어나고 생활이 안정되면서 경험을 살려 작은 출판사를 차리게 됐다. 책 외판 일을 시작하면서 그렇게 그리던 출판사 사장이 된 것이다. 건강하게 자라는 아들 보현이를 보며 행복한 생활에 만족하며 감사한 마음을 잃지 않았다.

그러나 성당에 다니던 나는 대부인 프란시스코 씨와 사업 이야기를 하고 돌아오는 길에 교통사고를 당했다. 오른 쪽 무릎 골절 및 인대 파열이라는 중상을 입게 됐다. 수개월 동안 입원을 해야 하며 치료를 받더라도 무릎 골절이 정상으로 돌아오지는 못한다는 판정을 받았다. 눈앞이 캄캄했다. 왜 이런 악재가 계속되는 것인지…. 출판 사업도 초기라 해야 할 일이 정말 많을 때였다. 회사의 모든 업무를 부장에게 맡기고 수술을 받은 후 병원에서 입원치료를 계속했다.

겨우 거동을 할 수 있게 됐을 때 목발을 짚고 사무실로 향했다. 예상대로 사무실은 엉망이었고 부장은 이미 사업에서 손을 뗀 채 다른 일을 알아보고 있었다. 내 힘으로 처음 시작한 출판사업이었으나 나의 건강이 따라주지 못해 모든 것을 정리하고 건강에만 신경을 써야할 상황에 이르렀다. 몸만 전처럼 건강해진다면 다시 일을 시작하는 것은 자신이 있었기 때문이었다.

결국 만만치 않은 병원비와 초기에 투자만 하고 제대로 운영을 하지 못한 출판사는 문을 닫고야 말았다. 나는 하루아침에 빈털터리가 돼 버렸다. 그러나 우리 부부는 서로를 위로하며 재기를 다져갔다. 그 당시 내 형편은 다른 일을 시작하기는커녕 물리치료를 받으러 갈 차비마저 걱정해야 할 형편이었다. 그러니 병원에 갈 차비도 없는 형편에 물리치료를 받는 다는 것은 말이 되지 않는 상황이었다.

병원에 다니는 대신 나는 동네 목욕탕에 가서 아침부터 저녁까지 뜨거운 물에 몸을 풀고 사우나에서 운동도 했다. 이렇게 매일 목욕탕에 드나들자 목욕탕 주인이 목욕탕 잡일을 하며 용돈이라도 버는 것이 어떠냐고 제안을 했다. 몸도 성치 않아 마땅히 할 일을 구할 수도 없을 때라 나는 군말 없이 수락했다. 목욕탕 청소를 하고, 목욕탕에 온 손님들 구두를 닦고, 음료수를 팔며 하루에 몇 만원씩 받아 집으로 돌아가는 날이 계속 됐다.

얼마 전까지 작지만 어엿한 출판사를 운영하다 부지불식간의 사고로 다리를 제대로 쓰지 못하게 돼 목욕탕에서 구두를 닦는 신세가 됐지만 그래도 희망을 버리지 않았다. 동네 목욕탕이라 아는 사람과 마주칠 때면 곤혹스러웠지만 지금의 모습이 전부가 아니라는 생각을 갖고 작은 일이지만 목욕탕에서 내가 하는 일에 최선을 다했다. 내 옆에는 아내와 아이들이 있었기에 그래도 행복했다.

2) 새로 시작한 사업이 구속으로 이어지고 이혼과 사기까지

목욕탕에서 일을 하고 있는데 어디서 나를 부르는 목소리가 들렸다.

"야! 나 김만주야. 너 이게 어떻게 된 거야?"

나에게 말을 건 사람은 처음 서울에 올라와서 얻은 첫 직장이었던 광화문 오리엔탈 사무실에서 만났던 선배였다. 칠팔 년 만에 이런 곳에서 만나니 반갑기도 하고 창피하기도 했다. 서로가 살아왔던 이야기를 나눈 뒤 그는 나에게 명함을 건네주며 말했다.

"이 짓 그만해라. 내가 도와줄게. 저녁에 꼭 놀러와라."

목발을 짚고 찾아간 곳은 부평 효성동 사거리에 있는 코오롱 모델하우스였다. 당시만 해도 아파트 값이 많이 오르고 건설 경기가 무척 좋을 때였다. 그 선배의 도움으로 부동산 일을 하게 됐다. 처음 하는 일이었지만 다시 시작한다는 마음으로 열심히 했다. 경기가 좋을 때라서 어느 정도 돈은 벌 수 있었다. 아파트 경기가 떨어지면 일산, 평촌, 분당, 광명 등지에 상가도 분양하고 주택공사 부지 입찰에도 참여했다.

오른 쪽 무릎에 핀을 꽂고 열심히 일한 내 정성 때문인지 일이 잘 풀렸다. 서울 강남으로 집도 옮기고 아이들도 좋은 학교에 입학시켰다. 그러나 차츰 건설 경기가 침체 돼 가기 시작했다. 여기서 또 다시 주춤거리게 된다면 어렵게 재기한 모든 것이 다시 무너질지도 모른다는 불안감이 일었다. 그러던 중 평소 호형호제하며 알고 지내는 분이 중국관련 사업을 준비하는데 동업을 하자는 제안을 해왔다. 한 번 뛰어 들어보기로 했다.

중국에서 사업을 시작하면 모든 것이 잘 될 것 같은 생각에 강남구 역삼동에 사무실을 차리고 중국 베이징에도 사무실을 개설했다. 점포도 임대하고 남대문·동대문 시장에서 의류, 액세서리 등 보따리 무역을 시작하면서 여행사에 무역회사까지 설립하고 몇 년 간을 정신없이 뛰어다녔다. 그런데 잘 풀릴 듯 하던 사업은 자꾸 자본만 축낼 뿐 계속 손해가 나기 시작했다.

나중에는 아내와 아이들을 처갓집에 들어가 살게 하고 보금자리인 집마저도 사업자금으로 날리고 다시 빈털터리가 된 것이다. 사업은 극도로 악화돼 결국 온 가족이 장모님 댁에 얹혀살게 됐다. 아내를 볼 면목도 없고 하루하루가 고통이었다. 직업 없는 실업자. 처갓집의 눈칫밥. 아는 사람들로부터의 냉대. 어떻게 살아야 할지 자신이 없었다.

그렇게 온 가족이 힘들게 지내던 어느 날, 아내와의 사소한 말다툼 끝에 장모님과 아내는 도저히 이렇게는 살 수 없다며 이혼을 요구했다. 이 상황에서 가족마저 잃게 된다면 나는 다시는 일어서지 못할 것 같아 무릎을 꿇고 애원하면서 아내를 잡았으나 아내의 마음을 되돌릴 수는 없었다. 끝내 아내와 이혼을 하고 나는 어머니에게로 갔다. 중년을 바라보는 나이에 사업 실패에 이혼까지 당한 못난 아들을 보는 어머니의 심정을 생각하면 정말 죽고만 싶었다.

몇 달 간 시골생활을 하면서 나는 절망하고 내 문제에 대해 곰곰이 생각해 보았다. 왜 이다지도 나의 인생은 험난한가? 악마가 붙어있는 것일까? 답답하고 도대체 무엇이 어디서부터 잘못된 것인지 알고 싶을 뿐이었다. 그래서 어머니가 마련해 준 돈으로 유명한 철학관, 무속인, 전국의 유명하다는 기도원을 다 찾아다녔다. 많은 곳을 다녔지만 어느 곳에서도 성에 차게 시원한 이야기를 들을 수는 없었다. 역학, 주역, 철학에 관한 서적들을 모조리 탐독하고 역학에 관한 개인교습도 받았다. 남은 돈으로 굿도 하고 조상님 제사도 지내 드렸지만 원인과 해결방법은 아무리 노력해도 찾을 수 없었다.

[그림3] 굿(출처 : 네이버)

나는 내 인생에 대한 의문을 풀기 위해 몇 개월을 떠돌다 재기를 위해 서울로 다시 돌아왔다. 반드시 성공해서 사랑했던 아내도 만나고 아들딸도 떳떳하게 만나리라 다짐했다. 모든 체면을 버리고 평소 알던 선배를 찾아갔다. 그 선배는 명동 유네스코 빌딩에서 사채업을 하고 있었다. 어음할인, 당좌 등 선배 밑에서 일도 배우면서 약간의 돈이 모이자 어머니 생활비와 내게 남은 빚도 조금씩 갚아 나갔다. 적은 돈이지만 조금씩 저축도 했다.

마음 한구석엔 고리대금업인 이 사채업을 빨리 그만 두고 돈이 웬만큼만 모이면 장사라도 해야겠다는 생각이 자리를 잡고 있었다. 영업에 자신이 있었기 때문에 장사를 가장 잘 할 수 있을 것이라 생각해서였다. 명절 때는 그렇게도 보고 싶던 아들딸도 다녀갔고 생활비를 건네주면서 잠시나마 아내 얼굴도 볼 수 있었다.

"나는 꼭 재기한다. 내가 누구냐? 오뚝이다!"

기족들에게 큰소리를 쳤지만 아내가 지금 무슨 일을 하냐고 물어오면 차마 사채업을 하는 직원이라고 말할 수는 없었다. 빨리 다른 일을 찾아야겠다고 생각했다. 사채업을 하면서 김덕용이란 사람을 알게 됐다. 그 사람은 여행사를 차릴 준비를 하고 있었는데 여행사 일이 전망이 있다며 내가 중국 관련 일을 할 때 잠깐이나마 여행사 경험도 있고 영업에도 유능하니 같이 일을 하자고 제의했다. 김덕용을 통해 규모가 그리 크지 않은 여행사의 사장인 심재문을 알게 됐고 그 때부터 함께 여행사 사업을 시작했다. 심재문 사장은 모든 것은 자기가 책임진다며 미국비자를 받지 못해 가지 못하는 고객들을 이용해 사업을 하겠다고 했다.

[그림4] 비자(출처 : 네이버)

새로 시작한 여행사 일로 바쁜 하루하루를 보낸 지 보름 정도 지난 어느 날이었다. 지난밤 꿈자리가 뒤숭숭하고 몸살 기운도 있어서 조금 늦게 출근하고자 사무실로 전화를 했다. 그런데 직원들은 전화도 받지 않고 휴대폰 연락도 되지 않는 것이었다. 이상한 생각에 급히 사무실로 나갔다.

사무실 분위기는 어수선하고 형사 같이 보이는 사람들이 왔다 갔다 하고 있었다. 직원들의 모습은 하나도 보이지 않았다. 분명 무슨 일이 생긴 거 같아 슬그머니 사무실을 빠져 나왔다. 여기저기 연락을 하고 수소문 해보니 심재문 사장, 김덕용 그 밖의 전 직원, 미국 비자를 신청한 고객들, 종로구청 직원 등 모든 사람들이 미국 비자 사건으로 서울경찰청 외사계에서 조사를 받고 있다는 것이었다. 어떻게 된 일인지 영문을 알 수 없었다.

아는 분을 통해 알아보았지만 어떻게 수습할 대책이 없었다. 나라의 신용도를 낮춘 대단히 큰 사건으로 취급되고 죄명은 '사문서위조'였다. 앞으로 나는 어떻게 되는 걸까? 내 직장은? 복잡한 심경 중에도 나는 여행사 일을 시작하며 함께 일하자고 데리고 왔던 고향 후배인 해남이가 걱정됐다. 해남이가 무슨 죄가 있단 말인가? 취직시켜 준다고 오라고 해놓고 경찰에 조사를 받게 하다니 너무나 죄스러웠다. 내가 상담한 고객들도 이상이 없어야 할 텐데….

며칠 후 SBS 뉴스에서 '미국비자 사기단 검거 32명'이 대서특필로 보도됐다. 사장부터 비자신청 고객까지 모두 구속·수감되고 나는 모집 총책으로 전국에 수배가 돼 있었다. 방송이 나가자 선배, 친구, 고향 후배들, 나를 알고 있는 분들이 호출기로 연락을 해왔다. 방송의 위력은 정말 대단했다. 한 번의 방송으로 나를 알고 있는 사람들이 이 사건을 알게 됐고 나를 사기꾼으로 생각하는 것 같았다. 창피함과 두려움 속에 인천 송도에 있는 여관에서 숨어 지냈다. 마음이 너무나 불안하고 지나가는 경찰차의 사이렌 소리만 들려도 떨리고 형사에게 잡혀가는 악몽에 시달렸다.

내가 왜 이렇게 되었을까? 도대체 나의 인생은 왜 이다지도 험난할까? 며칠간의 고민 끝에 매를 맞아도 빨리 맞는 게 좋을 것 같아 자수를 결심했다. 서초동에 있는 변호사를 찾아가 이야기를 털어 놓았다. 변호사는 내가 초범이고 사정을 모르고 한 일이라 정상참작이 될 거라고 하면서 자수할 것을 권유했다. 자수를 하면 열흘에서 보름정도 구치소 생활을 하고 보석으로 풀려나게 될 터이니 한 동안 쉰다고 생각하고 책이나 많이 보고 나오라고 했다. 해남이도 걱정 말라고 했다.

보름이면 길 다면 길고 짧다면 짧은 시간이지만 죄를 지었으니 깊이 반성하고 죄 값을 치러야겠다는 결심이 섰다. 어머니와 누나에게 연락을 하고 자수할 것을 알렸다. 평소 가장 친했던 선배를 만나 통장과 살고 있는 아파트 열쇠를 건네주면서 보름만 잘 지켜줄 것을 부탁했다. 변호사를 선임하고 나서 서울지검으로 가서 자수를 했다. 몇 시간의 검찰 조사를 받은 후 나는 구치소로 수감됐다.

[그림5] 서울구치소(출처 : 네이버)

구속되고 난 후 며칠 동안은 선배가 면회도 자주 와서 걱정도 많이 해주고 세상 밖의 이야기도 많이 해줬는데 날이 갈수록 소식이 뜸해져 갔다. 변호사에게도 소식이 없었다. 어머니, 누나, 아이들은 잘 생활하고 있는지 걱정이 돼 잠도 이룰 수 없었다. 며칠만 있으면 보석으로 석방시켜준다고 했던 변호사한테는 20일이 지나도 소식이 없었다. 답답해 미칠 지경이었다.

"3971! 변호사 접견!"

교도관의 변호사 접견이라는 그 목소리가 얼마나 반가웠는지 모른다.

‘오늘 드디어 보석으로 석방되는구나.’

달력을 힐끗 보니 구치소에 들어 온지도 벌써 25일이 지나 있었다.

‘보름이면 된다고 하더니….’

그래도 일단 안심이 되며 마음이 설레었다.

그러나 변호사는 “공범이 너무 많아 보석신청을 하면 괘씸죄로 오히려 좋지 않다”고 했다.

“그럼, 어떻게 해야 됩니까?”

절망감이 밀려왔다.

“저는 당신을 믿고 의지하고, 시키는 대로 했고 또 오늘을 얼마나 기다렸는데….”

“재판을 받고 선고를 받아봐야 됩니다. 모든 것이 잘 될 테니 밥 잘 드시고 힘내세요.”

“재판은 언제 열립니까?”

“연말연시라 판사님들 인사이동도 있고 해서. 하지만 최대한 빨리….”

변호사는 말끝을 흐리며 희미하게 대답을 했다.

“저보다도 이해남이를 신경 쓰셔서 꼭 석방되게끔 해주십시오.”

그 말을 남기고 접견이 끝났다.

구치소 생활에 적응해야만 했다. 운동시간이나 면회를 다녀올 때 심재문 사장의 얼굴을 볼 수 있었고 이해남과도 마주칠 수 있었다. 심 사장은 미안하다고 하며 자기와 김덕용만 죄가 있으니 다른 모든 사람들은 석방될 것이라고 말했다. 심재문 사장은 벌써 여러 번 교도소에 출입했고 “이번에 몇 년간 살고 나면 일본어를 공부해서 일본으로 이민 가서 살 계획이니 앞으로 만나지 못하더라도 늘 건강하고 자기를 용서해 달라”고 말했다.

나는 그저 해남이에게 미안할 따름이었다. 구치소에 수감된 지 약 한 달 보름 만에 수갑을 차고 포승줄에 묶여 법원으로 가게 됐다. 과천에서 서울법원으로 이송되는 동안 창밖으로 자유롭게 거리를 활보하는 사람들을 보자 마음이 아팠다.

“나는 언제 저렇게 자유로울 수 있을까?”

재판장에 들어가 판사 앞에 주범 심재문과 공범 32명이 섰다. 판사가 이름을 호명하는 데 긴장이 돼 내 이름을 부르는 것만 간신히 알아들을 수 있었다. 검사의 심문 후 마지막으로 판사가 할 말이 있으면 하라고 했다.

나는 눈물을 흘리며 말했다.

“잘못했습니다. 선처 바랍니다.”

검사의 구형이 시작됐다. 심재문 징역 5년, 김덕용 징역 3년, 이해남과 나는 징역 3년이었다. 선고는 2주 후 재판에서 이뤄진다고 했다. 선고 날짜를 받아놓고 나니 마음이 심란하고 하루하루가 불안해 아무 것도 할 수가 없었다. 드디어 선고 날 아침이 밝았다. 모든 것을 운명에 맡기기로 결심하고 심호흡을 크게 했다. 흰 고무신을 신고 판사 앞에 섰고 드디어 선고가 시작됐다.

“피고는 모든 잘못을 뉘우치고 깊이 반성하고 있으나 죄질이 너무 크고…”

느낌이 이상했다. 다음 말이 들리지가 않고 가슴이 크게 방망이질 쳤다.

“선고를 시작한다. 심재문 징역2년, 김덕용 징역2년, 000 징역 1년 6개월, 이해남 징역 1년 6개월…”

다리에 힘이 쫙 풀리면서 온몸에 맥이 빠졌다.

"1년 6개월"

어떻게 산단 말인가? 눈물이 났다. 그런데 이어 판사가 다시 상세하게 선고문을 읽었다.

"심재문 징역2년, 김덕용 징역 1년 6개월 실형, 000 징역 1년 6개월, 이해남 징역 6개월, 000부터는 형 집행을 2년간 유예한다."

이렇게 나는 집행유예로 나오게 됐다. 드디어 석방이었다. 그날 저녁 굳게 닫혀있던 철문이 열리고 보름만 있으면 나오게 될 것이라 생각했던 곳에서 두 달 만에 나오게 됐다. 철문이 열리자 밖에서 출소자를 마중하기 위해 수백 명의 사람들이 와서 기다리고 있었다. 서로 부둥켜안고 울고 기뻐하는 모습을 보며 주위를 둘러보았지만 꼭 있어야 할 선배의 모습은 어디에서도 찾을 수 없었다. 차가 막혀서 늦는 걸까? 나온다는 소식을 듣지 못했나? 아무리 기다려도 나타나지 않자 나는 택시를 타고 내 아파트로 갔다. 벨을 누르니 웬 낯선 여자가 문을 열었다. 언제 이사를 왔냐고 물으니 한 달 정도 됐다고 했다.

'아! 이럴수가! 내 통장, 내 차, 나의 모든 것, 믿고 있었던 선배가 이럴 수가! 아니야, 분명히 무슨 사연이 있을 거야'라고 내 자신을 위로하며 며칠을 수소문한 끝에 선배와 간신히 통화를 할 수 있었다.

"형, 나예요. 나 지금 오갈 데도 없어요. 무슨 사연인지는 모르겠지만 우선 만나요. 만나서 얘기합시다. 형"

"미안하다. 하지만 지금은 만날 수가 없다. 네 돈은 다음에 다 갚으마."

"형. 제발. 형…!"

정말 세상이 나를 등지는 것 같았다. 나는 다시 오갈 곳이 없는 빈털터리 신세가 됐다. 이미 사기단 공범으로 알려져 도저히 어머니, 누나, 가족, 친구, 선후배들을 창피해서 만날 수도 없었다. 하루 종일 거리를 걷다가 멍하니 하늘만 쳐다보고 돈이 떨어지면 친구들에게 한 푼 도와달라고 전화를 해서 그 한 푼도 받으면 술에 취하고, 술이 깨면 또 마시는 생활을 하다 노숙자 신세로까지 전락하고 말았다.

3) 부산 영도다리 아래로 몸을 맡기다

2월의 밤바다에서 불어오는 바람은 유난히 차가웠다. 부산 앞 바다는 시커멓고 출렁거리고 있었다. 나는 영도다리 난간을 붙잡고 한없이 깊고 차가워 보이는 바닷물을 하염없이 바라봤다. '여기서 지금 뛰어내린다면 이제 정말 이 지긋지긋한 세상과 끝이로구나'라고 생각하니 후련한 것 같기도 했으나 한편으로는 서글픔이 밀려왔다.

[그림6] 과거 영도다리(출처 : 네이버)

어머니 얼굴이 떠올랐다. 일찍 아버지를 먼저 보내고 홀로 자식들을 키우며 고생하신 어머니께 효도 한 번 제대로 못하고 이렇게 불효를 저지르는구나 생각하니 뜨거운 눈물이 솟구쳤다. 아들과 딸의 얼굴도 차례로 떠올랐다. 울컥 감정이 격해지자 난간을 꽉 잡은 손이 떨리기 시작했다. 어쩌다 사랑하는 아내에게 이혼당하고, 보고 싶은 자식들의 얼굴마저도 못 보는 처참한 지경이 되었는지, 누구보다 열심히 살아왔는데 결국 노숙자로 전락해 전전긍긍하다 이곳에서 죽는다고 생각하니 심장이 터질 것만 같았다. 이곳 부산은 내가 아내를 만나 신혼살림을 차린 도시이기도 했다. 그 행복하고 단란한 결혼 생활을 시작했던 이곳에서 이런 모습으로 생을 마감하다니….

다시 일어나 보란 듯이 재기하고 싶지만 이제는 더 이상 도저히 일어설 여력이 없었다. 가진 것 하나 없이 맨주먹으로 시작해 누구보다도 열심히 살아왔다. 그런데 왜 이다지도 하는 일마다 틀어지고 어떻게 겨우 형편이 나아지는가 싶으면 와르르 무너져 내리고 다시 일어나면 또 무너진단 말인가! 이젠 더 이상 내려갈 곳도 없는 맨 밑바닥 인생, 남은 것이라고는 빚더미뿐.

'나'라는 놈은 더 이상 살아봐야 어머니, 형제들 그리고 가족들한테 더 피해만 줄 뿐이라는 생각에 비참했다. 지난 몇 달 간의 생활이 주마등처럼 스쳐갔다.

한 때는 잘 나가던 사업가였던 나는 서울역 지하도의 노숙자 신세가 돼 매일 아침 주린 배를 채울 걱정을 하며 배고픔과 추위에 떨었다. 지나가는 행인들이 가끔 던져주는 동전이 나를 더욱 초라하게 했다.

1997년, 그해 겨울. 차가운 밤공기는 나의 온 몸과 영혼을 갈가리 찢어발기는 듯 했다. 어찌해서 내 인생이 이렇게 됐을까? 세수도 하지 못해 얼굴에 누런 기름때가 번들거리고, 입고 있는 낡은 옷은 세탁을 하지 못해 지저분하기 짝이 없었다. 주머니 속에는 천 원짜리가 서너 장 있을 뿐 당장 갈 곳도 의지할 사람도 없는 생활이었다. 그렇게 서울역에서 몇 달을 보냈다.

수첩을 꺼내 연락할 만한 사람들을 찾아봤지만 모두 죄송하고 미안한 마음만 드는 사람뿐 마땅히 연락할 곳이 없었다. 오랫동안 서로 연락이 없었던 부산 친구의 이름을 보고 혹시나 해서 수화기를 들었다. 친구가 받았다.

"여보세요?"

"진수, 이 문디야. 내다."

"하이고, 야야. 얼마 만이고? 어데 있나?"

"서울인데 니 보고 싶어 전화 안 했나."

"그라믄 퍼뜩 내려오지 무슨 놈의 전화질이고? 얼른 오너라."

"내 가면 소주 한 잔 사줄래?"

"문디 자슥, 짝으로 사줄끼구만. 퍼뜩 전화 하그라!"

"알았다. 내가 그럼 도착해서 전화할게."

나는 서슴없이 곧장 부산으로 향했다. 날 반기는 이가 한 사람이라도 있다는 것 그 자체가 너무도 소중했다. 그건 천 길 낭떠러지로 추락하기 직전에 벼랑 끝 바위를 비집고 삐죽 나와 있는 나뭇가지를 본 것과 같은 심정이었다. 그러나 그 나뭇가지는 너무나 가냘팠다.

저 멀리 진수가 보였다. 부산역의 찬바람에 자꾸 눈물이 묻어났다. 서로 말이 필요 없었다. 나의 몰골이 수천 마디의 말을 이미 전하고 있었다. 포장마차에서 함께 소주를 마시던 진수는 취기가 어느 정도 올랐을 무렵 그제서 말을 이었다. 술기운이 아니면 진수도 그 무거운 침묵을 깨지 못하였으리라. 그만큼 나의 몰골은 말이 아니었다.

"내도 마 죽지 못해 사는 기라. 회사라고 콧구녕 만한 데에 월급은 빤하고 그나마 경기가 이래 안 좋으니 월급도 제대로 못 갖다 줘서 마누마 눈치만 억수로 보는 기라. 아들도 자꾸 대가리가 굵어지는데…."

진수는 고래 고기를 한 점 씹으며 술잔을 털어 넣었다.

"니도 한 잔 받아라."

"우리 어려서는 꿈도 많고 희망도 많았었는데 지금은 이게 뭐꼬? 나이는 사십이 넘고 몇 푼 돈에 얽매이고 시간에 쫓기고 희망도 없고…."

"그러게 말이다."

우리는 밤이 깊도록 술을 마셨다.

사람대접 받지 못하던 서울역의 부랑아였던 나를 따뜻하게 맞아주는 진수가 너무나 고마웠다. 오랜만에 마시는 술과 안주에 나는 금세 취했다. 진수는 헤어지며 힘내라는 말과 함께 여관비라도 하라며 두툼한 만원짜리 지폐를 쥐어줬다. 손이 떨렸다. 왜 떨리는지 알 수 없었다. 창피함인지 아니면 오랜만에 만져 본 돈에 대한 반가움인지, 손에 쥔 돈 사이로 겨울 하늘에 뜬 별 조각이 부서져 내렸다.

다음 날 아침. 일찍 목욕탕에 가서 깨끗이 씻고 자갈치 시장에서 옷을 사 입었다. 친구에게 위로를 받고 나니 다시 시작해보자 하는 의욕이 솟았다. 구직 광고를 보고 이곳저곳 일자리를 구하러 다녔지만 IMF 직후 일자리를 잃은 사람들이 도처에 널려 있어 직장을 구하기란 하늘의 별 따기였다. 몸이라도 건실하면 막노동이라도 하겠지만 교통사고로 오른쪽 무릎을 다쳐 몸으로 하는 힘든 일은 할 수가 없었다.

길거리에서 노점상을 하자니 그것도 밑천 없이 시작할 수 있는 일이 아니었다. 결국 일자리를 구하지 못한 채 계속 진수의 도움을 받을 수밖에 없었다. 그러나 진수도 그리 넉넉하지 못했다. 간신히 잡았던 벼랑 끝 나뭇가지가 뚝 부러지고 있었다. 저 밑 컴컴한 어둠이 입을 쩍 벌리고 있었다.

어느덧 주머니에는 백 원짜리 동전 몇 개 밖에 남아 있지 않았다. 이걸로 하루, 아니 이틀이나 견딜 수 있을까? 그래, 언젠가는 한 번 가는 인생. 이렇게 구차하게 살 바에야 깨끗이 죽어버리자. 전쟁에서 지고 돌아온 장군은 자결을 한다고 하지 않던가! 나도 열심히 산다고 살아왔지만 어쨌거나 결과는 실패자야. 누구를 원망할 것도 없다. 모든 것이 내 책임이다. 아무도 모르게 깨끗하게 죽어버리자. 막상 죽기로 결심하니 두 눈에서 눈물이 흘러내렸다.

마무에게도 피해를 주지 않고 고통 없이 죽을 방도를 생각하며 부산역 광장에 앉아 지나가는 사람들을 바라보았다. '내가 이 세상에서 마지막으로 보는 모습들이구나. 기차를 타려고 바삐게 뛰어가는 노신사는 어디로 가는 걸까? 사랑하는 아내와 착한 자식들이 있는 따뜻한 가정으로 돌아가는 길이겠지. 나에게도 저렇게 따뜻한 가정이 있었는데….'

[그림7] 부산역 전경(출처 : 네이버)

할머니 한 분이 보따리를 머리에 이고 대합실을 나선다. 어머니 생각이 났다. 다리가 아프다고 하셨는데 당뇨 때문에 늘 피곤해 하시고 눈도 침침하다고 하셨는데 어떠신지…. 지나가는 남자아이를 보면 큰아들 보현이가 생각났다. 예쁜 계집아이를 보면 딸 빛나를 보는 것 같아 그 애가 시야에서 사라질 때까지 눈을 뗄 수가 없었다. 지금은 헤어졌지만 사랑했던 아이들 엄마, 부산에서 나고 자라서 부산에서 결혼을 했고 신혼시절의 고달픔을 같이 이겨냈던 사람, 아이들 낳고 고생만 시켰다는 미안함이 내 가슴을 메어지게 했다.

서울가정법원에서 모든 서류 정리를 끝내고 돌아섰을 때 그녀에게서 느껴지던 쌀쌀함. 그 후로 몇 번인가 만났을 때의 그녀의 싸늘한 시선들. 모든 것이 나의 잘못으로 인해 그렇게 된 것이었다. 정말 미안했다. 내가 죽고 난 다음에라도 아무도 찾을 수 없게 신원이 밝혀지지 않는 게 좋을 것 같았다. 가족들에게 공연한 폐와 슬픔을 안겨주고 싶지 않았다.

부산 역 지하도에 있는 보관함에 갖고 있던 신분증과 소지품을 모두 넣어뒀다. 이제 내가 죽더라도 내가 누구인지 알아낼 수 있는 그 무엇도 내 몸에서 나오지 않으리라. 사물함 열쇠를 부산 역 광장 분수대 의자 옆 잔디밭에 묻었다. 이제 나의 존재는 영원히 아무도 모르게 사라져가겠구나 하는 생각을 하니 또 눈물이 흘러내렸다.

지난 일을 다시 돌이켜 봐도 여기서 내 생을 마감하는 것이 좋을 것 같았다. 난간을 잡은 손에 더욱 힘을 줬다. 갑자기 두려움이 엄습해오고 술이 확 깼다. 문득 영도다리 난간에 서있는 낙서가 눈에 들어왔다. '자기야, 사랑해'. '넌, 내 꺼야', '우리는 하나가 되었다' 등등.

그래, 나에게도 저런 시절과 추억이 있었지….

주머니에서 동전 하나가 잡혔다. 저승 갈 때 노잣돈으로 쓰려고 아까 주머니에 넣어둔 백 원짜리 동전이었다. '그래 이것마저 세상에 버리고 가자. 아무 것도 갖고 가지 말자'하는 생각이 들었다. 남은 돈을 톡톡 털어 구멍가게에서 소주를 한 병 사 단숨에 들이켰다.

'나를 알고 있는 세상 모든 사람들이여. 나로 인해서 피해를 봤다면 나를 용서하시오. 정말로 죄송합니다. 어머니 건강하시고 안녕히 계십시오. 여보, 미안하고. 특히 보현아, 빛나야 못난이 아빠를 용서하렴. 누나, 잘 있어요.'

영도다리 아래 출렁이는 밤바다가 저승사자의 망토처럼 나를 덮쳤다.

나는 깊고 깊은 바다 속으로 빠져들고 있었다. 냉기가 온 몸으로 파고들었다. 그리고 나는 마치 꿈꾸듯이 어디론가 빨려들어 갔다.

4) 꿈속에서 아버지를 만나다

내가 눈 뜬 곳은 선착장 바닥이었다. 맨 바닥의 차가운 기운 때문에 정신이 든 듯했다. 처음에는 한 동안 아무 생각을 할 수 없었다. 어슴푸레한 새벽이었다. 온몸이 물에 젖어 있었고 심한 갈증이 났다. 한 모금의 따뜻한 물을 마시고 싶다는 생각이 너무 간절했다. 그런데 '내가 어떻게 죽지 않고 여기에 있을 까?' 차츰 정신이 들며 이상한 생각이 들었다. '혹시 내가 정말 죽은 것은 아닐까? 분명 나는 바다 속으로 뛰어들었는데….'

'그러면 그건 꿈이었을까?' 마치 방금 전에 본 것 같은 생생한 정경이 머릿속을 스쳐갔다. 나는 울창한 숲 속을 걷고 있었다. 하늘을 올려다보면 햇빛이 찬란한 맑은 날이었는데 내가 걸어가는 길에는 흰 안개가 계속 피어나고 있었다. 분명 처음 가보는 곳이었는데 꿈속에서 나는 너무 편안한 마음으로 어딘가를 향해 익숙하게 발걸음을 옮기고 있었다. 계속 가다보니 깊은 숲 속에 난데없이 우물이 나타났다. 옆에는 두레박까지 걸려있었다. 깨끗하고 아담한 우물이었다. 우물을 보자 갑자기 타는 듯한 갈증이 느껴져 나는 정신없이 물을 마셨다.

한참 물을 마시다 이상한 기분에 앞을 쳐다 보니 그 곳에 웬 사람이 서 있었다. 안개 때문에 분명하게 얼굴을 알아볼 수가 없었지만 왠지 친근한 느낌이 들었다. 그 사람이 돌아서서 숲 속을 향해 걸어갔다. 말은 없었지만 나에게 따라오라고 하는 것 같아 그 뒤를 따랐다. 천천히 걸어가는 것처럼 보였는데 막상 따라가니 앞서 가는 사람의 걸음이 어찌나 빠른지 숨을 헐떡이며 뛰어야만 했다. 우리는 계속 숲으로 깊이 들어가기만 했다.

숨이 차서 도저히 더는 따라가지 못할 것 같아 멈춰서 숨을 고르고 있자 앞서 가던 사람이 돌아서서 손짓을 하는 것이었다.

"아버지!"

내게 손짓하는 사람의 모습은 분명 돌아가신 아버지였다.

"아버지 어떻게 여기에 계십니까?"

나는 너무 반가워서 소리쳐 부르며 아버지에게 다가갔다. 그러나 아버지는 움직이지 않으시고 그대로 서서 내게 손짓을 하고 계셨다. 그런데도 나는 아버지에게 다가갈 수가 없었다. 아무리 걸어가도 아버지와의 거리가 좁혀지지 않는 것이었다.

"아버지! 아버지!"

아버지는 계속 온화한 웃음을 지으며 내게 손짓만 할 뿐이었다. 다시 생각해도 너무 생생한 꿈이었다.

5) 낯선 남자와의 인연으로 지리산으로 향하다

"보시오. 정신이 듭니까?"

갑자기 옆에서 사내의 목소리가 들렸다. 놀라기도 하고 너무 많은 일이 있었던지라 목이 갈라져 대답이 나오지 않았다.

"오늘 새벽에 당신을 물에서 건진 사람이오. 처음엔 사람인 줄 몰랐소. 아, 하늘을 보고 반듯한 자세로 누워서 물에 떠 있는데, 어찌나 놀랐던지…. 죽은 사람인 줄 알았는데 살기 힘들다고 그러면 쓰나…."

사내와 눈이 마주쳤다. 50대쯤으로 보였는데 어딘가 모르게 기품이 있어 보였다.

"당신, 산으로 가 보시오. 그렇게 하는 게 좋을 것 같아요."

한 동안 나를 바라보던 사내가 불쑥 그런 말을 했다.

산이라…. 산길을 헤매는 꿈을 꾼 뒤라 그런지 산이라는 말이 낯설게 들리지 않았다. 정신이 다시 몽롱해지며 나른한 잠이 쏟아졌다. 나는 다시 잠이 들고 말았다.

얼마나 지났을까, 사람들이 웅성거리는 소리에 정신이 들었다.

"놔두소. 경찰이 오면 정신병원으로 데리고 갈 낀데, 뭘."

어느 남자의 목소리. 정신병원! 정신이 번쩍 들었다. 언젠가 듣기로 자살 미수범은 정신병원으로 데리고 간다는 말을 들은 것 같았다. 정신병원은 감옥이나 이런 곳보다도 더 무서운 곳이라는 말도 들은 것 같았다. '경찰이 오면 나를 조사하고 정신병원으로 보내겠지. 아니면 보호자에게 연락을 해서 신변인수를 한다고 해도 내 몰골을 보시는 어머니, 누나의 마음은 어떨까?' 여러 생각들이 머리를 스쳐 지나갔다.

멀리서 경찰차의 사이렌 소리가 들려오는 것 같았다. 나는 벌 떡 일어섰다. 옷이 물에 흠뻑 젖어 바닷물이 줄줄 흘러내렸다. 몸은 젖은 솜처럼 말을 듣지 않았다. 하지만 그 순간에는 체면이고 뭐고 없었다. 나는 뛰기 시작했다. 사람들이 많은 자갈치 시장 쪽으로 무작정 뛰어갔다. '잡히면 정신병원이야. 뛰어야 돼.' 뛰는 나의 머릿속에는 오직 이 생각밖에는 없었다.

정신없이 뛰다보니 좌판을 놓고 생선을 파는 아주머니들이 보이고 경매를 하는 아저씨들도 눈에 띄었다. 자갈치 시장이었다. 뒤를 돌아보니 아무도 따라오지 않는 것 같았다. 그제야 온 몸이 긴장이 풀렸는지 숨이 가빠오고 갈증이 났다. 옷에서는 김이 모락모락 피어올랐다. 시장 아주머니에게 물을 얻어 마시고 숨을 돌리고 있을 때였다. 낯선 남자 두 사람이 다가왔다.

"여보시오. 급하게 뛰어 오는 것 같은데, 무슨 일이오?"

"누구신지요?"

"몹시 피곤해 보이는데, 우리 어디 가서 아침이나 먹읍시다."

나는 그 사람들이 누구인지, 생전 처음 보는 나에게 왜 친절을 베푸는지 이상한 생각이 들었다. 그러나 죽기로 결심하고 물속에까지 들어갔다 나온 마당에 거리낄 것이 없었다.

'그래 따라가자, 아무렴 어떠랴, 따뜻한 밥이나 한 끼 얻어먹으면 되지.'

이른 새벽부터 사람들이 많이 모이는 자갈치 시장이기 때문에 일찍부터 문을 연 식당들이 많았다. 우선 가까운 국밥 집에 들어가 앉자 긴장이 풀리며 곧 쓰러질 것만 같았다.

"무슨 일인지 모르겠지만 용기를 내고 다시 열심히 살아보시오. 모두 힘든 상황에서도 처자식 생각하며 버티고들 다 살아가는 것 아니겠소?"

마치 내 마음을 다 알고 있다는 듯 용기를 주는 따뜻한 말이었다.

"지금까지 잘 살아보려고 정말 뭐든 열심히 했습니다. 그런데 인생이 왜 이런지 정말 다시 살고 싶은 마음이 없습니다."

"그래도, 그러면 안 되지요."

"정말입니다. 세상이 싫습니다. 어디 조용한 산 속에 가서 산다면 모를까…."

나는 꿈에 본 아버지의 얼굴도 떠오르고 나를 물에서 건져줬다고 말하던 사내가 한 말이 머릿속에 떠돌고 있던 차라 불쑥 그렇게 말을 내뱉었다. 그렇게 말을 하고 보니 정말 세상을 떠나 조용히 살고 싶다는 마음이 간절해졌다.

"정말, 그런 마음이오? 그렇다면 내가 도움을 줄 수도 있겠군. 글쎄 그분께서 지금도 거기 계시는지 모르겠네."

그 남자는 지리산에서 도를 닦고 있는 도인을 알고 있는데 그 분은 사람들의 미래를 점칠 뿐 아니라 사람들에게 깔린 나쁜 기운을 몰아내고, 귀신을 볼 수 있는 영험한 능력을 지니고 있다고 했다. 그 분을 찾아가 그 분의 학문을 배운다면 나에게도 큰 도움이 될 것이라는 말도 덧붙였다.

"작년 작은 아들놈이 서울대 시험 볼 때 찾아뵙고 지금까지 찾아뵙지 못했는데…."

자신도 몇 년 전 우연히 알게 돼 그 수도승과 상담한 후 시키는 대로 했더니 몸이 많이 아프던 아내가 하루아침에 건강해지고, 두 아들이 다 서울대에 합격하고 본인도 건강하게 잘 지낸다면서 그 보답으로 자신도 아무도 모르게 선을 행하며 산다고 했다.

그 분이 나를 만나기 위해서 지리산에서 꼭 기다리고 계실 것만 같았다. 지리산으로 당장 달려가고 싶었다. 그분을 만나서 나의 미래를 알고 싶었다. 오늘은 너무 늦었으니 여관에서 하룻밤 자고 내일 일찍 떠나라고 하면서 그들은 쪽지에다 자세한 약도를 그려줬다. 그리고 십 만원을 여비로 쓰라며 내 손에 쥐어줬다. 너무 고마워서 어떻게 무슨 말을 해야 할지 생각이 나지 않았다.

"인연이 있으면 또 만나세."

그들은 자리에서 일어섰다. 세상에 이런 분들이 또 있을까?

"선생님 함자라도 알려 주시지요?"

"무슨 함자. 그냥 다시는 자살일랑 생각도 말고 용기 있게 열심히 살게."

"연락처라도…."

"언제 내가 지리산에 꼭 한 번 가겠네, 그때 보지 뭐."

이렇게 말하며 그들은 끝내 자신들의 신분을 밝히지 않았다.

커피숍을 나온 나는 대전에 사는 누나에게 전화를 했다.

"누나, 나야."

"그래, 어떻게 지냈어?"

"잘 지내고 있어. 내 걱정은 말아요."

어머니 안부를 물어보고 산에 가서 푹 쉬고 싶다고 했다. 소식이 없더라도 걱정 말고 어머니 잘 부탁드린다는 말을 하고는 누나의 어려운 형편을 알지만 마지막이란 심정으로 100만원을 부탁했다. 그리고 누나가 부쳐준 돈으로 국제시장에 가서 산으로 갈 준비를 했다. 아직 3월 초라 산은 무척 추울 것 같았다. 두꺼운 파카 점퍼를 한 벌 사고는 속옷, 내복, 배낭, 생활용품 등을 한 아름 장만했다. 내 마음은 벌써 지리산으로 달려가고 있었다.

2. 지리산에서 인생의 스승님을 만나다

아침 일찍 일어나 지리산 중산리 행 버스에 몸을 실었다. 운전기사에게 물으니 3시산 정도가 소요된다고 했다. 스님이 거기에 안 계시면 어쩌나 하는 생각이 들었다.

'어떤 분일까? 어떻게 생기셨을까? 나의 미래는 어떻게 되며 희망은 있는 걸까? 21세기가 다가오는 이 때에 과연 도인이란 존재가 있는 것일까? 병원에서 포기한 시한부 인생을 과연 사진만 보고도 좋게 할 수 있을까? 나도 수도하면 도인이 될 수 있을까?'

이런저런 생각을 하는 사이 어느덧 차는 중산리에 도착해 있었다. 점심을 걸러 배가 몹시 고팠지만 빨리 수도승을 뵙고픈 심정에 약도를 펼쳐들고 헤매기 시작했다. 그러다가 맨 끝에 산 속으로 찾아가다 보니 수도승이 산다는 조그만 토굴이 보였다. 흥분과 기대감이 온몸에 퍼져갔다.

[그림8] 지리산 중산리 계곡(출처 : 네이버)

"누구 계십니까? 아무도 안 계세요?"

내 말이 끝나자마자 토굴 안에서 칠순쯤 돼 보이는 할아버지가 나왔다. 토굴 안에서는 무슨 구수한 냄새가 나고 있었다.

"처음 뵙겠습니다. 말씀 좀 드릴게 있어서 찾아왔습니다."

내 말이 끝나기도 전에 그는 대뜸 "점심은 먹었느냐? 안 먹었으면 같이 먹자"라고 말씀하셨다. 그는 또 내 대답은 듣지도 않고 내게 자리를 내주며 음식을 주셨다. 수제비였다. 마치 내 속을 훤히 읽고 있는 듯 했다. 점심을 거르고 산을 오른 때문인지 아니면 뵙고자 했던 수도승을 만났다는 안도감 때문인지 수제비 맛이 기가 막혔다.

나는 허겁지겁 배를 채운 다음 내 이야기를 했다.

"스님, 부산에서 스님의 소식을 접하게 됐습니다. 저는 자살을 시도했지만 실패하고 어느 신사 분의 도움을 받아 스님의 말씀을 들었습니다. 앞으로 제 인생의 미래가 궁금하기도 하고 스님의 제자가 돼 공부를 하고 싶습니다."

스님은 나의 얼굴을 뚫어지게 쳐다보시더니 이렇게 말씀하셨다.

"되는 일이 없어, 심신이 많이 지쳐 있구만."

그리고 “이곳은 춥고 내가 너에게 가르쳐 줄 것도 없으니 그냥 내려가라”고만 하셨다.

나는 갈 곳이 없다며 스님에게 간청하기 시작했다.

“스님, 저는 지금 몸이 아프고 갈 곳도 없으니 며칠만이라도 묵었다 가게 해 주십시오. 모든 잡일들은 제가 하겠습니다. 저는 진짜 갈 곳이 없습니다.”

나의 거듭된 간청이 딱했던지 스님은 “그럼 며칠만 쉬었다가 내려가시게”라며 내가 거기에 있는 것을 허락하셨다.

“고맙습니다. 정말 고맙습니다.”

넙죽 절을 하고 점심으로 먹은 수제비 그릇을 치우고는 청소를 시작했다. 잠시 후 스님이 “푹 쉬도록 해”라고 하시며 손수 이불을 펴주셨다. 몸이 피곤해진 나는 체면이고 예의고 차릴 겨를도 없이 그대로 쓰러져 잠이 들었다.

달가닥거리는 소리에 눈을 떠보니 어느새 날이 밝아 있었다.

스님이 아침을 준비하고 계셨다. 이불을 개키고 앉아 있으니 스님이 아침을 들여오시며 말씀하셨다.

"무척 피곤했나보군. 밤에 어찌나 코를 골던지 한잠도 못 이뤘네. 오늘 내려가실 텐가?"

"저는 가지 않을 겁니다. 여기가 제 집입니다."

내가 억지를 쓰니 스님은 빙그레 웃기만 하셨다.

지리산의 맑은 공기, 개울가의 물소리, 산새들의 울음소리를 들으면서 먹고 자고하며 아무 생각 없이 이틀을 보냈다. 그 동안 스님은 아무 말씀도 없으셨다. 아침에 일어나니 비가 무척 많이 내리고 있었다. 봄비치고는 너무 많이 오는 것 같았다. 개울가에는 흙탕물이 넘쳐 걱정이 됐다.

"스님, 이 움막이 괜찮을까요?"

그러자 스님은 미소를 지으면서 물으셨다.

"자네의 미래가 궁금하다고 했지?"

"예, 스님, 궁금합니다."

"이 곳에 남아서 내 학문을 공부하고 싶다면 오늘부터 명상을 통해 우선 마음을 비우는 것부터 시작하게…. 명상을 하며 지나간 자신의 삶을 돌아보면 내가 자네의 미래를 말해주지 않아도 스스로 알 수 있게 될 것일세. 어허, 그놈의 비…."

스님은 엷은 미소를 지었다. 봄비 소리가 그 미소를 타고 점점 가라앉고 있었다.

나의 스승님.

지금은 이 세상에 계시지 않지만 절망의 늪에서 허우적거리는 내게 삶의 새로운 의미를 찾아주시고 넓고 심오한 학문의 세계로 인도하신 분이시다. 나는 지리산에서 나의 스승을 만나며 새롭게 태어났던 것이다. 새롭게 태어나기 위해서는 한 번 죽어야 했다. 스승님을 만나기 전 나는 부산 앞 바다에서 분명 죽었었다.

3. 세상의 상처를 안고 다시 스승님을 만나다

모든 일들이 한여름 태풍처럼 지나가고 나는 마음을 추스르고자 지리산에 수도하기 위해 다시 들어갔다. 지난 일을 돌이켜 생각하니 어쩌면 모든 일이 이 곳 지리산에서 내가 수도하게 만들기 위해 일어났을지도 모른다는 생각이 들었다. 그렇게 생각하자 마음이 가벼워지며 지나간 일에 대한 회한도 잊혀져가는 듯 했다.

스승님이 마련해 주신 자리에서 명상을 시작했다. 스승님은 토굴에서 그리 멀리 떨어지지 않은 남동쪽의 넓은 바위 위에 자리를 깔고 해가 뜰 때부터 질 때까지 가부좌를 틀고 명상을 할 것을 지시하셨다. 매일 아침 일찍 깨끗하게 몸을 씻고 꼼짝없이 가부좌를 틀고 앉아 있는 일이 처음에는 무척 고통스러웠다.

그러던 어느 날. 하루의 명상을 마치고 토굴로 돌아오는 길이었다. 쉰

살쯤 돼 보이는 아주머니가 큰 보따리를 머리에 이고 찾아왔다. 스승님 곁에 와서 처음 보는 외부 인이었다.

"스님, 안녕하셨어요?"

"허허허. 어서 오십시오."

"스님, 정말 고맙습니다. 스님 덕택에 저희 아들이 정신이 들고 몸도 무척 좋아졌습니다."

옆에서 얘기를 들어보니 사연은 이랬다. 아주머니의 아들이 병원에서는 살 가망이 없다고 해서 아들을 살리려고 전국을 안 다녀 본 곳이 없고 안 써본 약이 없으며 굿도 수도 없이 했다고 한다. 아주머니 자신도 몸이 항상 피곤하고 집안에 우환도 많았다고 했다. 그런데 스승님을 찾아뵙고 스승님이 천도를 행하고 부터는 아들의 병세가 몰라보게 좋아지고 아주머니의 피로도 사라졌으며 바깥 분의 사업도 잘 풀리기 시작했단다. 그래서 스승님이 너무나 감사하고 고마워 이렇게 찾아뵙는다고 했다.

"스님, 앞으로도 저희들을 잊지 마시고 기도 많이 해 주세요!"

아주머니는 스승님 앞에서 연신 머리를 조아리며 감사를 표시하더니 주머니에서 봉투를 꺼내어 건네었다.

"제가 뭐 한 일이 있다고 이런 걸…. 다 감사히 받아 좋은 곳에 쓰겠습니다."

스승님은 이렇게 말씀하시고서 한마디 덧붙이셨다.

"보살님이 제가 시키는 대로 하셨으니 앞으로 후손들도 잘 될 것입니다."

나는 '이 추운 날씨에 이 깊은 산속까지 찾아와 저 많은 음식과 돈 봉투까지 아낌없이 내놓고 갈 정도로 사람을 감복시킨 스승님의 그 신비한 능력은 과연 어떤 것인가? 내가 그걸 배울 수 있을까?'하는 생각을 그 아주머니를 보면서 더욱 강하게 갖게 됐다. 스승님의 비법이 너무나 궁금했다. 하루 빨리 배우고 싶었다. 그러나 나는 스승님의 학문을 배우기 전으로 아직 홀로 명상하는 일에만 전념하고 있었다.

1) 나를 훤히 꿰뚫어 보고 계신 스승님

어느 덧 겨울이 끝나가고 있었다. 스승님이 나에게 오늘은 목욕을 같이 가자고 하셨다. '오래간만에 뜨거운 물에서 몸 한번 실컷 풀 수 있겠구나'하는 기대에 나는 스승님의 말이 그렇게 반가울 수가 없었다. 그러나 그 반가움은 내 성급한 판단일 뿐이었다. 토굴을 나선 스승님은 목욕탕이 있는 마을 쪽으로 가는 것이 아니라 오히려 그 반대 쪽 깊은 산 속으로 자꾸만 들어갔다. 스승님을 따라 한참 동안 계곡을 따라 들어가니 계곡 물이 고인 큰 웅덩이가 보였다. 스승님은 옷을 벗고 웅덩이 속 찬물로 들어가셨다. 주저하는 나에게 스승님은 "자네도 얼른 다 벗고 깨끗하게 씻으시게"라고 말씀하시면서, 나도 어서 들어올 것을 종용하셨다.

겨울이 다 지나가지 않았고 더군다나 깊은 산중이라 나뭇가지 끝 여기저기에는 아직도 고드름이 달려 있었다. 나는 이를 악물고 웅덩이 속으로 들어갔다. 입술이 부들부들 떨리기 시작했다. 스승님의 연세가 팔순이 넘었다고 들었는데 이 추운 날씨에 아무렇지도 않게 냉욕을 하시다니 나는 스승님에 대해 새삼 놀랄 뿐이었다. 한참 어린 나이인 내가 오히려 추워서 어쩔 줄 모르며 정신을 못 차리고 있는 것을 재미있다는 듯 바라보며 스승님은 대뜸 이렇게 말씀하셨다.

"이제 자네를 인조인간이라 불러야겠네."

"스승님! 인조인간이라니요?"

"교통사고가 났을 때 박은 핀들이 아직도 자네 몸속에 박혀있지 않나? 그리고 몸에도 이런저런 이유로 손을 많이 댔고."

나는 한편으로는 무안하고 한편으로는 그걸 알아낸 스승님의 능력이 놀랍기만 할 뿐이었다.

"앞으로는 몸에 손을 대지 말고 신이 내려주신 그대로 살다 다음 세상으로 가게나. 그게 좋은 것이야. 물 흐르는 대로 놔둬야지. 그걸 억지로 틀고 막으면 물이 더러워지는 법이지."

"예, 스승님. 잘 알겠습니다."

나는 죄송한 마음에 더 이상 꾀를 부리지 않고 추위를 꾹 참으며 부지런히 몸을 씻었다.

"다 씻었는가? 다 씻었으면 비누 챙기고 내려가자."

"예, 스승님."

그날부터 내 산중 생활은 시작됐다. 밥하고 청소하고 빨래하는 매일 반복되는 산 속 생활이 점점 지루해갔다. 어머니, 누나가 어떻게 지내는지 궁금하고 무척 보고 싶기도 했다. 아이들도 꿈속에서 보일 정도로 학교는 잘 다니는지 궁금하고 너무나도 보고 싶었다. 아이들이 보고 싶을 때는 모든 것을 다 그만두고 당장에 산을 내려가 애들에게 달려가고 싶은 마음이 굴뚝같았다. 책을 읽고 공부를 하는 것도 아니고 그렇다고 비법을 가르쳐주는 것도 아니고 스승님은 모든 것들에 대해 '왜, 무엇 때문에?'라는 의문만을 남겨주며 명상을 할 것을 지시하니 나는 점점 도대체 뭐가 뭔지 알 수가 없었다.

2) 가르침을 허락하신 스승님

그토록 힘들었던 겨울이 지나고 봄이 오고 있었다. 진달래꽃이 하나 둘 피기 시작한 어느 날, 깔끔하고 중후한 옷을 차려입은 두 분의 신사가 찾아왔다. 어딘가 낯이 많이 익은 얼굴. 어디서 봤을까? 스승님은 잠시 밖에 나가 있으라고 하셨다. 밖에 나와서 곰곰이 생각해보니 TV에서 본 얼굴들이었다. 정치하는 사람들이었다. 이름만 대면 대한민국 사람이면 누구나 알 수 있는 유명 정치인들이었다.

그런데 저 사람들이 이곳엔 왜 왔을까? 무엇 때문에 왔고 무슨 얘기를 나누는 것일까? 무척이나 궁금했지만 스승님과 그들이 나누는 대화 소리는 잘 들리지 않았다. 그 분들이 돌아가고 난 뒤 스승님은 무척 화가 나신 것 같았다.

"세상이 썩을 대로 썩었구나."

스승님은 한탄을 하셨다.

"뭐가 썩었단 말씀이십니까?"

"기본들도 안 된 녀석들이 설쳐대고 있으니…. 쯧쯧."

역정이 많이 나신 모양이었다.

온 산에 진달래, 개나리, 철쭉이 만발하고 봄은 절정으로 치닫고 있었다. 내가 산에 들어 온지도 어느 새 3개월이나 지난 듯 했다. 그 동안 수많은 사람들이 스승님께 다녀갔다. 암 환자, 중풍환자, 뇌성마비 환자 등 거동조차 힘든 사람들은 물론이고 간질이나 정신병을 앓는 사람, 사업에 실패한 사람, 정치인, 종교인, 사업가 등 오는 사람마다 스승님께 머리를 조아리고 무언가를 상의하고 감사드리는 모습을 보면서 그 모습들이 불가사의하게 보였다. 나는 얼마를 공부해야 하고 또 배워야 스승님의 저런 경지에 오를 수 있단 말인가? 정말 궁금했다.

[그림9] 지리산의 봄(출처 : 네이버)

그러던 어느 날이었다. 나는 토굴 속을 청소하느라 정신이 없었다. 그런데 갑자기 토굴 속이 어두워졌다. 누군가 토굴 입구를 막고 있었다. 스승님이었다. 그러나 스승님의 얼굴은 보이지 않았다. 어둠 속 너머에서 태양을 등에 진 목소리가 흘러 나왔다.

"네 마음 속 어둠을 다스려라. 그래야 된다."

"예?"

"그래야 내 학문을 네가 배울 수 있다. 내일부터 몸 청결히 하고 배울 준비를 해라."

나는 갑작스런 스승님의 말에 순간 당황했다. 갑자기 햇살이 내 온몸을 휘감았다. 나는 햇살 쪽으로 다가갔다. 스승님의 모습은 이미 보이지 않았다. 그리고 갑자기 내가 드디어 스승님의 학문을 배우는구나 하는 생각이 들었다. 가슴이 벅차올랐다. 온 산으로 아지랑이가 빠르게 번지고 있었다.

4. 스승님의 가르침

"자네가 지금껏 인생을 살아오는 동안 최선을 다 하고 열심히 노력하면서 살아왔다고 생각 하는가?"

스승님의 질문이었다. 명상을 하는 동안 내 지난 생을 곱씹으며 회한에 젖었던 것을 아는 것만 같았다.

"예, 스님. 노력했습니다. 본의 아니게 실수를 하고 다른 사람에게 피해를 주는 일도 하게 됐지만 항상 최선을 다했습니다."

나는 최선을 다했다는 말을 하고 있었지만 왠지 가슴 한 구석이 무겁게 내려앉았다. 스승님은 아무 말씀도 없이 앉아 있었다. 침묵의 시간이 흘렀다.

"명상을 하는 동안 자네의 얼굴은 피곤해 보이더군. 지나간 일을 돌이켜 생각해 볼 수는 있으나 누군가를 원망하고 그간의 일들을 후회만 한다면 결코 마음을 닦을 수 없어. 마음을 닦는다는 것이 무엇인가? 마음을 비우는 것이야. 마음을 비워야 몸이 가벼워지고 가벼운 몸과 마음을 통해 사람의 얼굴엔 평화로움이 넘치고 몸은 좋은 기운으로 넘치게 되는 것이다."

"정직한 마음으로 성실하게 살아도 늘 고통만 겪게 된다면 산다는 것의 의미를 찾을 수 없지 않습니까?"

스승님의 얼굴은 근엄하고 무표정했다.

"대부분 사람들은 욕심 때문에 화를 부르지. 세상에 나왔으니 먹고, 입고, 자식을 낳아 기르는 것이 당연한 이치이나 너무 많은 욕심이 세상에 돌고 있어."

"그러나 스승님 말씀대로 사람은 세상에 나온 이상 입고 먹고, 또 자식을 키워야 합니다. 그런데 그것마저 하기 힘들어 허덕이는 사람들이 세상에는 너무나 많습니다. 저 역시 그랬으니까요. 그러면 그 사람들의 고통의 이유가 단지 모두 욕심이 과하기 때문이라는 말입니까?"

스승님은 한 동안 나의 얼굴을 바라보셨다. 아직도 그렇게 세상에 대한 원망이 남아있냐는 질책 같아 마주 대하고 앉아 있는 시간이 길게 느껴졌다.

"사람들은 이 세상이 사람들 것이라고 여기며 기고만장하며 살고 있지만 이곳은 우리들만 사는 곳이 아니야. 우리는 보이는 것만 믿으며 보이지 않는 수많은 것들에게는 정성을 기울이지도 믿지도 않지. 그러나 세상은 보이지 않는 수많은 사람들의 기와 영혼으로 뒤덮여 있어. 사람들은 다른 사람과 관계를 맺으며 살아가는 것처럼 보이지 않는 영혼도 서로 얽혀 세상을 살고 있는 것이야."

우리가 영혼과는 서로 얽혀있다? 그렇다면 그 영혼은 도대체 무엇이란 말인가? 머릿속이 윙윙거리며 여러 생각이 맴돌았다. 내 눈은 점점 더 진지해지고 스승님은 더욱 천천히 말씀하셨다. 내게 생각할 시간을 주기 위해 말씀을 아낀다는 생각이 들었다.

"영혼과 사람이 서로 얽혀있다면 영혼은 무엇이고 어떤 인연으로 얽혀 있단 말씀입니까?"

스승님이 희미하게 웃으셨다.

"그건 자네도 알고 있을 텐데…. 실은 모든 사람이 알고 있지. 다만 그 존재를 믿느냐 믿지 않느냐는 차이가 있을 뿐."

그것은 스승님의 말씀이 옳았다. 스승님의 말대로 모든 사람이 알고 있는 영혼이라면 나 또한 알고 있는 것이다. 사람은 육체와 정신으로 이뤄졌고 육체가 죽고 나면 정신은 영혼이 된다고 생각하지 않는가? 그러나 그것을 직접 본 사람은 아무도 없다. 나 역시 보통 사람들처럼 내가 직접 보지 못한 것은 믿지 못한다.

그러나 나는 긴 시간은 아니지만 스승님 곁에 머무는 동안 아픈 사람을 치료하고, 정신이 흐린 사람들의 머리를 맑게 하고, 말 몇 마디로 사람들의 마음을 어루만지며 고민과 근심을 꿰뚫는 스승님의 놀라운 예지력을 여러 차례 보아왔다. 스승님이 행하는 모든 일들이 정말 영혼과의 교류를 통해서 이뤄진단 말인가?

세상에는 귀신을 쫓을 수 있으며 앞을 내다보는 능력을 가졌노라고 떠드는 사람들이 많다. 그러나 스승님의 능력은 내 눈으로 직접 보았기 때문에 그 영험함을 의심할 수는 없는 것이었다. 그러한 스승님의 능력이 모두 영혼과 연결돼 있다는 말인가?

나는 스승님의 다음 얘기를 기다리며 한참을 앉아 있었다.

"다른 사람들과 조화를 이루고 과한 욕심을 부리지도 않는 성실한 사람들이 아무 이유 없이 일어나는 한 순간의 재난으로 고통을 겪는 것은 세상에서 사람들과의 관계는 잘 맺었으나 영혼과의 관계가 순탄치 않기 때문이지. 내가 공부해 온 것은 이 영혼과 사람과의 관계를 잘 풀어줘 사람들을 편안하게 해 주는 방법들이야."

스승님의 말은 이미 내가 알고 있는 익숙한 이야기들인 듯 하면서도 뭔가 전에는 느끼지 못한 감정들을 불러일으켰다, 그것은 강한 믿음이었다. 영혼이 존재하며 그 영혼이 사람에게 영향을 끼친다는 강한 믿음. 내 얼굴은 긴장으로 딱딱하게 굳어갔다.

"이제 그만 물러나시게."

내 얼굴을 찬찬히 바라보던 스승님은 책 두 권을 주시며 이야기를 중단하셨다. 스승님이 그동안 수련하시며 접했던 많은 영혼들에 대한 이야기와 영혼에 대한 스승님의 생각을 정리해 둔 것으로 모두 스승님이 손수 쓰신 것들이었다. 나는 바짝 긴장을 한 뒤라 무척 피곤했다. 그러나 스승님이 주신 낡아서 겉장이 반쯤 떨어져 나간 낡은 책 두 권을 들고 잠자리로 돌아오자 도저히 잠을 이룰 수 없었다. 촛불을 켜고 그것을 읽어 나갔다.

'…… 무릇 하늘의 도란 그 모양이 없는 것 같으나 기운으로 그 흔적을 남기고 이 세상은 넓은 것 같으나 다 그 갈 곳과 방향이 정해 있다. 그러므로 음양이 두루 미치어 모든 만물이 그 안에서 화하고 사계절의 일어남과 멸하는 것이 그 때를 잃지 않는다. …… 천지의 기운이라는 것은 눈에 보이지는 않으나 천하 모든 일에 관여하지 않음이 없고 그 영향은 죽고 사는 모든 때에 응하느니라. …… 천지 이치의 조화란 그렇게 되리란 마음이 없이 저절로 그렇게 된다는 뜻이오, 머무른다는 것은 천지의 덕에 합하고 바르게 천심을 정한다는 것이니라. …… 자신의 허물을 뉘우친 사람은 헛되이 욕심을 내지 않고 정함에 정성을 다하는 사람은 이 세상에 더 이상 보탤 것이 없느니라. …… 천지의 기운은 그 사람됨의 자리에 더불어 머무나니 옳은 것을 옳다하고 그른 것을 그르다하여 시시비비에 너무 지나침이 없고. …… 내가 이 육체의 형상을 오늘 비로소 갖춘 것은 그 부모의 기운과 천지의 이치로 그러하거늘 이에는 천지간의 간극이 무극함이라. …… 한 순간에 일어나고 사라지는 이 마음은 본래 비어서 어떤 자리에도 머물지 않고 그 자리는 바람이 풀잎을 스쳐서 자국이 남지 않듯이 무형무색이라 빈 것은 능히 그 기운이 천지에 닿고…'

겉장이 낡은 책을 읽고 또 읽었다.

1) 영혼시(靈魂視)를 체득하다

나의 수도생활은 강행군으로 시작됐다. 새벽 두시에 일어나서 청소하고 목욕하고 난 후 절대 신과 지신께 지성을 드렸다. 그리고 나서 스승님의 말을 듣고 정신통일의 수행생활을 반복했다. 수도를 하면 처음에는 영혼을 느끼게 되고 좀 더 훈련이 진척되면 영혼을 볼 수 있게 된다. 영혼을 볼 수 있는 경지에 이르게 돼야 고통 받는 영혼과 접속해 영혼의 영향으로 세상에서 고통 받는 사람들을 도울 수 있게 된다.

영혼과 접속하는 일은 처음에는 엄청난 고통을 수반하게 된다. 깊은 밤 조용히 명상에 잠겨 있으면 구천을 떠도는 수많은 영혼들이 내 주위를 배회하다 나의 정신에 머물다 가고는 했다. 그 영혼들이 나에게 다가올 때면 내 몸에서는 철을 녹인 쇳물에 들어가 있는 듯 한 열기가 솟아 몸이 뜨거워졌다. 하루의 수도가 끝날 때마다 온 몸이 땀으로 뒤덮였다. 끔찍한 일이었다. 영혼들의 고통이 나에게도 육체의 고통으로 다가오기 때문이었다.

그러나 그 영혼들의 고통을 알아야 그들을 위로할 수 있게 된다. 영혼들의 고통을 체험한 뒤 나는 하루 빨리 영혼들의 고통을 달래는 일까지 수행할 능력을 키우고 싶어졌다. 원귀를 달래고 천도하는 처방비법인 경면주사 등 여러 가지 비법을 혼 힘을 다해 터득해 나갔다.

[그림10] 경면주사 원석(출처 : 네이버)

스승님은 때론 나를 친자식처럼 한없이 너그럽게 대해주셨다. 하지만 그 배움에 있어서는 한 치의 흐트러짐도 보이지 못하도록 추상같은 얼굴로 나를 엄격히 다스리시면서 나에게 모든 가르침을 주셨다. 내가 잘 이

해를 하지 못하는 부분은 이해할 때까지 밤을 꼬박 지새워가며 전수해 주셨다.

전국에서 찾아오는 많은 사람들을 상담할 때마다 나를 옆에 앉혀 두고 당신이 사람들과 상담하는 것을 내가 직접 보고 느끼게 하셨다. 그러면서 상담자 집안의 불행의 원인을 찾아 천도하는 비법과 방법을 깨우치게 해주셨다. 쉬운 상담일 경우는 직접 나에게 해 보라며 그 상담에 대한 처방까지도 내게 맡기곤 하셨다. 그럴 때마다 큰 대꾸 없이 스승님의 말을 수행하는 나를 보며 스승님은 흐뭇함을 감추시지 않으셨다.

나는 스승님의 넉넉한 가르침에 자신감을 갖고 더욱 열심히 수행생활을 꾸려 나갔다. 그러던 어느 날, 나는 전부터 품고 있던 한 가지 풀리지 않는 의문을 스승님께 물어 보았다.

"우리나라는 사람이 돌아가시면 산에다 묻어 주는 풍습이 있지 않습니까?"

"그렇지."

"산소를 쓸 때 명당을 쓰기 위해 후손들은 지관에게 많은 돈을 지불하면서 애를 쓰지 않습니까? 그런데 그런 명당을 쓰고도 그 후손들이 잘못되는 경우도 많은 것 같은데 그건 왜 그런 겁니까?"

"명당이란 좌청룡이니 우백호니 그런 것까지 갈 필요도 없이 그냥 땅이 좋고 햇볕이 잘 들고 물이 잘 빠지고 바람이 잘 통하는 곳이면 다 명당이라 할 수 있다. 우리나라 사람들이 그런 명당에 유독 집착하는 것은 돌아가신 고인이 편안히 쉬시기를 바라는 것과 한 편으론 그것이 후손들이 잘되는 중요한 원인이 된다는 생각 때문이지. 하지만 거기에서 한 가지 놓친 게 있어. 명당을 쓴다고 무조건 돌아가신 분의 영혼이 천도되는 것은 아니거든. 아무리 좋은 명당을 쓴다 해도 영혼이 좋은 곳에 가지 못하고 구천을 떠돌 수가 있기 때문이다. 그걸 모르고 쓸데없이 돈만 많이 들여 무조건 명당에 집착하는 것은 어떻게 보면 눈 가리고 아웅하는 꼴밖에 되지 않는 일이다."

"……!"

스승님의 가르침과 나의 피나는 수련으로 나는 영혼의 세계를 더욱 이해하고 사람들에게 도움을 주는 방법을 차츰 익혀가고 있었다.

2) 유체이탈을 통해 영혼에게 다가가다

어느 덧 산에 매미 울음소리가 진동하는 여름이 다가왔다. 수도에 정진하는 동안은 모든 잡생각이 없어지고 순결한 정신상태가 되곤 했다. 티끌하나 없는 깨끗한 정신 상태에선 수억만 리 떨어진 영혼의 이야기까지 접속할 수 있을 것 같았다. 그러던 어느 날 스승님은 조용히 나를 부르셨다.

"얘야!"

"예, 스승님."

"이 정도면 너도 많이 배운 것 같구나. 이제 앞으로 내 가르침 보다는 네 스스로 깨우쳐 가며 수도하고 연구하는 것이 더 중요할 것이다."

"아닙니다. 저는 아직 멀었습니다. 스승님."

"그래, 너는 지금 시작한 것에 불과하다. 그러나 그 시작을 내가 도와 줄 수 있을 뿐 이제 남은 길은 너 혼자 가야 하느니 내가 오늘부터는 너에게 천도하지 못하고 고통스러워하는 영혼을 만나게 해주마."

"네?"

스승님의 갑작스런 말에 온 몸에 전율이 느껴졌다.

"영혼을 볼 수도 있고 느낄 수도 있으니 이제부터 더욱 바짝 정신 차리고 수도하거라."

스승님이 그 날부터 내게 가르치기 시작한 것은 유체이탈 법이었다. 유체이탈이란 정신이 몸을 떠나 영혼과 더욱 자유롭게 교류하는 방법이다. 잘 접속되지 않는 영과 접속을 시도할 때는 유체이탈을 통해 그 영혼에 더 가까이 다가가야 한다. 스승님은 마지막 과제로 유체이탈을 깨우치기를 바라셨다.

그날부터 금식이 시작됐다. 명상을 하는 동안에는 하루에 세 번 묶은 마음으로 끼니를 대신했기 때문에 처음에는 정신을 집중하기는커녕 허기를 참는 것만도 힘들었다. 그러나 오직 스승님의 말씀을 믿고 나의 운명을 알고 싶다는 열망으로 하루하루를 참아 나갔다. 죽음까지 결심했던 내가 못할 일이 없다는 오기가 일기도 했다.

3일 정도 금식을 하니 눈앞이 보이지 않았다. 먹는 것이라고는 몇 모금의 물이 전부였다. 그렇게 3일을 굶으니 모든 것이 먹을 것으로 보였다. 배고픔의 고통이 모든 이성적 판단을 짓눌러 왔다. 5일 정도 지나자 오히려 배고픔의 고통을 참을 만했다. 그리고 보름정도가 지나자 정신이 몽롱해지며 무엇인가가 내 몸에서 빠져나가는 것을 느낄 수 있었다. 그 것은 나의 영혼이었다.

그러기를 얼마나 했을까? 열흘쯤 지나자 배가 고프다는 생각도 그다지 들지 않았고 앉아 있는 일도 차츰 익숙해졌다. 점점 머리가 맑아지며 나의 지난 삶에 대해 여러 생각이 들었다. 그동안 나에게 일어났던 일들이 영화 필름이 돌아가듯 몇 번이고 반복해서 머릿속에 떠올랐다 사라졌다. 꿈에 너무도 생생하게 아버지의 모습을 보았기 때문인지 아버지 생각이 많이 났다.

그리고 18일 째 되는 날. 드디어 원귀가 보이고 또 느껴지고 나를 유혹하기도 했다. 그 유혹은 20일 가까운 금식으로 인해 육체적 정신적으로 탈진돼 있던 나에게 참기 어려울 만큼 고통스런 것이었다. 때로는 옷을 하나도 걸치지 않은 미녀들이 나를 데리고 진수성찬 앞으로 데려가 먹을 것을 권했고, 때로는 깊고 달콤한 죽음의 품이 팔을 벌려 나를 안으려고 하기도 했다. 나는 온 힘을 다해 그 유혹에 맞서다 기절을 하고 말았다. 그리고 간신히 정신을 차렸을 때 내 눈엔 스승님의 인자한 미소 띤 얼굴이 보였다.

스승님의 손에는 마음이 담긴 그릇이 들려 있었다. 스승님은 이마에 맺힌 내 땀을 훔쳐 주시며 "수고했구나. 다 끝났다. 잘 해냈다"라고 말씀하셨다. 순간 드디어 해냈구나 하는 안도감과 그간의 고생들이 주마등처럼 흘러가며 나도 모르게 눈에 눈물이 고였다. 나는 선생님을 부둥켜안았다.

"고맙습니다. 스승님."

스승님은 나의 등을 다독이시며 따뜻하게 말씀하셨다.

"그래. 앞으로 더욱 수도해 네가 터득한 비법을 좋은 곳에만 쓰도록 하거라."

5. 더 깊은 학문을 위해 출가하다

서울로 왔다. 서울역 지하도를 걷다 문득 나를 보았다. 보도블럭에 걸터앉아 초점 흐린 눈으로 지나가는 행인들을 응시하는 나. 아직 반쯤 남은 소주병을 들고 비틀거리는 걸음으로 알 수 없는 고함을 지르는 나. 모두 지난날의 나였다. 저들 속에 나의 고통이 아직 생생히 묻어 있었다. 다시 옛 생각이 났다. 가슴이 두근거렸다. 발걸음을 서둘러 지하도를 빠져 나왔다. 다시 쏟아지는 햇살이 아프게 눈 속으로 파고들었다.

1) 불가에 입문하기 위해 조계종 총무원을 찾아가다

조계종 총무원을 찾아갔다. 무작정 찾아 온 길이었다. 나에게는 오로지 불가에 입문해야 한다는 한 가지 목적밖에 없었다. 불가에 입문해 내 학문을 몇 천 년을 이어온 저 깊고 깊은 진리의 바다. 해찰의 바다에 쏟으리라. 그런데 무슨 치밀한 계획이 있었겠는가? 굳이 생각하는 게 있었다면 궁하면 통하는 법이라는 것 하나. 처음 보는 조계종 본체가 마치 큰 산을 보는 것 같이 느껴졌다.

[그림11] 조계종 사찰(출처 : 네이버)

이미 노을이 떨어지고 있었다. 안쪽 어디선가 범종 소리가 났다. 그 소리에 귀를 씻으며 시선을 조심스럽게 안으로 향했다. 수많은 신도들이 끊임없이 분주히 움직이고 있었다. 그때 누군가 등을 두드렸다. 푸른 제복을 입은 사람이었다. 내 행색이 의심난다는 듯 그는 나를 한번 아래위로 훑어 내리고 있었다.

"무슨 일이쇼?"

퉁명스러운 말투였다. 그는 수위였다.

"스님이 되려고 찾아왔습니다. 총무원장을 뵐 수 있을까요?"

나의 갑작스런 말에 수위는 황당하다는 표정을 지었다.

"이 양반아. 총무원장님 만나기가 그리 쉬운 줄 알아요?"

처음부터 나는 보기 좋게 나가떨어지고 있었다. 그도 그럴 것이 일면식도 없는 초라한 차림의 내가 대뜸 그 큰절의 총무원장을 만나야겠다고 했으니 수위로서는 그렇게 나오는 것이 당연한 일이었다. 난감했다. 그때 그 수위가 귀가 번쩍 트이는 말을 했다.

"스님이 되려는 사람이 왜 여기로 찾아 오구 그러쇼?"

"그럼 어디로……?"

그는 나를 다시 한 번 자세히 보는 듯했다. 그의 시선이 아까와는 달리 사뭇 깊어져 있었다. 그의 눈 주위로 번지고 있는 깊은 주름에 노을이 물들고 있었다.

"가짜는 아니겠어. 그런데 뭐 그리 서둘러. 시간도 많은데 나랑 오늘 술이나 하지."

나는 그의 엉뚱한 제의에 어떻게 해야 되는 건지 판단이 서지 않았다. 그러나 딱히 거절할 이유도 없었다. 혹 어쩌면 절 내부의 사정을 누구보다도 잘 알 수 있을지도 모를 일이었다. 일년 365일 누구보다도 많이 스님들을 대할 그가 아니던가.

그와의 술자리는 길게 이어졌다. 그는 나에게 별 말을 건네지도 않았다. 그저 나와 주거니 받거니 대작을 할뿐이었다. 어쩌면 절 부근에서 서성이는 나 같은 사람들의 사연을 꿰고 있을 그였기에 내가 특별하게 생각되지 않을 수도 있었다. 종로 뒷골목 주점에 켜놓은 백열등의 필라멘트가 점점 더 선명해지고 있었다. 오래간만에 먹어보는 술인지라 취기가 빨리 오는 것 같았다. 그때 그가 문득 말하기 시작했다. 꽤 많은 술을 마셨는데도 그의 목소리는 차분히 가라앉아 있었다.

"당신 말이야, 내가 왜 가짜가 아니라고 했는지 알아? 당신 몰골이 말이야, 아까 어땠는지 당신은 모르지?"

취기가 점점 올라오며 침묵을 깨는 그의 말에 정신을 가다듬었다.

"아까 저녁 타종 소리 들었지? 난 당신을 그 전부터 경비실에서 계속 보고 있었어. 또 한 놈 왔구나. 미련한 놈 또 하나가 중 된다고 잔뜩 폼 잡고 왔구나. 아, 불쾌하게 생각 말게. 자넬 욕하려고 그러는 건 아냐, 괜찮나?"

"예 괜찮습니다. 계속 말씀하세요."

"대개 폼 잡는 놈들은 표시가 나. 인상으로만 모든 걸 말하려고 그래. 인상만 쓰고 있으면 다 해탈하나? 제길. 근데 자넨 빨려 들어가고 있었어. 그럼 진짜야 진짜."

그의 말이 무슨 뜻인지 잘 알 수가 없었다. 내가 어디로 빨려 들어가고 있었단 말인가? 그의 목소리에 취기가 느껴졌다면 술기운에 하는 말이라 생각 됐지만 그의 목소리에는 흐트러짐이 없었다.

"자넨 모르지? 그건 나 같은 사람만 알 수 있어. 나도 그랬거든. 나도 옛날에 그랬어. 그 소리에 빨려 들어갔지. 절 입구에 턱하니 왔는데 그 끝 간 데 없이 퍼지던 소리, 내 몸을 통째로 삼켜 버리던 그 소리 왜 자네도 아까 그걸 듣고 있지 않았었나?"

소리? 내가 듣고 있던 소리?

그렇다! 그건 범종소리였다! 생각해 보니 나는 분명 그 소리에 몸을 싣고 있었다. 그리고 그 소리가 나는 쪽으로 나도 모르게 눈길을 주고 있었다.

"그래 그러면 진짜야. 폼만 잡는 놈들은 그렇질 않지. 소리가 나든 말든…."

그러면서 그는 허공을 향했던 시선을 나에게로 다시 향했다.

"출가를 하겠다고?"

"네."

"그래 그렇겠지. 그런데 번지수를 잘못 찾았어. 자네 다른 데로 가야 돼."

"아닙니다. 저는 출가를 해야 합니다."

"그래 지금은 모르겠지, 일단 해 봐야 알지. 그럼 내 중 되는 법을 가르쳐 주지."

그의 말에 따르면 출가를 하려면 일단 해인사로 가야 한다고 했다. 그곳에서 몇 년 간 머물며 수행을 한 끝에야 겨우 스님이 될 수 있다는 것이었다. 쉬운 일이 아니었다.

그는 나와 헤어지며 "자네 눈에 너무 많은 것이 보여"라는 말을 한마디 하곤 총총히 사라졌다. 사라지는 그의 뒷모습을 보며 마치 내가 꿈을 꾸고 있는 건 아닌지 하는 생각이 들었다. 다시 취기가 올라오고 있었다. 날이 밝으면 해인사로 곧장 향해야겠다는 생각이 들었다.

2) 고행 그 자체인 금수사 생활

해인사에서의 생활은 말 그대로 고역이었다. 무엇보다도 처음 경험해 보는 육체적인 고통이 나를 자꾸 움츠려 들게 했다. 나는 그곳에서 밥 짓는 일을 했다. 무척 고된 일이었다. 한 번도 해보지 않았던 중노동에 코피가 나기도 했다. 그리고는 다시 부산 금수사로 갔다. 스승님의 편지 때문이었다. 스승님은 편지에서 당신이 생각 건데 내가 원효종에서 수행생활을 하는 것이 좋을 것 같으니 원효종인 부산 금수사로 가서 행자 생활을 하는 것이 좋을 거라고 하셨다. 그리고 금수사 주지 스님과 잘 아는 사이이니 스승님이 쓴 편지를 갖고 가면 잘 될 거라고 하셨다.

나는 그날로 다시 부산 금수사로 향했다. 금수사는 생각보다 무척 큰 절이었다. 나는 먼저 주지 스님을 찾아뵙고 스승님께서 써 주신 편지를 드렸다. 편지를 보더니 주지 스님은 금새 나를 다정한 얼굴로 대해 주셨다. 스님들과 똑같이 개인방도 내주셨고 저녁 공양도 하도록 해주셨다. 그리고 부전 스님(절에서 월급을 받고 계시는 스님)으로 와 있던 '무림' 스님은 나에게 절에서 지켜야 할 예의와 생활 규칙 등을 가르쳐줬다. 그러나 고된 육체적 고통은 해인사에서와 마찬가지로 금수사에서 내가 견뎌내야 할 가장 큰 역경이었다.

[그림12] 부산 금수사 전경(출처 : 네이버)

새벽 2시부터 하루의 일과가 시작됐다. 나는 법당마다 들어가 수백 개의 촛불과 향을 켜고 아침 예불 준비를 했다. 새벽 4시에 신도들이 많이 참석하는 아침 예불이 시작됐다. 무림 스님은 내게 예불 시간 내내 계속 절을 하며 속세의 모든 번뇌를 털어 내라고 했다. 몇 번의 절을 했는데도 온몸이 땀으로 범벅되곤 했다. 예불이 끝나고 나면 나는 탈진상태가 됐다. 두 시간 동안을 쉬지 않고 절을 했으니 당연한 일이었다.

예전에 교통사고로 다친 오른쪽 다리의 통증이 점점 심해져 갔다. 예불이 끝나고 나서 촛불과 향을 끄고 대충 법당을 정리하면 아침 공양을 알리는 목탁 소리가 들렸다. 아침 공양을 하고 나면 온 몸이 나른해지고 잠이 쏟아졌다. 세상모르게 자고 싶었다. 눈꺼풀이 천근만근으로 내려앉았다. 어쩌다가 더 이상 피곤함을 참지 못하고 잠시 눈이라도 붙일라치면 어느 새 무림 스님이 내 곁에 와 있었다.

“힘드시지요? 처음에는 무척이나 힘이 들지요. 수행구도 하기가 그리 쉽나요? 그렇지만 이겨내야죠. 그래야 그 멀고 먼 해탈의 길에 발을 들여놓을 수 있지요.”

무림 스님은 피곤에 지친 나를 다시 밖으로 데리고 나가곤 했다. 넓디넓은 사찰 광장과 그 주위 그리고 절 입구 약수터 계단까지 청소하고 풀을 뽑고는 사시예불 준비를 했다. 각 법당마다 촛불과 향을 켜놓는데 만도 꽤 긴 시간이 소요됐다. 사시예불동안 나는 또 다시 절을 해야만 했다. 절을 하면서 나는 다시 끝 간 데를 모르고 나를 덮쳐오는 무릎의 통증과 싸워야 했다.

나의 다짐이 자꾸 흔들렸다. 그러나 그걸로 끝이 아니었다. 저녁 공양, 쓰레기 처리 등 해야 할 일들이 끊임없었다. 일을 다 끝마치고 내려와 이불을 펴면 저녁 8시였다. 새벽 2시에 일어나 저녁 8시까지 정말 눈코 뜰 새 없는 하루였다. 그러던 어느 날 나는 무림 스님에게 천도제와 사십구제 일에 대해 물어 보았다. 천도제, 사십구일제란 이틀에 한 번 꼴로 하는 오후 예불로 죽은 이의 영혼을 극락세계로 인도하기 위한 일종의 제사였다. 나는 아무래도 내가 스승에게 배운 학문과 밀접한 관계가 있는 것이기에 천도제나 사십구일제에 관심이 많았다.

“스님, 천도제나 사십구일제를 하면 고인은 극락세계로 잘 가시는지요?”

“그럼요, 잘 가시지요.”

그러나 무림 스님의 대답은 거기까지 뿐이었다. 왜, 어떻게 잘 가셨는지 그것이 후손에게 어떤 영향을 끼치는지 그리고 과연 영혼이 극락세계로 인도됐는지 못 됐는지 어떻게 알 수 있는지 조차도 무림 스님은 시원스런 답을 주지 못했다. 알고 있으면서도 일부러 안 가르쳐 주는 것이 아니었다. 무림 스님은 모르고 있었다. 그가 주도한 천도제를 옆에서 도우며 나는 그걸 똑똑히 목격할 수 있었다. 그가 주도한 천도제가 끝난 후 나는 거기에서 아직도 떠날 줄 모르고 강하게 머물러 있는 어둠의 기운을 볼 수 있었던 것이다.

내가 행자 신분만 아니면 뭐라 한 마디 하고 싶었지만 꾹 참을 수밖에 없었다. 천도하고 사십구일제를 지내드린 영혼은 무조건 잘 가셨다 하고 사람들은 또 그 말을 그대로 믿으니 안타까울 노릇이었다. 불교만 그런 것은 아니리라. 다른 종교의 성직자들도 기도, 연도, 천도를 해놓고 무조건 조상의 영혼이 좋은 데로 잘 갔다고 말하지 않았었는가? 회의가 들었다.

내가 공부하고픈 천도제와 불교식 사십구일제가 이런 건 아닌 텐데 어떡해야 된단 말인가? 절에도 운영자금이 필요했다. 그걸 위해서는 천도제, 사십구일제 등과 같은 행사가 반드시 필요했다. 고인의 영혼안부 여부를 떠나서 말이다. 결국 나는 행자생활을 그만 두고 지리산으로 돌아가기로 마음먹었다.

6. 원효대사의 광명진언 구명시식 천도비법을 전수 받다

무엇이 이토록 나를 길에서 길로만 떠돌게 하는가? 바람만 불어도 훌쩍 어디론가 하염없이 내달리고 싶은 이 방황의 시간은 언제 멈출 것인지, 어둠 속에서 차가 흔들릴 때마다 중심을 잃고 내 몸이 자꾸만 꺼져 내리는 것 같았다. 조용하고 답답한 시간들이 흘렀다. 나는 어디로 갈 것인가?

지리산으로 다시 왔다. 중간에 포기하고 온 것 같은 찝찝함이 나를 억눌렀다. 바람이 콧잔등을 눌렀다. 투명했다. 숨길 것이 없었다. 그래 다 말하자. 스승님께 다시 물음을 구하자. 어느새 발걸음이 가벼워지고 있었다. 고추잠자리가 풀 위를 가볍게 날아올랐다. 그때였다. 내 어깨에 갑자기 누군가의 손길이 느껴졌다. 스승님이셨다.

1) 비법 전수를 허락하신 스승님

"스승님, 여기는 어떻게?"

뜻밖이었다. 스승님은 빙긋 미소를 짓고 계셨다.

"네 놈 냄새가 온 산에 진동하는데 왜 몰라."

스승님은 내가 올 걸 미리 예측하시고 여기서 기다리고 계셨던 것 같았다. 사람 일을 미리 꿰뚫어 보시는 스승님의 능력은 늘 나를 놀랍게 하곤 했다. 토굴은 깨끗이 치워져 있었다. 그런데 식탁 위에 올려 있는

밥공기에서 김이 나고 있었다. 내가 오늘 언제쯤 오리란 것까지 이미 알고 계셨던 것이다. 나는 할 말을 잃을 뿐이었다.

"그래, 내려가 무엇을 느꼈으며 무엇을 배웠는가?"

나는 그 동안 겪은 심적인 갈등에 대해 상세히 말씀을 드렸다. 스승님은 말없이 듣고만 계셨다.

"스승님, 저는 스승님의 학문과 비법을 하루 빨리 전수받아 이 세상의 소외된 사람과 가난한 이웃을 위해 봉사하면서 살고 싶습니다."

"그러려면 더욱 열심히 수도하게. 마음과 몸을 바르게 하고 특히 입 조심해야 되느니."

"예, 스승님."

"내일부터는 나의 모든 걸 네게 가르쳐주도록 하겠다."

"고맙습니다."

"허허허. 그 말은 아직 일러. 나중에 자네가 끝까지 인내하고 견뎌내면 그때 할 말이야."

스승님의 음성은 낮았으나 강했고 토굴 속 구석구석에까지 울리고 있었다.

"우리나라는 지금 장묘 문화에서 화장 문화(납골당)로 서서히 바뀌어 가고 있어. 그러나 그건 여론이나 정부에서 이대로 가면 전 국토가 묘지화 돼 간다고 하도 떠드니까 그렇게 되는 거지. 자발적으로 사람들이 그렇게 하는 경우는 아직까지는 드물다고 봐야 돼. 아직도 우리나라 대부분의 사람들은 화장을 하면 사람을 두 번 죽이는 거라고 생각해. 그래서 화장하는 것을 매우 꺼려하지. 그건 우리나라 사람들이 조상을 잘못 모셨다간 혹시나 후손들이 큰 화를 입지 않을까 하는 두려움 때문에 다분히 그러는 거지. 그런데 그때 사람들은 정작 중요한 걸 놓치고 있어. 바로 죽은 이의 영혼이야. 썩어 없어질 몸뚱어리를 땅에 묻으면 어떻고 화장하면 어때. 중요한 것은 바로 영혼이야. 영혼이 좋은 곳으로 잘 가셨느냐 못 가셨느냐가 더 중요하지. 사람들이 그걸 깨닫게 해줘야 돼. 그래서 우리 학문과 비법이 중요한 거다. 네가 그건 알겠느냐?"

"예, 스승님, 명심하겠습니다."

2) 죽은 사람들의 영혼을 보다

그 날 저녁 나는 지리산 계곡에 몸을 담갔다. 마음 속 밑바닥의 찌든 때까지 씻어냈다. 그리고 그 다음날부터 다시 혹독한 수련에 들어갔다. 곡기를 거의 끊다시피 한 수련이었다. 몸 안에 있는 모든 것을 다시 비워내야 했다. 그래서 내 몸이 몸이 아니고 아무 것도 없는 허공과도 같은 그런 상태, 그때 오는 자유의 경지에 나는 도달해야 했다. 조금이라도 흐트러진 모습을 보일라치면 날카로운 스승님의 질책이 나를 후려쳤다.

천왕봉 꼭대기 바위에 가부좌를 틀고 앉아 있었다. 새벽이 가까워 오고 있었다. 이미 한 달 가까운 수행기간 동안 몸은 지칠 대로 지쳐 갔다. 그러나 그만큼 정신은 갈수록 맑아지고 있었다. 바람도 거세졌다. 갑작스럽게 요란한 폭발음이 들리는 듯했다. 그리고 여기저기서 신음소리가 들려 왔다. 나는 감았던 눈을 떴다. 천왕봉 주변의 갈대들이 정신없이 달빛에 밟히고 있었다. 옷이 온통 찢기고 한 손에 무거운 총을 든 그들이 있었다. 몰골은 말이 아니었으나 눈빛만은 형형했다. 말이 필요 없었다. 그들은 묵묵히 나를 지나 건너편 숲속으로 사라져 갔다. 내 이마에 식은 땀이 송글송글 맺히고 있었다. 토굴로 와 스승님에게 본 것을 얘기했다. 그러자 스승님은 "이젠 됐구나"라며 고개를 끄덕이셨다.

"스승님, 그 사람들은 아니 그 영혼들은 누군지요?"

"흠, 거기서 죽은 사람들이다. 옛날에 전쟁 때 거기서 죽은 사람들…."

놀라웠다. 스승님은 오래 전부터 그 영혼들의 고통을 위무하고 있었다. 그제야 스승님이 지리산을 떠나지 않고 계신 의문이 풀렸다.

"내가 산에 들어 온 건 열다섯 살 때였어. 그래, 어린 나이지만 그게 옳다고 생각했어. 그건 지금도 변함이 없고 하나 둘 사람들이 전쟁 통에 처참하게 죽어갔지. 어린 나이에 그 처참하게 죽어 가는 모습들을 보면서 견뎌낼 수가 없었어. 끝내 나는 살기 위해 공부를 그만두고 몸을 피했었지. 그런데 평생 죄스러웠어. 나만 혼자 살자고 도망 나온 거였으니까. 그래서 다시 지리산으로 오게 됐지. 그리고 그들을 본 거야. 아직도 저 깊고 깊은 어둠 속을 헤매고 있는 그들을. 나는 생각했지. 그들을 모두 그곳에서 빼내야 한다고. 내 평생이 걸리더라도. 그 동안 많이 보냈어. 내 힘이 모아지면 천도를 하고, 또 하고 그러면 꼭 내 죄가 씻어지는 것 같아서. 그런데 이젠 자네도 그들을 볼 줄 알게 된 거야. 그럼 됐어. 이젠 속세의 사람들을 나와 함께 직접 만나보자. 나는 속세로 나가지 못했어. 그들 때문에 그럴 수가 없었지. 그렇지만 자네는 아니야. 나가야지. 나가서 세상의 영혼들을 위무 해야지."

스승님의 말을 들으면서 나는 마음 한쪽이 스산해 오는 것을 느낄 수 있었다. 나는 누굴 위해서 이 어려운 길을 택했던가! 결국 나를 위한 것이 아니었는가! 내 속에는 이타의 정신보다는 나를 위한 이기심으로 가득 차 있었다. 아직도 나는 나를 버리지 못하고 있었다. 뱉어 내야 했다. 철저히 나를 뱉어내야 했다. 다시 한 번 스승님에게 죄스러웠다.

3) 광명진언 구명시식, 천도 비법!

다음 날부터 나는 스승님을 따라 다니며 스승님을 찾아 온 사람들을 만났다. 스승님은 당신을 찾아오는 손님이나 환자들을 내가 직접 상담할 수 있도록 배려해 주셨다. 그 횟수가 거듭 될수록 나의 영혼 능력과 못 가신 영혼을 잘 가게 하는 비법도 놀랍게 발전해 나갔다.

수도정신을 할수록 다시 불교의 세계에 무엇인가 있을 거란 생각이 들었다. 내가 나의 육신의 고통을 이겨내지 못하고 도망치듯 나온 세계인지라 그 미련은 더욱 컸다. 그리고 내가 일부의 스님만 보고 불교 전체에 대해 너무 성급한 판단을 내린 것은 아닌가 하는 후회가 들었다. 분명 고명하신 스님들도 계실 텐데 하는 생각이 떨쳐지지 않았다.

그때 나는 특히 신라의 대승인 원효대사에 점점 빠져들고 있었다. 그가 당으로 가는 유학길에 깨우침을 얻고 다시 신라로 돌아가 행하던 비법을 알아내고 싶었다. 모래에 기를 넣어 각 묘지마다 뿌려주며 영혼이 잘 가시게 한다는 '광명진언(光明眞言 : 다라니의 이름. 이 진언을 외우면 부처님의 광명을 얻어 모든 업보와 죄보가 소멸되므로 말 그대로 광명진언이라고 한다.) 구명시식(救命施食 : 병든 사람을 위하여 귀신에게 음식을 베풀고 법문(法門)을 알려 주는 의식을 의미한다.), 천도비법(薦度祕法 : 죽은 사람의 넋이 정토나 천상에 나도록 기원하는 일. 불보살에게 재(齋)를 올리고 독경, 시식(施食) 따위를 하는 비법)' 그건 지금 내가 배우는 학문과 어떤 차이가 있을까 궁금해졌다.

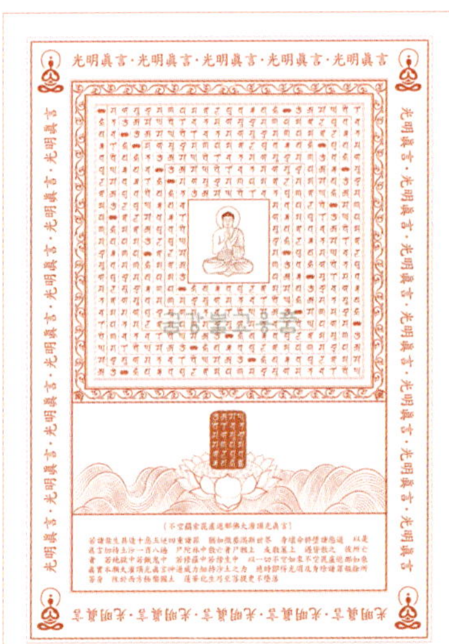

[그림13] 광명진언(밀봉 휴대용)(출처 : 네이버)

[그림14] 구명시식(출처 : 네이버)

나는 어느 날, 용기를 내어 평소 궁금했던 일을 조심스럽게 스승님에게 물었다.

"스승님, 원효대사님의 광명진언 구명시식 원효비법과 저의 학문인 천도비법은 일치하는지요?"

"깨뜨림이 없으면서도 깨뜨리지 않음이 없고 세움이 없으면서도 세우지 않음이 없으니 이치가 없는 지극한 이치요. 그렇지 않으면서도 크게 그러한 것이 원효의 주된 사상이니라. 이것은 곧 머무름이 없는 마음은 오고 가는 것에 걸림이 없는 것과 같다."

"그렇다면 오고감에 걸림이 없다라고 생각하는 그 마음은 무엇입니까?"

"이미 오고 감에 있어 유·무의 경계를 벗어남으로 마음의 처소는 있는 곳이 없다는 말이다. 한 곳에 머무르지 않는 마음이란 본래 적정하니라."

"적정한 마음은 무엇으로 얻습니까?"

"적정한 마음이란 어둠을 떠나 청정해 비추지 않는 곳이 없다. 이것은 명경과 같이 밝은 지혜를 드러내는 것이다. 또 이 마음은 나와 남을 초월해 구분의 경계가 없다. 이것은 치우침이 없는 지혜를 말함이다. 이와 같은 마음은 보는 것이 없기 때문에 모든 이치를 관통하지 않음이 없다. 또한 이 마음은 스스로 하고자 하는 바가 없으니 남을 이롭게 하지 않는 바가 없다. 이 네 가지 지혜가 밝으면 그 마음은 어떠한 경우에도 흔들리지 않으니 이것을 일러 적정이라 하고 혜안을 열었다 하느니라."

"지금 말씀하신 혜안이 열리면 어떻게 되는 것입니까?"

"깨달아 혜안이 됐다는 것은 가고 오고, 있고 없음의 세계가 존재하지 않고 자성의 바탕이 이미 인식의 경계를 벗어났음을 말하는 것이다. 이것은 그 안에 자성이 존재하지 않음을 말함인데 이로써 세상에 보이지 않는 것이 없다."

질문과 대답은 계속 이어졌다.

4) 진언이란?

"진언이란 무엇입니까?"

"진언이란 '진실한 말'이란 뜻이니라. 사람들의 인식의 세계를 벗어난 언어 즉 참된 진리의 말이니라. 진리를 지닌 고로 악업을 짓지 않게 하는 주문이니라."

"그 진언에는 어떠한 힘이 있습니까?"

"이 진언에는 말로써 설하지 못한 모든 지혜를 담고 있으니 조석으로 외우고 참구(참선하며 진리를 탐구하다)하면 한량없이 깊은 진리를 깨칠 수 있느니라. 인간이 몸과 말과 마음으로 짓는 세 가지 업을 이 진언을 참구함으로써 모두 정화해 윤회의 고통으로부터 벗어날 수 있다고 하는 것이 진언이니라."

"원효가 참구한 진언도 이것입니까?"

"원효가 궁극적으로 인간 세상에서 보여주고자 했던 것은 세상을 살면서 온갖 걱정거리와 고통을 지닌 자들을 구원하고 그들의 번뇌를 위무하고자 했으니 필시 이러한 원력으로 진언을 참구하지 않았겠는가."

"……."

"진언에는 무명과 업장을 걷어내고 밝은 본성을 드러내는 힘이 있으며…."

"……."

"이외에도 진언에는 무장무애, 구경열반의 세계를 펼쳐서 무명을 타파하고…."

끝이 없었다. 몇 날 몇 달을 질문과 대답 그리고 다시 질문과 대답으로 보냈다. 그렇게 보낸 한철이 거의 끝나갈 무렵, 나는 다시 출가를 해 보겠다고 조심스럽게 스승님에게 말했다. 그런데 의외로 선뜻 나의 뜻을 받아주셨다. 이번은 포기하지 말고 뜻을 이루라며 격려까지 해 주셨다.

이별의 시간이 왔다.

"스승님 건강하십시오. 꼭 훌륭한 공부가 되도록 노력하겠습니다."

"아무렴 그래야지."

갑자기 내 눈에서 눈물이 고였다. 언제부턴가 나는 눈물이 많아지고 있었다. 남자는 강해야 한다며 눈물을 보이는 남자는 남자도 아니라고 떠들며 호기를 부리던 예전의 나와는 너무나도 변해 있는 모습이었다.

"그래, 그래. 허허허."

스승님은 아무 말도 않고 다만 인자한 웃음을 지으시며 고개를 끄덕이실 뿐이었다. 스승님에게 큰절을 올리고 산을 내려와 다시 서울로 향했다. 산을 내려오는 나의 눈에 자꾸 천왕봉에서 본 그들의 영혼이 밟혔다. 문득 뒤돌아보니 핏빛 단풍이 지리산 전체를 물들이고 있었다.

7. '일파'라는 법명을 받다

종로구청 앞에 있는 대한불교 원효종 총무원 사무실을 찾아갔다. 문을 열면서 손끝까지 전해지는 팽팽한 긴장감을 느낄 수 있었다. 사무실 안에는 한 분의 스님과 또 한 분이 있었다. 스님은 언뜻 보기에도 얼굴에서 알 수 없는 광채가 느껴졌다. 나는 내 말을 속사포 같이 내뱉었다. 그렇게 하지 않으면 내 말을 들어 줄 것 같지가 않아서였다. 두 분은 어이가 없는 표정이었다. 그러나 그 동안의 내 사연을 들으면서 두 분의 표정은 진지해지고 있었다.

내 말이 다 끝났을 무렵, 스님이 나에게 물 잔을 건넸다. 나는 얼른 물 잔을 받았다. 그때 내 손에 스치는 어떤 감촉이 있었다. 그 잠깐의 감촉이 마치 오랜 세월 지워지지 않을 어떤 화인 같은 느낌이었다. 스님의 손이었다. 그때 또 다른 한 분이 말을 꺼냈다.

"이 분은 우리 원장 스님이세요. 그리고 나는 원효종 사무국장하는 박상규이고요."

만약 내가 처음부터 그분들이 누구인줄 알았다면 그 앞에서 그렇게 속사포같이 무례하게 말할 용기를 감히 낼 수가 없었을 그런 분들이었다. 원장 스님은 물론이거니와 박상규라는 분도 보통 분이 아니었다. 나중에 안 일이지만 박상규 사무국장은 대한민국 불교계에서 이름 석 자만 대면 모르는 사람이 없을 정도로 영향력이 큰 사람이었다. 박상규 사무국장은 못 믿겠다는 얼굴로 나의 의중을 떠보는 말을 했다.

“그깟 일로 수행도중 포기하나? 사람이 무슨 출가를 다시 하겠다고 쯧쯧.”

금수산에서 수행도중 나왔다는 내 얘기를 꼬집는 말이었다. 옆에서 가만히 듣고 있던 총무원장 스님도 한마디 거들었다.

“중이 아무나 되는 줄 알아? 스님 공부는 어려워.”

그러나 나는 이대로 물러날 수 없었다.

“원장 스님, 저는 만다라 같은 스님, 원효대사 같은 스님이 되고 싶습니다. 저는 꼭 스님이 돼야 합니다. 스님께서도 영혼이 있다는 것을 믿으시지 않습니까? 제가 그 동안 배운 것을 지금 말씀드리지 않겠습니다. 그럼 제가 거짓이 아니란 걸 아시지 않습니까?”

원장 스님은 아무 말 없이 밖으로 나가셨다. ‘받아주질 않으시는구나’라는 생각에 허탈했다. 그때 박상규 사무국장이 내 어깨를 툭 쳤다.

“처음이야. 원장 스님이 처음 보는 사람을 받아들인 건.”

“예? 그럼….”

“그래, 저렇게 아무 말씀도 안 하시는 건 반은 허락하신 거야. 자네가 배웠다는 것에 관심이 가시나 봐, 열심히 해.”

뿌듯했다. 속세로 나와 누군가 나를 처음으로 알아준 순간이었다. 그것도 원효종 원장 스님이 아니던가! 좀처럼 흥분이 가라앉질 않았다. 그런 나를 박상규 사무국장은 재미있다는 듯 쳐다보고 있었다. 나는 그 다음 날부터 원장 스님이 있는 안양암에 기거하며 수행생활에 들어갔다. 모든 것을 달게 받아들였다. 그러나 원장 스님은 나에게 믿음이 가는 눈길을 좀처럼 보내 주질 않았다.

어느 날이었다. 원장 스님을 찾아온 중년의 어떤 여자 분을 보게 됐다. 한 번에 봐도 귀티가 나는 그런 분이었다. 그러나 그녀 주위를 어둠의 기운이 가득 덮고 있었다. 간신히 생명의 기가 그녀의 몸속으로 가늘게 흘러 들어가고 있었다. 그러나 그것도 오래갈 것 같지가 않았다. 갑자기 그녀 주위를 감싸고 있는 어두운 기운 속에서 무언가가 보였다. 나는 나도 모르게 한 발짝 뒤로 물러섰다. 식은땀이 내 등을 타고 주르르 흘러 내렸다. 원장 스님은 나의 그런 행동에 눈살을 찌푸렸다. 그녀는 무안한 얼굴이 돼 있었다. 원장 스님은 그녀를 안내해 내실로 들어갔다. 내가 그녀를 옥죄고 있는 어둠의 기운 속에서 본 것은 바로 '또 다른 그녀 자신' 이었다. 그런데 그녀의 모습은 처참하게 일그러져 있었다.

나는 그날 저녁 원장 스님을 찾아갔다. 그리고 은근히 아까 왔던 여인에 대해 물어봤다. 그녀는 다름 아닌 세상이 다 아는 어느 재벌 명문가의 둘째 며느리였다. 당시 한참 남편과의 불화설이 여성지에 종종 나오곤 하던 바로 그녀였다. 그녀의 집안은 대대로 불교를 믿어 왔었고 그녀는 그런 인연으로 젊은 시절부터 어려운 일이 있으면 원장 스님을 찾아오곤 한다고 말해 주셨다.

나는 잠시 망설이다 원장 스님에게 내가 그 날 낮에 본 것을 얘기했다. 원장 스님은 깜짝 놀라는 얼굴이 되셨다. 그리고는 그것이 분명하냐고 내게 재차 확인하려 했다. 내가 틀림없다고 하자 긴 한숨을 내쉬면서 눈을 지그시 감으셨다.

"그녀가 아니네, 자네가 본 것은."

"네?"

"그녀의 동생이야. 쌍둥이 동생."

원장 스님의 말에 따르면 그녀에겐 일란성 쌍둥이 동생이 있었는데 불행히도 어렸을 때 심한 화상을 입었었다고 했다. 그녀를 구하려다 그렇게 된 것이었다. 그 후로 동생은 바깥출입을 하지 않았다. 그녀의 집안에서도 그 사실을 되도록 숨겼었다. 가족 모임에서도 동생은 늘 예외였다. 불에 일그러진 얼굴이 문제였다. 그녀가 동생의 말벗이었다. 그리고 세상과의 유일한 통로였다.

그런데 그런 그녀가 결혼을 하게 되자 그녀의 여동생은 심한 우울증에 시달렸고 결국 그녀가 결혼하기 하루 전 자살하고 말았다. 그녀의 동생이 떠나지 못하고 그녀 주위를 맴돌고 있는 것이었다. 빨리 그녀의 동생을 천도시켜야 했다. 그렇지 않으면 그녀에게서 언제 생명의 기운이 끊길지 알 수 없는 위급한 상황이었다. 나는 원장 스님에게 동생의 영혼을 천도시켜야 한다고, 그래야 그녀를 살릴 수 있다고 강경하게 말했다. 원장 스님은 착잡한 얼굴로 고개를 끄덕였다.

다음 날, 원장 스님의 연락을 받고 다시 찾아 온 그녀는 내 말을 듣고 소스라치게 놀라는 표정을 지었다. 얼굴은 온통 사색이 돼 있었다. 그러면서 혹시 그것도 관계있느냐며 한 가지 비밀스런 가정 사를 이야기를 했다. 그녀의 남편이 이상하게도 신혼 초부터 자신과의 잠자리를 할 때마다 그녀의 얼굴이 다른 사람처럼 보인다고 말하더니 점점 자신을 멀리 했다는 것이다. 결국 그녀 여동생의 불쌍한 영혼이 그녀의 곁에 머물러 있기 때문이었다. 나는 바로 그날 밤부터 그녀의 여동생의 영혼을 위한 천도에 들어갔다.

[그림15] 일파스님의 천도(출처 : 네이버)

그녀의 여동생이 서서히 어둠 속에서 걸어 나왔다. 놀랍게도 그녀의 여동생은 흰 웨딩드레스를 입고 있었다. 무서운 얼굴로 나를 노려보기만 했다. 온몸이 식은땀에 젖고 있었다. 나는 온 힘을 다해 그녀의 상처받은 영혼을 위무했다. 살아생전 불쌍한 삶이었다. 영혼은 나와의 접속을 통해 자신의 언니를 실은 저주했었다고 고백했다. 결국 동생의 영혼은 구천을 떠나 천도가 됐다. 돌아서는 그녀의 얼굴엔 화상의 상처가 사라지고 있었다. 천도가 끝난 뒤 그녀는 동생의 영혼이 이젠 좋은 곳으로 갔다는 말을 듣고 눈물을 흘렸다.

그녀의 동생에 대한 사랑은 여전히 각별한 듯했다. 나는 혹 동생이 자살할 때 웨딩드레스를 입었었냐고 물었다. 그녀는 깜짝 놀라며 자신의 것을 입고 동생이 그랬다고 말했다. 이 일이 있은 후부터 원장 스님은 나에게 신뢰를 담은 눈길을 보내 주셨다. 그리고 어느 날 나를 부르셨다. 나에게서 천도 받은 바로 그녀의 전화를 받았는데 남편과의 관계가 몰라보게 좋아졌다며 고맙다는 말을 했다는 것이었다. 그 말을 하는 원장 스님의 얼굴에는 미소가 가득했다. 그러면서 나에게 선물을 주겠다고 말씀하셨다.

"내가 자네가 출가하는 것을 도와주겠네."

드디어 내가 스님의 길에 들어 설 수 있게 된 것이었다.

“정말이십니까, 원장 스님? 감사합니다. 열심히 배우고 공부해서 반드시 훌륭한 스님이 되겠습니다.”

“좋아하기는…. 허허허. 앞으로 좋은 일보다는 힘든 일이 더 많을 걸세.”

그 날 밤이 새도록 나는 원장 스님과 영혼에 대하여 토론을 벌였고 다음 날 아침 공양은 원장 스님과 겸상까지 하게 됐다. 특채였다. 원장 스님이 내 학문을 인정해 준 것이다. 원장 스님은 사무국장에게 다시 인사를 올리라고 내게 말씀하셨고 다른 많은 스님들에게도 일일이 인사를 시켜주셨다. 직접 머리를 깎아주고는 조계사 입구 승복 집에 데리고 가서 행자 복이 아닌 승복을 입혀 주셨다. 그리고는 내게 법명을 내렸다.

바로 나의 법명은 ‘일파’였다.

원장 스님이 법명을 내리시고는 자신의 열여섯 번째 상좌로 나를 받아주신 것이다. 어느 날, 원장 스님이 부르셔서 가보니 그곳에 얼굴이 훤하고 키가 훤칠한 스님이 있었다. 원장 스님은 내게 인사를 드리라 하셨다.

“일파라고 합니다.”

“원장스님께 말씀 많이 들었네. 나는 도관이라고 하네.”

그는 총무원장 스님의 첫 번째 상좌였다.

"나는 되는 일이 없어. 나를 좀 봐주게."

도관 스님은 나를 보자마자 다짜고짜 자기 신상에 관해 물었다. 왠지 스님이 자신의 신상에 관심을 많이 가지는 것 같아 이상했다. 그러나 원장 스님의 제자였다. 함부로 내색할 수가 없었다. 원장 스님이 말했다.

"일파야, 네가 너의 학문을 잘 설명하고 이해시켜주도록 해. 도관이도 잘 듣고서 믿고 실천하도록 해라."

나와 도관 스님을 흐뭇한 얼굴로 번갈아 보시고 계셨다. 그러나 나는 왠지 불안한 마음을 떨쳐 낼 수가 없었다.

Part. 03

다시 세상 속으로

다시 세상 속으로

1. 사람들의 고통을 외면할 수 없어

1998년 4월 초순. 한바탕 봄비가 쏟아지고 나자 겨우내 얼었던 대지는 태아의 오랜 잠처럼 눈이 부시게 깨어났다. 그러나 나는 깨어나지 않은 어둠 속에서 생각하고 또 생각했다.

'난 지금 여기에서 무얼 하고 있단 말인가? 스님은 과연 무엇 하는 사람인가 말인가? 부처님이 가셨고 그의 제자들이 가신 그 길을 밟아 나 또한 부처의 제자가 되기 위해 머리를 깎고 먹물을 들인 승복을 입지 않았던가? 그러나 무엇이 달라졌단 말인가?'

하루에도 수 없이 이 말을 되풀이하며 어두운 방에서 나와의 피비린내 나는 싸움을 하고 있었다. 그러면 그럴수록 마음은 바람 부는 강가에 서 있는 허허로운 나목의 그것처럼 외로웠고 쓸쓸해졌다. 총무원에 나가면 이젠 스님들이 드러내 놓고 나를 견제했다. 그들을 미워할 마음은 추호도 없다. 어차피 깨달음을 얻지 못했다면 그들도 어리석고 슬픈 중생들이 아닌가? 마음을 다 잡고 그들의 수군거림을 무시하려고 해도 왜 자꾸 그들의 눈치를 보게 되는 걸까?

형편이 어려운 원장 스님에게 더 이상의 신세를 지는 것도 송구스럽기만 했다. 스님을 도와드리지는 못할망정 자꾸 그 분에게 짐이 되고 있다는 생각뿐이었다. 그리고 지리산에 있는 스승님을 찾아 뵌 지도 한 달이 다 돼 갔다. 몇 푼 되지 않는 여비가 없어 한 동안 스승님을 못 찾아 간 것이다. 스승님을 만나 학문에 대해 연구한 것을 얘기하고, 그 분의 은혜로운 말을 듣는 것이 내 유일한 즐거움이었다.

그런데 학문의 이렇다 할 발전 없이 마음만 하루하루 무거워지는 이곳 절에서 눈칫밥만 먹고 있으니 내 자신이 너무 한심스러웠다. 마음 편히 수련할 수 있는 내 절만 있다면 이 눈치 저 눈치 안보고 학문 공부에 지금보다 몇 배의 노력으로 정진할 수 있을 텐데. 마음은 매일 이런 공염불이나 외고 있는데 대체 무슨 공부가 되겠는가? 그렇다고 어려운 사정을 빤히 아는데 원장 스님에게 손을 벌릴 수도 없는 노릇이었다. 이렇듯 나는 봄날 아지랑이가 살랑거리듯 하는 마음을 다잡지 못하고 있었다.

1) 어느 여섯 살 먹은 아이를 위해 천도를 지내다

그러던 어느 날, 한복을 새색시처럼 곱게 차려 입은 할머니 한 분이 막 돋은 새순처럼 앙증맞은 대 여섯 살 먹은 손녀를 데리고 불공을 드리기 위해 절에 왔다. 불공을 드리는 할머니의 뒷모습은 무엇인가 애달프면서도 간절해 보였다. 하긴 어느 중생이 부처님 앞에서 애달프고 간절하지 않겠느냐 마는 할머니의 뒷모습은 유난히 더 사람의 마음을 붙들어 두었다.

할머니가 법당 안에서 절을 올리는 동안 손녀는 볕이 드리워져 있는 법당의 처마 밑에 쪼그리고 앉아 흙장난을 하고 있었다. 참으로 죄 없이 맑고 귀여운 아이였다. 그 아이를 보자니 나는 수련하는 동안 잠시 잊고 있었던 내 딸 아이 생각이 났다. 양 갈래로 곱게 머리를 땋은 꼬마아이의 모습이 마치 집에 두고 온 내 딸의 모습 같았다. 나는 불현 듯 내 딸 아이가 보고 싶어지면서 눈시울이 뜨거워졌다.

집에 두고 온 딸에 대한 그리움으로 그렇게 아이의 모습을 한동안 바라보고 있을 때 갑자기 내 마음 속에서 한 가닥의 바람이 일어나더니 사납게 휘몰아 쳐대는 것이었다. 그 바람은 나를 넘어뜨리기 위해 더 맹렬하게 포효하며 불어 닥쳤다. 도대체 이 무슨 마음의 변괴란 말인가? 집에 두고 온 아이를 생각하는 마음이 이다지도 크단 말인가? 그러나 그게 아니었다. 내 마음을 무섭게 뒤흔드는 이유는 따로 있었다. 그것은 바로 흙장난을 하고 있는 아이의 몸에 사악한 기운이 깃들어 있었기 때문이었다.

머리가 지끈거리며 온 몸에서 열이 나기 시작했다. 나는 조심스럽게 아이에게 한 발 다가갔다. 흉측한 원귀가 그 아이 곁에 꼭 붙어 있는 것이 보였다.

"애야!"

나는 다가가서 다정하게 말을 걸었다. 아이는 고개를 들어 물끄러미 나를 쳐다볼 뿐 아무런 말이 없었다. 나는 아이의 머리를 쓰다듬었다. 이처럼 티 없이 맑고 귀여운 아이가 원귀로 인해 고통 받고 있다니 그때 마침 아이의 할머니가 불공을 끝마치고 법당에서 내려왔다.

"보살님."

나는 합장을 하고 말을 건넸다.

"왜 그러십니까? 스님."

"보살님의 손녀딸에게 일 년 전에 큰 사고가 있었군요. 그 일로 아이가 고통 받고 있습니다."

나는 차마 그 귀여운 아이에게 원귀가 씌었다는 말은 하지 못했다. 나의 말을 듣고 할머니는 어떻게 그것을 알았냐는 듯 화들짝 놀라며 내 얼굴을 뚫어지게 바라봤다. 그리고 나에게서 무엇을 느꼈는지 할머니는 내게 큰절을 했다. 나는 그런 할머니를 일으켜 세웠다. 그러자 할머니는 아이에 관한 그 간의 일을 내게 털어놓았다.

아이가 일 년 전 유치원에서 소풍을 갔다 오는 길에 유치원 차가 눈길에 미끄러져 사고가 난 일이 있는데, 그 일 이후로 도통 말을 하지 않는다는 것이었다. 다친 곳은 없으나 하루종인 아무 말도 하지 않기에 온갖 병원을 찾아다녀 보았지만 아무 이상이 없다는 진단만 받았다고 했다.

나는 그 불쌍한 할머니의 손녀를 위해 그 자리에서 마음을 다 바쳐 조상의 천도와 집안의 발복을 비는 재를 지내줬다.

재를 지내는 동안 신기하게도 사월 초순의 하늘에서 간간이 잔 눈발이 날렸던 것이다. 이 눈발은 무엇을 의미하는 것일까? 나는 할머니와 아이를 번갈아 쳐다보며 이렇게 말해줬다.

"이제 아무런 걱정하지 마십시오. 제가 아이를 괴롭히던 원귀를 쫓아내 버렸습니다. 추위와 배고픔에 지친 원귀를 극락으로 보냈고 아이에 영혼에 다시는 그런 원귀가 깃들지 못하도록 했습니다."

그리고 나는 원귀가 사라진 아이의 맑은 영혼을 향해 합장을 했다. 그 일이 있고 나서 이틀 후 그 할머니가 다시 절을 찾아왔다. 아이가 다시 말문을 열기 시작했고 눈에 띄게 명랑해졌다며 기쁨의 눈물을 글썽였다. 그리고 내 손을 꼭 잡곤 몇 번이고 고개를 숙여 감사의 말을 했다. 나도 마치 내 딸아이를 살려낸 것처럼 기뻤다.

"스님, 스님 같은 훌륭한 재주가 있으신 분들께서 속세로 내려오셔서 우리 손녀처럼 고통 받는 사람들을 위해 좋은 일을 많이 해 주십시오."

나는 그때 별 뜻 없이 "그래야지요"라고 대답했다.

2) 속세로 다시 향하다

그러나 할머니가 돌아가시고 나서 생각해 보니 속세라는 말이 나에게는 예사로 들리지 않았다. 절에서 공부를 계속하는 것도 좋지만 머리를 기르고 속세로 나가 고통 받는 많은 사람들에게 도움이 주는 일이 더욱 보람된 것이 아닌가 하는 생각이 들었다.

나는 며칠 동안 밤잠을 설치며 과연 무엇이 보람 있는 일인가를 고민했다. 속세에 내려가 아픈 중생들을 구하는 철학원을 열어 돈을 모아서 절을 지어 덕이 깊은 원장 스님도 모시고 보고 싶은 아들딸도 만나고 총무원 운영자금도 지원하고 싶다는 생각이 들었다. 아무리 뛰어난 학문과 오묘한 비법을 갖고 있으면 뭐하나? 중생들의 아픔을 치유할 수 없다면. 생각이 거기까지 미치자 나는 사람들 속에서 도움을 주고받으며 보람을 찾고 싶었다.

'그래, 우선 아픈 사람들을 구해내고 경제적으로도 안정을 찾아 더 많은 사람들을 돕고 그때 다시 스님이 되자. 속되게 돈을 벌지 않고 아픈 자들을 치유해서 번 돈이라면 부처님도 그 돈으로 더 보람된 사업을 하라고 말씀하실 것이다. 더 넓은 세상 견문을 익히러 외국도 다녀보고 학문에만 정진 할 수 있는 절도 지을 수 있어. 소외된 사람들을 위해 고아원이나 양로원을 지으려 해도 돈이 필요하잖아?'

나는 마침내 결심을 했다. 다시 세상에 돌아가기로. 이렇듯 '깨달음이란 예기치 않은 인연에서 오는가 보다'라고 생각하며 나는 할머니와 아이를 내게 보내 주신 부처님에게 큰절을 올렸다.

나는 안양암을 나가기로 결정을 내렸다. 나는 원장 스님에게도 "나와 함께 절을 내려가는 것이 어떠냐?"고 조심스럽게 물어보았다. 그러나 원장 스님은 안양암에 특별한 사연이 있는 것 같았다. 굳이 안양암에 남아 있을 것을 고집하셨다.

어찌 미천한 내가 그분의 깊은 뜻을 헤아리겠냐마는 연세가 팔순이 가까운 스님이 머무르기에 안양암은 그리 좋은 곳이 아니었다. 스님이 기거하는 방은 한겨울에도 조그만 난로 하나가 전부였다. 찾아오는 손님들이 아쉬운 소리를 할 때마다 이리 보살펴주고 저리 퍼주고 하기 때문이다. 원장 스님이 그들에게 조금만 인색하게 굴었더라면 지금보다 훨씬 편한 생활을 할 수 있었겠지만 정작 원장 스님은 자신의 남루한 생활에 대해 불평 한 마디 없었다. 거기에 나까지 스님 신세를 지고 있으니 여간 송구스런 것이 아니었다.

결단을 내려야 했다. 승복을 벗어 한 쪽에 개켜놓고 속세의 옷으로 갈아입고는 원장스님에게 갔다.

"원장 스님, 드릴 말씀이 있습니다. 그 동안 이 미천한 것이 원장 스님을 보필하면서 원장 스님께 많은 공부를 배웠고 진심으로 많은 걸 느꼈습니다. 짧은 행자 생활이었지만 절과 스님의 세계도 경험할 수 있었습니다. 그 은혜 무엇으로 갚아야 할지 모르겠습니다. 짧은 제 소견으로는 아무래도 제가 절이 있어야 마음 놓고 저의 학문과 영혼 공부를 알 수 있을 것 같습니다. 그래야 나중에 상좌인 제가 원장 스님을 찬바람 들지 않는 따뜻한 방에라도 모실 수 있을 것 같습니다. 어려운 살림의 원효종 총무원에도 도움을 주고 싶고요. 개인적으로는 같은 서울 하늘아래 제 아들딸이 있는데도 마음 놓고 만나지 못하고 있는 것도 안타깝습니다. 자식들이 하루하루 커 가는데 명색이 아비인 제가 뒷바라지도 제대로 못 해주는 게 늘 마음의 짐으로 남았습니다. 일 년만 속세로 나가 돈을 벌겠습니다. 돈을 벌어 저의 절을 만들고 스님을 거기로 모시고 싶습니다. 그리고 그때는 다시 머리 깎고 스님이 되겠습니다. 원장 스님!"

나의 눈에서 뜨거운 눈물이 흘렀다. 원장 스님의 눈가에도 눈물이 맺혔다.

"제가 입었던 승복은 여기 있습니다. 꼭 일 년 안에 원장 스님을 찾아뵙겠습니다. 그리고 그때 다시 이 승복을 입도록 하겠습니다."

"뜻이 정 그렇다면 내가 어찌 너를 말리겠느냐? 너는 학문이 깊고 사리가 밝으니 어디를 가더라도 많은 사람들에게 큰 도움을 줄 것이다. 부디 힘들더라도 몸 건강하여라…."

더 이상 원장 스님은 말을 잇지 못하셨지만 나는 알고 있다. 그분이 나에게 침묵으로 더 많은 말들을 들려주고 있다는 것을.

"원장 스님, 건강하십시오."

"그래, 차비는 있는가?"

"……"

애초에 이곳으로 올 때 빈 몸뚱어리뿐이었던 내게 무엇이 있겠는가? 원장 스님은 꼬깃꼬깃한 만 원짜리 한 장과 때에 절어 있는 천 원짜리 서너 장을 자신의 남루한 승복 호주머니에서 꺼내주셨다. 원장 스님이 꺼내 주시는 그 돈을 보니 또 다시 눈물이 났다. 원장 스님도 생활이 무척 어려우실 텐데. 그러나 나는 애써 눈물을 훔치고 큰절을 하고는 안양암을 내려왔다. '나는 다시 돌아온다. 나는 다시 돌아올 것이다.' 몇 번이고 다짐하며 멀어져 가는 안양암을 쳐다보았다. 그때 산비둘기 한 마리가 숲에서 퍼드덕거리며 날아올랐다.

2. 철학관을 열고 사람들을 만나다

1) 원장 스님과 운봉 철학관을 같이 운영하다

나는 속세로 내려왔다. 그리고 속세에는 또 다른 인연이 나를 기다리고 있었다. 나는 원효종 총무원에서 알게 됐던 노 스님의 소개로 강남구 신사동 사거리에 있는 운봉 철학관이라는 곳의 원장을 만나게 됐다. 당시 IMF 구제금융 한파로 온 나라의 경제가 꽁꽁 얼어 있을 때였다. 운봉 철학관도 예외는 아니었다. 철학관은 보증금이 500만원에 월 50만원씩 세를 주는데 두달 후면 보증금마저 찾을 수 없는 형편이었다.

철학관 원장인 김기환 씨는 뾰족한 방법이 없어 한숨만 쉬고 있었다. 그러나 나는 한숨만 쉬는 그 자세에 더 큰 문제가 있는 게 아닌가 생각해 보았다. 원장 자신이 역학으로 사주를 봐주는데 몇 년 전까지만 해도 경기가 좋아 잘 됐다며 내게 어떤 학문을 공부하는지 물어왔다.

“저는 영을 공부합니다. 그렇다고 무속인은 아닙니다. 죄송한 말씀이지만 원장님을 위해서 꼭 이 말씀드려야겠습니다. 이곳에 들어설 때 느낀 것이지만 철학관이 잘 안 되는 것은 경기 탓이 아닙니다. 바로 원장님에게 문제가 있습니다. 원장님의 조상님들 중에 원한이나 사고로 잘못 돌아가신 분들이 많고 그 분들이 원귀가 돼서 구천을 떠돌다가 지금 원장님에게 해를 끼치고 있습니다. 제가 보기에는 원장님의 건강도 지금 매우 안 좋습니다. 당뇨가 있고 머지않아 큰 액운을 피하지 못하고 병원에 입원까지 해야 할 형편입니다. 제 말을 허튼 소리로 받아넘기지 마시고 건강에 특히 유의하셔야 합니다.”

원장은 나의 학문에 대한 설명을 듣고는 반신반의하는 눈치였다. 그리고 내 비법이 그렇게 좋으면 운봉 철학관을 같이 운영하자고 제안해왔다. 갈 곳도 마땅치 않았던 나는 우선 머물 수 있는 사무실을 얻게 된 셈이어서 쾌히 승낙했다. 이것이 속세의 인연이라 생각하고 받아들이기로 했던 것이다. 하여간 그때부터 원장과 나는 운봉 철학관을 같이 운영하게 됐다.

2) 국립묘지에서 만난 장경환 씨 부친의 천도제를 지내다

운봉 철학관으로 출근한 지 며칠 후 원장과 내 학문에 대해 이런 저런 대화를 나누고 있는데 호출기가 울렸다. 나는 대화 중이므로 별 생각 없이 주머니 속에서 호출기를 꺼내 본 후 다시 주머니에 집어넣으려고 했다. 그런데 느낌이 이상해 호출기를 다시 들여다보았는데 전혀 모르는 전화번호였다. 그냥 잘 못 걸려온 전화번호겠지 생각하려해도 이상한 느낌이 온몸을 휘감고 지나갔던 것이다. 나는 원장에게 양해를 구하고 호출기에 찍힌 번호로 전화를 걸었다. 전화기 속에서 긴 신호음이 이어졌다. 그냥 그쯤이면 끊어 버렸어야 했는데 나는 계속 전화기를 들고 있었다. 받을 때까지 기다려줘야 할 것 같았다. 그리고 전화기 저쪽에서 낯선 남자의 목소리가 튀어나왔다.

"여보세요? 저에게 호출하신 분이신가요?"

"아, 안녕하세요, 선생님. 예전에 국립묘지에서 만났던 장경환입니다. 실례가 안 된다면 만나 뵙고 싶습니다만 시간 어떠신가요?"

'장경환'. 생소한 이름이었다. 그러나 저쪽에선 나를 알고 있는 것을 보니 한 번쯤 인연이 있었던 것이 분명한데 그것도 내 호출기 번호를 알고 있다면 중요한 인연일 수도 있었다. 장경환이 누구인지 생각을 더듬어 보았다. 가물거리는 기억의 저편에서 어떤 사내가 내게 걸어왔다. 아! 바로 그 사람이었다.

원장 스님과 함께 살던 절에서 속세로 내려오기 며칠 전, 원혼들이 묻혀있는 국립묘지에 가서 영혼 공부를 하고 내려오는 길이었다. 어떤 남자가 어린 여자 아이 둘과 그보다 대여섯 살 정도 많아 보이는 아이 둘을 데리고 한 묘지 앞에서 술과 음식을 차려놓고 정성스럽게 절을 하고 있었다. 그날따라 국립묘지 안은 쓸쓸하기 그지없었다. 원혼을 찾는 참배객들도 없었고 하늘도 잔뜩 찌푸려있었던 것이다. 그 넓은 국립묘지에 참배객이라고는 그들뿐이었다. 정성스럽게 절을 하는 모습이 대견해 보여 그에게 다가가 말을 걸었다.

"실례지만, 너무나 정성스럽게 절을 하는 모습이 보기 아름다워 제 발걸음이 저도 모르게 여기에 이르렀습니다. 물어봐도 괜찮다면 이 묘는 어느 분의 묘인가요?"

"아, 예 괜찮습니다. 저의 작은아버님의 묘입니다."

약간 굽은 어깨에 피곤에 지친 얼굴을 한 사십대 초반으로 보이는 그 남자는 처음 본 내게 흉물 없이 자신에 대해 소개했다. 자신은 제법 큰 패션 회사의 영업부장이었으나 IMF를 맞아 회사가 무도를 맞는 바람에 실직을 하게 됐다고 했다. 어디 실직한 사람이 그 사람뿐이겠는가 마는 마음이 안 좋았다.

하여간 그는 이리저리 일자리를 알아보고 있는 차에 시간이 나서 6.25 때 전사한 작은아버지 묘를 참배하러 온 길이라고 했다. 함께 온 일행 중에 어린 여자 아이 둘은 딸들이고 그보다 나이를 더 먹은 아이들은 조카들이라고 했다.

나는 친절하게 대해주는 그가 고마웠다.

"어떻게 들리실지 모르겠지만 저는 영혼 공부를 하는 사람입니다. 작은아버님이 죽어서 좋은 곳으로 참 잘 가셨습니다. 그래서 후손들을 많이 도와주고 계시군요."

나는 차근차근 나의 학문을 그에게 설명해주었다. 그리고 작은아버님의 묘와 그 옆의 묘를 비교하며 잘 가셨는지 못 가셨는지를 알 수 있도록 음복주를 마시며 그 맛의 쓰고 달음으로 실험하는 방법을 간단하게 가르쳐줬다. 그러자 그는 본인이 직접 실험을 해 보았다.

그는 놀라면서 물었다.

"너무 신기하네요. 우리 할머님은 잘 가셨는지요?"

내 눈에 그의 할머니의 모습이 순간 보였다.

"예, 할머니께서도 무척 잘 가셨네요."

"이래서 여기서 마시는 술맛이 좋군요. 이렇게 대단한 분을 만나게 돼서 정말 반갑습니다. 저의 이름은 장경환이라고 합니다."

장경환 씨가 갖고 온 막걸리를 한 잔씩 나눠 마시면서 그와 이야기를 나눴다. 이야기 도중 장경환 씨는 자신이 어떻게 하면 좋은 직장을 구할 수 있는지를 내게 물어왔다. 그러나 나는 장경환 씨의 가족사가 이미 훤히 보였으므로 사실대로 말했다.

“말하긴 뭐하지만, 장경환 씨는 앞으로 직장을 구하기는 힘들 거예요. 작은아버님과 할머니는 잘 가셨지만 집안에 다른 원귀가 있어요. 무엇보다 그 때문에 아내와의 사이도 좋지 않은 것이구요.”

“아니. 그걸 어떻게….”

장경환 씨는 내 말을 듣고 벌침에 쏘인 듯 놀라며 더 이상 말을 잇지 못했다.

“지금은 서로가 바쁘니 일일이 설명하기가 곤란하네요. 나중에 힘들 때 연락하시고 한번 찾아오세요. 그때 속 시원히 풀어 드리리다.”

나는 장경환 씨에게 제사 음식물을 싸온 종이를 찢어 호출기 번호를 적어주고 그곳에서 헤어졌다. 서로 종이가 없었던 것이다. 그때 때 묻은 종이에 적어준 호출기 번호가 그와 나를 연결하는 통로가 된 것이다. 인연이란 참으로 오묘한 것이다.

나는 반가운 마음 반 걱정하는 마음 반으로 장경환 씨에게 운봉철학관의 위치를 알려줬다. 왜 걱정하는 마음이 들었느냐하면 그와의 전화 통화 중에 그를 둘러싼 나쁜 기운의 원귀를 느꼈기 때문이다. 아니나 다를까. 잠시 후 사무실로 찾아온 장경환 씨는 매우 지쳐 보였다. 국립묘지에서 볼 때보다 어깨는 한층 굽어 있었고 얼굴은 수심이 그득했다.

"선생님, 집사람과 사이가 심각할 정도로 안 좋습니다. 그리고 저를 선뜻 쓰겠다는 회사도 없구요. 갈수록 경기가 어려워지는데 직장은 구할 수 있을지 모르겠습니다. 선생님, 어떻게 해야 합니까?"

그의 목소리는 참고 있는 울음으로 가늘게 떨고 있었다. 나는 그나 너무나 안 돼 보였다. 어떻게든 도와주고 싶었다.

"장경환 씨는 집안에 잘 가신 분들이 많이 계셔서 지금까지는 가족이 건강하게 잘 살아오셨습니다. 그렇지만 모든 영혼들이 전부 잘 가신 것은 아닙니다. 지난번에 제가 국립묘지에서 만났을 때도 말씀드렸지만 작은아버님이나 조모님은 참 잘 가셨습니다. 그래서 후손들에게 어려울 때 도움을 주고 좋은 영향을 주고 계십니다. 좋은 영향이라는 것은 하루아침에 뭐가 확 바뀌고 변하는 그런 것이 아니라는 것은 잘 아시겠지요? 음으로 양으로 도와주신다는 말입니다. 하지만 부친께서는 그러지 못하셨습니다. 영혼이 구천을 떠돌고 있습니다. 다행히도 그 영혼이 후손에게 심각할 정도의 해를 입히고 있지는 않습니다. 다만 그 영혼이 찾아와서는 자신이 잘 갈수 있게 도와달라고 장경환 씨에게 메시지를 보내며 호소를 합니다. 하지만 그것이 후손들의 건강이나 사업 등에 영향을 미치는 겁니다. 장경환 씨의 경우는 부친과 집안을 발복하시면 지금 고민하고 있는 가정사라든가 직장문제가 곧 해결될 것입니다. 그리고 나서는 당신이 가야 할 진로를 결정하고 열심히 살아가기만 하면 되는 겁니다. 앞으로 한번은 가야 할 인간사이니 이왕이면 착하고 올바르게 살다가 좋은 데로 잘 가서 후손들을 도와주어야 하겠지요."

나는 되도록 이면 나의 학문을 쉽게 이해할 수 있도록 설명해 줬고 본인이 직접 느낄 수 있도록 설명해줬으며 본인이 직접 느낄 수 있도록 그 앞에서 실험으로 증명도 해줬다. 그때서야 그 모든 것들을 눈으로 확인한 그는 내 손을 붙잡고 말했다.

"선생님, 부디 불쌍한 우리 아버님을 잘 가시게 천도해 주십시오. 집사람 몰래 틈틈이 저축한 돈이 몇 푼 됩니다. 아버님을 좋은 곳으로 모시고 싶습니다. 부탁드립니다."

"그렇게 합시다."

나는 그의 굽은 어깨가 안쓰러워 토닥여줬다.

누구든 나로 인해 자신들의 무거운 근심에서 헤어날 수 있다면 그것으로도 나는 생의 큰 보람을 느꼈다.

"선생님, 저는 제 친형님과도 성격이 맞지 않고, 형도 지금 실업자가 돼 있습니다. 천도할 때 제 형님이 같이 참석해도 될까요? 형님도 잘 됐으면 해서요."

그는 내가 꼭 도와줘야 할 사람들이 대부분 그러하듯 참 마음이 고운 사람이었다. 고운 마음은 억만 금을 주고도 사지 못하는 것이다. 불현듯 내 손을 잡고 고맙다고 눈물을 훔치던 안양암에서 만났던 그 할머니가 생각났다.

"그럼요, 가족들 다 같이 참석하시면 더욱 좋습니다."

택일을 정하고 천도에 필요한 옷과 경면주사 등을 바쁘게 구해오는 것으로 준비를 마쳤다. 제사는 장경환 씨와 그의 친형인 동환씨도 참석한 가운데 운봉 철학관에서 나의 비법대로 치러졌다. 형인 동환 씨는 1959년생으로 20년 동안 을지로에서 인쇄공으로 근무하다가 얼마 전 회사의 부도로 실직됐다고 했다. 회사가 부도로 망하는 바람에 퇴직금 한 푼 받지 못한 채 나올 수밖에 없었다. 앞으로 살길은 막막하고 어찌해야 하나 이리저리 궁리하던 중에 동생에게 이야기를 들었다고 했다. 게다가 동생이 모든 비용까지 부담해 가며 부친을 천도한다고 하니 경제적으로 도와주지는 못하지만 형의 도리로 참석하게 됐다고 했다.

나는 제사를 모실 때에도 그들에게 영혼에 대해 설명해 주고 눈앞에서 본인들이 직접 느끼고 알 수 있도록 제사상에 차려진 음식을 통해 그

것들을 보여줬다. 나는 사람들에게 직접 경험하게 해주는 것을 좋아한다. 그들의 심성이 어떻건 간에 사람인 이상 의심을 하기 때문이다. 의심이 없어야 마음이 서로 진정으로 통하는 것이다. 두 형제는 술도 마셔보고 음식도 음복하면서 너무나 신기해했다.

"국립묘지에 있는 어느 누구의 묘나 마찬가지입니다. 그 곳에 계신 당신들의 작은아버지는 분명히 잘 가셨습니다. 직접 확인해 보면 알 것입니다. 다른 묘에 가서도 해보십시오. 박정희 대통령의 묘에서 해보시던가, 이승만 대통령의 묘에서 해보시든가 그곳에 잠들어 계시는 분들의 지위고하를 막론하고 결과는 마찬가지입니다."

그들은 나의 말을 신기해했지만 눈으로 확인하기 전에는 도저히 못 믿겠다고 하며 같이 가서 확인시켜달라고 했다. 조금은 어처구니없었지만 의심이 없어야 하므로 나는 때마침 내리는 이슬비를 맞으며 같이 국립묘지로 가서 일일이 그들 앞에서 확인시켜줬다. 두 형제는 너무나 오묘하고 신기해했다. 그렇게 해서 장경환 씨의 아버님을 천도하고 그들에게 언제든지 이해가 되지 않는 부분이 있으면 상담을 해줄 테니 찾아오라는 말을 남기고 헤어졌다.

철학관으로 돌아온 나는 형제로부터 받은 천도비를 김 원장에게 봉투째 건넸다. 사무실 경비에 보태 쓰고 남는 것은 집에 생활비라도 갖다 주라고 했다. 지금까지 옆에서 나를 지켜본 김 원장은 그때서야 나에게 자기는 이런 학문은 처음이라며 본인도 좋게 해 달라고 사정했다.

"그나저나 큰일입니다. 곧 원장님한테 액운이 닥칠 텐데…."

액운이 닥친다는 말에 김 원장은 기분이 조금 기분이 상했는지 더 이상 말을 꺼내지 않고 방을 나가 버렸다. 그 모습이 안 돼 보여서 또 한편으로는 자신의 한 치 앞도 내다보지 못하는 인간들의 비운이 느껴졌다.

'어찌 중생은 저리도 어리석단 말인가?'

3) 쓰러진 김 원장을 대신해 철학관 원장이 되다

그런 일이 있은 지 며칠 후였다. 자정이 넘은 시간에 시끄럽게 울리는 호출기 소리에 잠에서 깨어 호출을 확인해 보니 그 사이에 메시지가 여섯 개나 찍혀있었다. 김 원장이었다. 무슨 일이 있구나 싶어 호출의 음성 메시지를 확인해 보니 김 원자의 다급한 목소리였다.

"일파 선생님, 나 죽어요. 나, 지금 병원으로 실려 가요. 선생님, 나 좀 살려줘요."

김 원장의 목소리는 거의 절규에 가까웠다.

택시를 타고 병원 응급실로 달려갔다. 이미 당뇨가 심한 데다 합병증까지 와 목안에서 핏줄이 터졌다는 의사의 설명이었다. 김 원장은 혼수상태였다. 이튿날 병문안을 가니 간신히 의식을 되찾은 김 원장이 나를 맞았다. 그의 얼굴은 누렇게 떠 있었으며 수족을 제대로 부리지고 못했다. 2개월 정도 입원을 해야 하니 퇴원할 때까지 날더러 철학관을 맡아 달라고 했다. 월세도 좀 내달라는 부탁이었다.

"제가 얼마 전에 큰 액운이 있다고 말씀드리지 않았던가요? 그때 어떻게든 손을 써봤으면 이렇게 악화되지는 않았을 텐데…."

내가 말하자 김 원장은 고개를 끄덕이며 말했다.

"다 내가 못난 탓이죠. 눈으로 보고서도 믿지 못했으니. 하여간 철학관을 잘 부탁합니다."

나는 그날로부터 철학관을 운영하게 됐다.

아는 사람도 없고 어떻게 운영을 해 나가야 할지 고민을 하고 있는데 누군가 방문을 두드렸다.

"누구십니까?"

문을 열고 들어선 사람은 얼마 전 동생을 따라와서 부친의 제사를 지냈던 장동환 씨였다. 그 옆에는 한 눈에 봐도 확연히 드러날 만큼 영혼의 장난에 괴롭힘을 당하고 있는 한 여자가 서 있었다. 장동환은 그 여자를 자신의 부인이라고 내게 소개했다. 고마워서 집사람과 인사드리러

왔다며 실업자 신세인데 뭘 해서 먹고살아야 하는지 대책을 물어왔다.

그도 많이 지쳐 보였다. 그리고 그의 아내(이순선)는 전자회사의 공원으로 직장에 다니는데 십여 년 동안 항상 머리가 아팠다고 했다. 좋다는 약과 병원은 다 찾아다니고 굿, 천도, 용하다는 것은 다 해 보았지만 소용없었다고 했다. 요즘에는 용하다는 무속 인이 시키는 대로 머리맡에 칼을 놓고 잔다고 했다. 그는 내게 무슨 좋은 방법이 없겠냐고 물어왔다. 그러면서 하도 여기저기에서 많이 속아서 오늘은 집사람과 같이 왔다고 했다.

나는 다시 한 번 그들 부부에서 내 학문을 설명해주고 확신을 줬다.

"천도한 그 순간부터 좋아집니다. 본인이 먼저 느낍니다."

장동환 씨는 아버지를 천도해 드릴 때 한 푼도 못 냈으니 동생한테는 비밀로 해달라고 했다. 집사람과 가족이 건강하도록, 자신은 앞으로 직장을 구할 수 있도록 발복해 달라고 했다. 동생의 마음과는 전혀 다른 장동환 씨의 그 마음 씀씀이에 조금은 괘씸한 생각이 들었다. 나의 학문의 본바탕은 조상에 대한 자식의 도리인 효다. 그런데 아버지를 천도해 드릴 때에는 무심하고 내 가족, 내 마누라만 생각하다니…. 그렇지만 당장에 철학관을 운영해 나가려면 어쩔 수 없었다. 금액을 결정하고 제사는 장동환 씨의 집에서 며칠 후에 모시기로 했다. 내가 알고 있는 비법으로 천도를 해드리고 광명시 철산동에 있는 장동환 씨의 아파트로 갔다.

장동환 씨는 맨 발로 뛰어나와 나에게 다짜고짜 큰 절을 하고는 이렇게 말했다.

"선생님, 너무나 기적 같은 일입니다. 십년 이상 그렇게 괴롭히던 머리 어지럼증이 하루아침에 다 나아 버렸다고 집사람이 너무나 좋아합니다. 그리고 저도 머리가 맑아졌어요. 정말 오묘합니다."

나도 기분이 좋았다. 그들의 본마음이 처음엔 좀 괘씸했지만 아픔이 나은 그들을 보니까 내가 좋은 일을 했다는 생각이 들었다. 하여간 장동환 씨와의 인연은 그렇게 시작됐다. 실직해 갈 곳 없던 장동환은 그 후 나의 학문에 깊은 관심을 보이더니 나중에는 내 밑에서 배우고 싶다며 철학관을 자주 찾아왔다. 그때 공교롭게도 김 원장이 병원에 입원 중이던 때라 내가 김 원장 대신 원장을 맡기로 하고 장동환 씨를 사무장으로 채용해 운봉 철학관을 운영해 갔다.

3. 가난한 자들을 위한 천도비법을 터득하다

내 마음 속에서 현실과 이상이 갈등할수록 일이 손에 잡히지 않았다. 가끔씩 멍하니 창밖을 바라보는 경우가 많았고 그 전처럼 천도에서 오는 보람도 느끼지 못했다. 그러던 어느 날, 혼자 늦은 저녁을 먹다가 내 자신에게 너무도 화가 나서 숟가락을 집어던지곤 당장에 고속터미널로 뛰어갔다. 지리산으로 가야 했다. 스승님만이 나에게 해답을 줄 수 있을 것이다.

'꼭 해답이 아니라 해도 어떤 말씀을 해주시겠지.'

고속버스 안에서 내내 안절부절못하고 있자 옆에 앉은 나이 든 아주머니가 삶은 계란과 사이다를 내게 권했다. 척 보기에도 행색이 남루하고 팔자가 사나워 고생을 많이 한 분 같았다. 그런 분이 처음 본 나에게 자신이 먹어야 할 계란을 선뜻 권했던 것이다. 말로 표현 할 수 없는 어떤 깨달음이 밀려왔다.

1) 금전이 천도하는 데 미쳐 불행한 사람들을 외면케 함에 회의를 느끼다

스승님은 지리산에 항상 그 모습 그대로였다. 바람과 그 어떤 외로움에도 끄덕이지 않는 바위처럼 버티고 있었던 것이다. 나는 인사를 차릴 겨를도 없이 그 동안 나를 짓눌렀던 모든 의문들에 대해 질문을 하기 시작했다.

"스승님, 학문에 대하여 토론할 것이 있습니다."

"그래, 무엇이더냐?"

"제가 연구하고 배운 학문에 대해 항상 의심하고 회의하는 마음이 드니 이것이 무엇입니까?"

나의 느닷없는 질문에 스승님은 무척 놀란 표정이셨다. 그러나 다시 평온을 되찾고 나를 지그시 쳐다보셨다. 어찌나 그 눈빛이 날카롭고 예리하던지 온 몸의 땀구멍이 막혀서 얼어 죽을 것만 같았다. 죽기로 각오하고 묻는 질문인데 이제 스승님 앞에서 무엇을 감추고 또 무엇을 주저한단 말인가?

"그게 무슨 소리냐?"

스승님이 다시 물으셨다.

나는 스승님에게 그 동안 쌓여 있던 갈등을 말씀드렸다.

"스승님께서 가르쳐 주신 이론적인 학문을 믿습니다. 오묘합니다. 신기합니다. 수도하면서 저 스스로도 깜짝깜짝 놀랄 때가 한 두 번이 아니었고 때로는 그런 비법을 가진 제 자신이 감당할 수 없을 정도로 무섭기까지 했습니다. 불치병을 가진 사람들이 호전되고 예언마다 하나같이 그대로 적중되니 제 자신도 어떻게 신기하지 않겠습니까? 그런데 제 학문으로 정작 도움을 줘야 될 사람들에겐 도움을 주지 못합니다. 그들은 가난합니다. 하루치의 밥을 구걸해야 하고 그리고 하루치의 목숨을 이어나가기도 힘에 부칩니다. 저도 노숙자였습니다. 때문에 그들이 얼마나 비참한 생활을 하는지 누구보다도 잘 압니다. 그런 사람들의 조상 중에는 구천을 떠돌며 고통 받는 영혼들이 얼마나 많습니까? 그 영혼들을 천도해야 가난한 그들이 그 고통의 질곡에서 빠져 나올 수 있지 않겠습니까? 그런데 제가 그 영혼들을 천도하고 싶어도 너무 힘이 없습니다. 경제적인 능력, 구차하게도 그 돈이 또 천도하는 데까지도 미쳐 불행한 사람들을 외면하게 만듭니다. 소위 잘 나가는 집안, 돈 많은 분들은 조상님들의 영혼 중에서 몇 분만 잘 못 가셨지, 다 잘 가시어 발복돼 있고 천도 비용도 그리 많이 들지 않습니다. 저부터도 잘못 가신 조상님들이 많습니다. 제가 스승님의 학문을 공부해 그 사실을 누구보다 잘 알고 있지만 돈이 없다보니 지금껏 조상님 천도도 하지 못했습니다. 그러니 제 학문이 정작 필요한 사람들을 위해 쓸 수가 없으니 어찌 학문이라 할 수 있겠습니까? 스승님께서는 산에서만 수도를 하고 계시니까 바깥 세상일은 잘 모르고 계시겠지만 지금 IMF로 나라경제가 말이 아닙니다. 직장에서 쫓겨나고 거리에 나 앉고 하루에도 수백의 가정이 파괴되고 있습니다. 고통을 받는 많은 사람들이 저를 찾아오지만 그들은 천도 비용을 댈 만큼 능력도 없습니다. 그렇다고 제가 가진 돈이 많다면 좋겠지만 저도 그들과 별반 다를 게 없는 처지 아닙니까? 그러니 고통 받는 이들이 저에게 천도를 부탁하고 싶어도 하지 못합니다. 그들을 위해 스승님께 그 어려운 학문을 배웠는데 정작 그들을 위해 쓰지 못한다니 그들을 볼 때마다 제 마음이 갈기갈기 찢어집니다. 어떻게 해야 합니까? 스승님 저에게 길을 알려 주십시오."

나는 정말 가슴이 찢어질 듯이 아팠다. 나의 목소리는 거의 통곡에 가까웠고 눈을 들어 스승님을 보자 스승님의 얼굴에도 깊은 수심이 드리워져 있었다. 스승님은 잠시 깊은 생각에 드신 후 나의 어깨를 힘차게 토닥여주셨다. 그리고 스승님은 당신이 갖고 있던 천도에 필요한 물건들(옷, 경면주사 등)과 많은 양의 비법 약을 건네주셨다.

"내가 너한테 오늘 중요한 것을 배웠구나. 역시 너는 나의 제자니라. 너의 뜻이 그렇게 깊은 줄 내 미처 몰랐구나. 이 각박한 현실이 너의 마음을 몰라주더라도 너무 실망하지 마라. 너의 깊은 생각과 올바른 수행만이 너를 너답게 구원할 테니 때를 기다려 행동을 바로 하라. 그리고 너무 성급하게 생각지 말라. 서두르다 보면 오히려 화를 불러 일을 그르칠 수가 있다는 것을 명심하거라 알겠느냐?"

"예, 스승님. 꼭 명심하겠습니다."

그리고 스승님과 나는 밖으로 나와 영지를 한참 거닐었다. 서쪽 하늘엔 벌써 잔별들이 모습을 드러내고 있었다. 때 마침 바람이 숲을 휘돌아 스승님의 장삼 자락을 펄럭이게 했다.

'이토록 아름답고 훌륭한 분이 사람이란 말인가?'

나도 모르게 나의 입에서 그런 말이 흘러나왔다. 무엇하나 변변히 공부를 마치는 법이 없으니 부끄러움으로 걸음을 옮길 수 없는 지경이었다. 달빛에 드리워진 스승님의 그림자를 밟지 않으려고 나는 당신의 뒤로 조용히 물러섰다.

2) 장경환 씨와 나의 어머니의 천도를 통해 건강과 가정에 화목이

나는 다시 스승님의 곁을 떠나 철학원으로 돌아왔다.

'이젠 비용을 줄이고 천도할 수 있겠구나'라는 생각에 마음이 한창 가벼워졌다.

"장 사무장! 스승님께 천도할 물품을 받아 왔으니 우리가 추구했던 학문의 본뜻을 바로 세울 수가 있을 것이다. 그리고 자네 모친과 제수씨까지 천도를 해드릴 수 있게 됐으니 얼마나 다행스러운 일인가?"

내가 이렇게 말하자 장 사무장은 내 손을 잡고 뛸 듯이 기뻐했다.

"선생님, 너무나 고맙습니다."

스승님이 도와주어서 몸이 아픈 장 사무장의 모친을 천도해 드렸더니 몰라보게 좋아졌다. 그리고 성격이 예민하고 화를 잘 내던 장 사무장의 제수씨도 성격이 온화하게 바뀌었다. 장 사무장은 너무나 즐거워하며 오는 손님 가는 손님에게 매번 자랑을 하느라 바빴다. 나도 정성스럽게 내 조상님들을 천도했다. 내가 하는 학문이었지만 천도를 하고 나니 '이럴 수가!' 하는 감탄사가 절로 나왔다. 몸과 마음이 눈에 띄게 좋아지는 것을 내 스스로 직접 느낄 수 있었기 때문이었다.

[그림16] 천도제(출처 : 네이버)

나는 시골에 계신 어머니를 서울로 오게 했다. 오랜만에 만난 어머니는 몰라 볼 정도로 얼굴에 주름이 많아졌고 당뇨가 있어 피로해 하셨다. 당신께선 나이 탓이라고 했다. 내 어머니는 독실한 천주교 신자이다. 그런 분이 아들 되는 놈이 머리를 깎고 중이 되더니 이젠 한 술 더 떠 철학관까지 한다니 얼마나 상심이 컸겠는가? 어머니는 아예 내가 사업에 망하더니 머리가 좀 어떻게 된 걸로 생각하는 듯했다. 내 학문을 어머니에게 아무리 설명해도 어머니는 허황된 이야기로 넘기었다. 나는 어머니의 손을 꽉 잡고 말했다.

"어머니 이 자식을 한번만 믿어주세요. 어머니가 어느 종교를 믿으시든지 상관하지 마시고 들어보세요. 외갓집 쪽으로 조상님의 영혼이 잘못된 분이 많으십니다. 그래서 어머니의 건강도 날로 안 좋아지시는 겁니다."

그래도 워낙에 고집이 센 어머니는 곧이듣지를 않았다. 나는 손해날 것 없다며 그럼 아무 생각 말고 천도 한 번 받아 보라고 끈질기게 청했다. 그런 나의 끈질김에 감복하셨는지 어머니는 결국 천도를 허락하셨다.

"네 뜻이 정 그렇고 내 몸이 좋아진다면, 그래 한번 해 보거라."

나의 학문은 본인이 믿음을 갖고 직접 정성스럽게 지내면 효과가 더욱 빨리 나타난다. 진심으로 꼭 못 간 조상님들을 잘 가게 해야겠다는 마음을 갖고 말이다. 나는 어머니가 믿는 종교 방식으로 천도를 했다. 그랬더니 어머니는 당장 그 다음 날부터 피곤이 오지 않는다며 너무나 신기해하셨다. 비가 올 것 같으면 날궂이를 하느라 팔다리가 쑤셔 드러눕던 분이 언제 그랬냐는 듯이 궂은 날에도 여기저기를 노인답지 않게 돌아다니며 기뻐서 어쩔 줄 몰라 하셨다. 그런 어머니의 모습을 보며 평생 처음으로 자식 노릇을 한 것 같아 내 마음도 너무나 흐뭇했다.

3) 내 누나의 천도를 통해 누나의 건강과 가정에 평화가

그렇게 독실한 천주교 신자였던 어머니는 이제 나의 학문을 믿고 대전에 사는 누나를 동반하고 올라오셨다.

"네 누나도 좀 해 줘. 네 조카도 지금 많이 아프단다. 지금까지 네가 얼마나 누나 신세를 졌니. 이참에 누나에게 진 신세도 갚을 겸 누나도 천도 좀 해 줘라."

"그래요, 어머니. 당연히 해드려야지요."

그러나 누나는 별 반응 없이 그냥 내가 잘 살고 있다는 것만으로도 안심했다는 표정이었다. 스님이 되겠다고 왔다 갔다 하고 돈이나 부쳐 달라고 전화만 했던 내가 누나는 어딘지 모르게 불안해 보였을 것이다. 그러던 내가 무슨 학문으로 어머니를 좋아지게 해줬고 자신도 그렇게 해 주겠다고 하니 친동생이라도 선뜻 믿지 못하는 것은 어쩌면 당연한 일이었다.

누나는 대전에서 양품점을 하고 있었는데 나라의 경제가 그래서인지 장사가 영 신통치 않다고 했다. 매형은 사람 좋은 호인인데 너무 술을 좋아해 평생을 술로 살았다. 누나의 시부모님은 또 무슨 원수라도 진분들처럼 서로 만나기만 하면 싸운다고 했다. 그래서 지금은 두 분이 별거를 하고 있는 상태였다. 거기다 조카까지 목에 혹이 생겨 큰 병원을 드나들고 있었고, 시동생도 몸이 아파 말이 아니었다. 한마디로 악재가 겹치고 겹친 집안이었다.

'누나가 얼마나 힘들었을까?'라고 생각하니 콧날이 찡해왔다. 그렇게 착하기만 하고 곱던 누나인데 지금은 끊이지 않는 근심 걱정 때문이지 얼굴이 실제 나이보다 더 들어 보였다. 나는 가슴이 아팠다. 그리고 한편으로 이 못난 동생이 누나의 근심을 이제 덜어 줄 수가 있다는 생각에 가슴 한 견이 벅차올랐다.

“누나, 나를 친동생이라 생각하지 말고 우리 마음을 열고 상담을 해 봅시다.”

누나는 불교를 믿어서인지 몰라도 내가 말하는 학문의 핵심과 내용을 빨리 알아듣는 것 같았다. 나의 학문을 비교적 빨리 수긍하고 내 뜻에 따르기로 했다. 누나는 손수 제수도 장만하고 정성을 다해 준비를 했다.

‘하나밖에 없는 누나. 내가 어려울 때 그래도 나를 외면하지 않고 도와주신 분. 이제야 내가 누나에게 신세를 갚을 때가 됐구나’라고 생각하며 나는 그 어느 때보다도 정성을 다해서 누나의 천도를 시작했다. 천도가 다 끝나고 대전으로 내려가는 누나에게 나는 확신을 갖고 말했다.

“누나, 이제 매형 술 드시는 거 줄어들고 조카 혹도 차차 없어질 거예요. 그리고 집안의 모든 화도 순조롭게 풀릴 거예요. 너무 걱정 마세요. 누나 제 말만 믿으시면 돼요. 집안에 무슨 변화가 있을 때마다 저한테 꼭꼭 연락 주시구요. 나머지는 차차 자문해 드릴게요.”

나는 조금 모아두었던 돈을 누나의 손에 꼭 쥐어줬다. 누나는 내 손을 꼭 쥐고 동생인 내가 대견하기도 하고 고맙기도 한지 그저 옷소매에 눈물만 훔칠 뿐이었다.

누나를 배웅하고 철학관으로 돌아 온 몇 시간 뒤 전화가 왔다.

"나야."

누나의 목소리였다.

"벌써 도착했어요?"

"아니야. 고속도로 중간 휴게소인데, 너무 신기해서 말이야. 흐릿했던 눈이 언제 그랬느냐 싶게 밝아지고 그렇게 아프던 머리가 거짓말처럼 맑아. 너무 고마워. 누나는 너를 믿어."

"고마워요 누나. 조심히 내려가세요."

그 후로 조카의 혹은 감쪽같이 사라져 버렸고, 매형에게도 많은 변화가 왔다. 시부모님의 부부관계도 좋아져 주위에서 무척 놀란다고 했다. 그 후로 누나는 나에게 항상 고맙다고 했다. 그러면 어머니는 웃으며 이렇게 농을 건네곤 했다.

"인사는 내가 받아야지. 내가 널 우리 아들에게 데려갔으니까."

나는 내 학문으로 어머니와 누나에게 진 빚을 갚았다. 만약 내가 내 학문에 대한 믿음이 없었다면 나는 내 가족에게 권하지 않았을 것이다. 하여간 나의 마음은 한결 가벼워졌다. 내 어머니와 장동환 씨의 어머니가 건강해지고 난 후 우리 두 사람은 고객들과 상담을 할 때마다 그것을 자랑했다. 믿어달라고, 진심으로 믿어만 주면 천도해 주겠다고 했다. 천도비용은 후원받은 것이 있어서 없으면 없는 대로 해 드릴 테니 천도하고 나서 좋아지면 사람들에게 알려 그들이 고통에서 벗어날 수 있게 해 달라고, 그뿐이면 된다고 말했다.

처음에 사람들은 그 말을 믿지 못하는 눈치였으나 정성을 다해 천도를 해주는 나의 모습을 보고 진심으로 고마움을 느껴, 그들을 통해 소문이 급속도로 퍼져 나갔다. 양평, 부산, 진주 등 전국에서 사람들이 찾아왔다. 장 사무장도 열심히 공부했다. 그는 나를 스승으로 모시고 영원히 이 수도의 길을 가겠다고 했다.

4) 사진만으로 천도를 해도 기적이 일어나다

그러던 어느 날, 김은경 씨의 친언니인 김은숙 씨가 강동구에서 주유소를 경영하는 배효경 씨라는 사람과 같이 왔다. 그리고 배효경 씨는 나와 상담하고 조상 천도를 받고 나서 본인이 너무 좋아지다 보니 동생인 배효진 씨도 나에게 소개했다. 나중에는 배효진의 애인까지도 나의 학문과 비법을 믿고 천도를 했다. 그 중 특별한 일이 있었다. 배효경 씨의 시누이는 정신질환을 앓고 있었는데 질환이 심하다보니 상담을 받으러 올 수가 없는 상태라 해서 그럼 그 환자의 사진을 갖고 오라고 했다. 그리고 사진만으로 천도를 해줬다.

영을 접속하는 비법은 스승님에게 전수받기를 꼭 당사자가 있어야 되는 것이 아니고 이 전 우주공간에 그 사람의 기만 존재하면 가능하다고 배웠다. 그래서 사진이나 때로는 이름만으로도 영을 접속하는 것이 가능하다. 어쨌든 심각한 정신질환자였던 이 환자의 상태는 무척 호전됐고 배효경 씨의 친어머니도 건강을 찾게 됐다.

이렇듯 나의 학문이 좋은 결과를 얻게 되자 나에게 천도를 받은 사람들이 그 주변 사람들에게 나를 적극 추천하는 경우가 비일비재했다. 그들은 나를 수시로 찾아 왔는데 그 중에는 철학관을 제집 드나들 듯 하는 이도 있었다. 하여간 나는 철학관에 오는 그 누구도 물리친 적이 없다. 나를 필요로 하는 사람이면 나는 지위고하를 막론하고 진심으로 그들을 맞이했다.

나는 나의 학문을 여러 좋은 곳에 쓰기 위해 연구와 노력을 계속했다. 한편 기회가 닿아 장 사무장을 동반하고 함께 일본으로 건너가 오사카, 교토 등지에 가서 일본에 계신 영혼들도 접속해보고 일본 신사에 모신 영혼들도 연구하고 일본 각 가정에 모신 불당도 둘러봤다. 그리고 일본의 수도 인들이 뜻밖에도 영혼에 대해 연구를 한다는 것도 알게 됐다. 더군다나 그들은 정부에서까지 아낌없는 지원을 받고 있었다.

[그림17] 일본 오사카 후시미 이나리 신사(출처 : 네이버)

부러웠다. 우리도 저런 지원만 받을 수 있다면 이 나라를 위해 좀 더 많은 일을 할 수 있을 텐데. 새삼 우리나라의 상황이 안타까웠다. 여유가 되면 일본에 다시 가서 일본에서 활발하게 이뤄진 영혼에 대한 연구와 학문을 체계적으로 배워보고 싶었다.

4. 다시 세상 속으로

1) 동산 포교원을 설립하다

2월 9일 아직 봄이라 하기에는 이른 날씨였지만 하늘은 맑고 투명했다. 바람 끝이 매서운데도 많은 사람들의 따뜻한 마음이 모인 터라 봄기운마저 느낄 수 있었다. 겨울의 품속에 잉태한 봄을 끌어내듯 마침내 동산 포교원의 개원이 이뤄진 것이다. 얼마나 오랜 시간을 가슴 졸이면서 기다리고 또 애를 태웠던가! 드디어 오랜 숙원을 이루게 된 감회를 무엇으로 표현할 수 있을 것인가!

이른 아침부터 개원식을 준비하기 위해 모인 사람들을 보면서 나는 가슴이 벅차올랐다. 여기저기서 보내온 축하화분이며 화환들을 보며 모두가 나의 뜻을 이해하는 것이라 여겨져 마음이 더할 수 없이 넉넉해졌다. 손을 분주히 움직여 음향기기를 점검하고 구석구석 청소 상태를 점검하느라 눈코 뜰 새 없이 시간이 지나갔다.

총무원장 스님, 전국 각지에서 스물 한 분의 원효종 스님들이 와서 자리를 빛내주고 축하를 해주니 어찌 든든하지 않을 수 있겠는가! 가슴이 뻐근할 정도로 나는 흥분됐다. 나는 드디어 해낸 것이었다. 노숙자 생활을 전전하다 자살을 기도하기도 했던 참담했던 시절들이 까마득한 날의 일처럼 떠올랐다. 인간의 의지란 참으로 오묘한 것이다. 그것이 나를 여기까지 오게 한 것이었다.

그리고 언제나 내 곁에서 떠나지 않는 분, 지리산 스승님. 그 분의 덕에 나의 오늘이 있다는 생각에 절로 숙연해졌다. 포교원의 일은 아직 흥분이 채 가라앉지는 않았지만 모든 일이 순조롭게 진행돼 갔다. 그렇게 숙원이었던 가난하고 소외된 이들의 천도도 병행할 수가 있었고 무엇보다 제자들에게 체계적인 학문의 길을 열어가고 있다는 사실이 나를 흥분시키고 있었다.

포교원도 어느 정도 자리를 잡고 이곳의 사정과 행하고 있는 일들이 사람들의 입에서 입으로 소문이 나면서부터 호기심과 기대를 가진 사람들의 발길이 부쩍 잦아지기 시작했다. 사람들의 마음이란 워낙 믿을 것이 못된다고는 하나 한번 오르내린 소문은 좀처럼 수그러지지 않았다. 더불어 포교원에 상주하는 식구들의 잡무도 바빠지고 더욱이 영혼 천도에 대해 많은 관심을 가진 모임이나 단체에서 강연 의뢰가 들어 왔다는 것이 포교원을 설립하고 겪는 큰 변화였다. 그때마다 나는 내 자신에게 한없이 냉정하고 평상심을 유지하려고 애썼다. 언제나 내 마음을 견책하며 조금의 자만이나 방심도 스며들지 않게 긴장하며 수련에 열중했다.

평상심이란 이런 걸 두고 하는 말이 아닐까? 보이는 것도 보지 않는 듯 하고 만져도 만지지 않은 듯한 이러한 평화와의 조응. 이렇게 봄날 오후를 내 자신을 위한, 아니 더 나은 학문의 경지를 위한 삼매경에 젖어들 수 있다는 것은 누구나 쉽게 얻을 수도 없고 가질 수도 없는 것이었다. 이것은 노력하고 정진하는 자만의 충만이고 희열이다. 사람들은 누구나 더 나은 세상으로의 고양을 꿈꾸며 산다. 그러나 그것에는 반드시 따라야 하는 실행의 덕목이 있으니 그것이 바로 자신을 경계하고 또한 내가 누구인가를 의심하고 묻는 것이다.

봄날 오후의 한담. 향긋하나 차라도 한 잔 앞에 하고 끝없이 내면의 세계로 침잠해 내 내면에서 윤리는 진리의 소리와 그 진리들이 이끄는 영혼의 울림에 귀 기울여 천지의 조화로운 세계 안에서 더도 말고 덜도 말고 이레쯤 머물 수 있다면…. 내가 지금 선택하고 가고자 하는 고단한 이 길이 이곳이면 어떻고 험난한 바람벽에 위태롭게 흔들리는 전선 끝 저곳이면 어떤가?

화창한 봄이었다. 이토록 절실하게 대지의 냄새와 바람이 실어오는 생명의 냄새들을 한번이라도 폐부 깊숙이 들이마시며 가슴이 벅차게 느껴본 시절이 있었던가? 지금 가지 끝에서 잠시 왔다 날아가는 저 겨울 철새처럼 인생이 또한 저렇고도 푸르고 청정하다면 내가 이토록 험난하게 흔들리며 힘들어해야 할 이유가 없을 것이다. 그러나 동산 포교원 설립의 흥분도 잠시 나는 다시 일본의 원효사상연구원 설립문제로 강호병 씨와 함께 동분서주해야만 했다.

새로운 땅에 새로운 일을 시작하는 것은 결코 쉬운 일이 아니었다. 나는 어떤 사명감을 갖고 일에 임하지 않을 수가 없었다. 이것은 결코 개인의 일이 아니었다. 우리나라, 더 나아가서는 우리 인류의 행복과 미래를 위한 일이 아니던가! 그러기에 더욱 내가 이뤄야만 한다는 일념뿐이었다. 힘들수록 꼭 해내야 했다.

일본에서는 비교적 일이 잘 풀렸다. 사무실도 개업하고 사무실 직원도 모집했다. 일본어를 통역할 사람을 구하고 나니 '이제는 잘 되는구나. 고생한 보람이 있구나' 싶은 안도감이 들었다. 그 즈음 내 가슴에는 다시 새로운 희망이 피어나고 있었다. 희망과 더불어 떠오르는 것이 바로 한국의 식구들이었다. 어서 한국으로 돌아가 사무실 식구들에게 이 소식을 알리고 기쁨을 함께 나누고 싶었다.

2) 한국에서 기다리는 건 실망 뿐

3월 24일. 드디어 강호병과 나는 귀국을 했다. 계속되는 일에 온 몸이 녹초가 돼 있었으므로 집으로 돌아가는 것은 휴식을 꿈꾸는 것이었다. 먼 길을 돌아서 고단한 나그네에게는 집이란 것이 얼마나 포근하고 달콤한 휴식처인지 모른다. 이것은 마치 어린아이가 낯선 고장을 불안에 휩싸여 하염없이 헤매다가 마침내 어머니의 따뜻한 젖무덤에 안기는 것과 같이 유혹적이고 분명 신나는 일이다. 고국의 집에서 취할 휴식, 생각만 해도 눈물이 핑 돌 것 같은 짜릿한 정감이 들었다. 나와 강호병 씨는 부푼 가슴으로 서둘러 집으로 향했다.

그런데 이게 웬 일인가! 집에 발을 디디는 수간 강호병 씨와 나는 순간 넋을 잃고 말았다. 이럴수가! 어떻게 이렇게 사람을 배신할 수 있는가! 포교원은 한 마디로 가관이었다. 법당 앞에선 신도회장인 위성렬 씨와 부동산 중개인이 바둑을 두고 있고, 방에선 도관 스님과, 장동환, 공양주, 이영일 씨 등 6~7명이 모여 앉아 두 패로 나눠 화투를 치고 있는 것이 아닌가!

하늘이 무너지는 것 같았다. 나는 도관 스님을 외면하고 2층으로 올라가서 장 원장을 불렀다.

"장 원장, 지금 화투나 치고 앉아있을 때요? 이게 지금 사무실이고 법당이에요? 다른 사람도 아니고 장원장이 어떻게 이럴 수가 있어요. 나와 강호병 씨는 일본에서 어떻게든 그동안 어렵게 이룩한 학문을 펼치려고 동분서주해 온 심신이 지쳐서 있는데…."

놀랍게도 장 원장은 사죄는커녕 마치 다른 사람이 된 것처럼 그 동안 이렇게 밖에 될 수 없었던 이유를 장황하게 늘어놓기 시작했다.

"정말 죄송한 일이긴 합니다. 원장님, 그러나 저도 오죽하면 이 지경까지 오게 됐겠습니까?"

그러면서 오히려 나에게 협박하는 말투로 천만 원을 급하게 돌려주지 않으면 내일부터 당장 포교원을 그만두겠다는 것이 아닌가! 너무나 황당했다. 꼭 무엇에 홀린 기분이었다.

그 다음날 마당을 쓸고 있는데 장동환 씨와 비슷한 옷을 입은 사람이 우리 사무실 앞에 있는 '아바타'라는 기 연구원에 들어가길래 강호병 씨에게 가서 알아보라고 했다. 그런데 밥 하는 공양주 한 사람이 뜻밖의 사실을 내게 알려줬다. 내가 일본을 왔다 갔다 할 때부터 장 원장은 이미 '아바타'를 자주 드나들었다는 것이었다. 우리 포교원은 팽개치고 아침에 출근해서 그쪽에서 있다가 저녁에 돌아오곤 했다는 것이다.

이럴 수가! 나는 그만 말문이 막히고 말았다. 나는 한동안 그 자리에 얼어붙은 듯 서 있었다. 며칠 후, 김은경 씨로부터 일이 이렇게 된 전말을 소상히 들을 수가 있었다. 그녀는 N사장과 함께 펀드 회사를 설립했다. 나를 그 곳의 고문으로 선정하고 학문을 이용해 고객 상담도 하고 주식투자도 하기로 했다. 이것은 N사장도 적극적으로 추진하는 일이다. 이렇게까지 하게 된 직접적인 동기는 앞으로 나를 후원하기 위한 일종의 방법 모색이었다. 그곳에는 장동환 씨를 비롯해 포교원을 출입하던 많은 사람들과 포교원의 식구들도 함께 할 것이라는 것이다.

나는 울화가 치밀어 도저히 견딜 수 없는 지경이 됐다. 어떻게 이럴 수가 있을까? 그동안 학문에 대한 일념으로 애정을 갖고 오늘까지 저들을 사랑했거늘 저들이 내게 되돌려 보여 줄 수 있는 것이 정작 이것뿐이었던가! 나는 절망했다.

5. 일본 포교원 활동

침울했던 날들이 지나고 다시 아침이 찾아왔다. 시든 꽃잎과도 같았던 마음이 다시 생기를 되찾고 그 긴 밤의 고요만큼 나의 사색도 학문도 날이 갈수록 깊어져가고 있었다. 부슬부슬 봄비가 내리는 아침 공기는 더할 나위 없이 상큼했다. 뿌리까지 얼어붙었던 땅을 뚫고 연초록의 새순이 돋아 오르고, 여기저기서 나무들이 당당하게 새 옷을 입고 나섰다.

나는 일본 포교원 활동을 위해 조직을 재정비했다. 한국의 업무는 다시 도관 스님이, 일본 쪽은 강호병 씨가 책임지기로 했다. 나는 양쪽을 왔다 갔다 하며 전체업무를 관장하기로 했다. 나의 학문과 비법을 알리기 위해 4월 9일에 강호병 씨와 나는 다시 일본으로 건너갔다. 일본에서의 포교활동은 하루하루가 전쟁과 다름없었다. 아침 일찍부터 저녁 늦게까지 포교를 하고 숙소에 돌아오면 몸은 비에 젖은 빨래처럼 축 쳐졌다. 그래도 정신은 그 어느 때보다 더 맑고 투명했다. 우리는 서로 의지하면서 밤낮없이 힘을 모아 뛰었다.

1) 일본을 떠다니는 징용자들의 영혼을 천도하니 뇌성마비 아이가 살아나다

지성이면 감천이라더니 포교원에 사람들이 찾아왔다. 간질에 뇌성마비 증세가 있는 네 살짜리 손자를 둔 재일교포 아주머니였다. 이 아이는 부모님들의 반대를 무릅쓰고 어렵게 결합해 얻은 첫 자식이었는데 어렵게 결합한 부모의 심정을 아는 듯 태어나서는 잔병치레도 하지 않고 별 탈 없이 무럭무럭 잘 자라줬다고 했다. 그렇게 잘 자라던 아이가 두 돌을 지날 무렵부터 밤마다 악몽에 시달렸다. 초기에는 몽유병과 비슷한 증세를 보이기 시작하더니 급기야 경기를 동반한 간질을 앓기 시작했다는 것이다.

일본의 현대 의학이 세계적 수준임은 누구도 부인할 수 없다. 이 부부는 아이를 데리고 정신과로부터 일본 내에서 제법 이름이 알려졌다는 심리치료 의학회까지 아이가 앓고 있는 병의 실체를 규명하기 위해 안 다녀 본 곳이 없을 정도로 부부가 할 수 있는 노력이란 노력은 다해봤지만 아무 소용이 없었다고 했다. 그렇게 절망하고 있던 차에 사람들의 입으로 전해지는 소문을 듣고 여기까지 오게 됐다는 것이다.

이제는 아이의 병을 낫게 한다는 기대는 고사하고 왜 이런 증세가 반복적으로 계속되고 있는지 그것만이라도 알고 싶어 찾아 왔다고 했다. 나는 그들의 절박한 심정을 충분히 이해하고도 남았다. 나 역시 세상 속에서 얻은 자식이 엄연히 있고 그 자식들이 세상 무엇보다 귀엽고 소중하다는 생각을 한시도 잊어 본적이 없기 때문이었다. 이 세상에 자식을 둔 부모의 심정은 모두 다를 바가 없으리라.

나는 먼저 그 아이의 용태를 살피기 시작했다. 아이는 오랜 병마와 싸우느라고 그런지 안색이 몹시 탁하고 눈동자가 심하게 풀어져 총기라고는 찾아볼 수가 없었다. 나는 즉시 그 아이의 부모들과 함께 그 아이를 중심에 놓고 기도를 시작했다. 그 아이는 눈을 가늘게 뜨고 이런 나의 행동을 불안하게 지켜보고 있었다. 한참을 그 아이와 부모들의 기운을 감싸고 있는 모든 요인들을 짚어냈다. 역시 그들의 고조모가 당신이 아들이 일본으로 강제 징집이 돼 사지에 끌려간 사실에 충격을 받고 그 아들을 잊지 못하다가 한을 남기고 세상을 하직한 영혼이 이 아이에게 미치고 있음을 알아 낼 수 있었다.

나는 그들 부부를 안심시킨 다음 천도를 시작했다. 나는 그 자리에서 천도를 시작하면서 우리나라에서는 느끼지 못하던 참으로 이상한 경험을 하게 됐다. 그것은 큰 해일과 같은 묵직한 파장의 덩어리였는데 처음에 나는 그 파장의 실체를 알지 못했다. 그 파장이 덮쳐올 때 마다 내 온몸으로는 심한 통증과 전율들이 전류처럼 흘러서 흡사 모니터 위를 지나는 전파의 파장처럼 내 온몸이 공중으로 떠다니는 듯 중심을 잡을 수 없었다. 그때마다 나는 정신을 집중했고 끝내는 그것이 일본 전역으로 떠다니는 징용자들의 영혼임을 알 수가 있었다.

나는 경악했다. 이 모든 영혼들도 하나같이 나를 통해 이 이국땅에서 생을 억울하게 마감한 한을 씻어 보고자 했던 것이다. 나는 이 아이를 중심으로 맴돌고 있는 고조모의 영혼처럼 이들의 영혼을 언젠가는 반드시 천도할 것이라고 다짐했다.

얼마의 시간이 지나고 나는 이 아이를 괴롭히고 있는 조모님의 영혼을 천도해 잘 보내드릴 수 있었다. 아이는 그 자리에서는 물론이거니와 이후 회복돼 재롱도 피우고 활기에 넘쳤다. 유치원에서도 또래 친구들과 잘 어울린다고 매번 그 부모들이 밝은 소식을 전해왔다.

이 일이 계기가 돼 일본 내에 나의 학문과 학문의 효용에 대한 소문이 퍼지기 시작했다. 소문은 날개가 달린 듯 순식간에 퍼져 나갔다. 드디어 원근에서 찾아드는 사람들로 문전성시를 이뤘다. 그 당시 일본은 지방자치제 선거를 할 때여서 상담을 위해 포교원을 찾아온 현직 시의원들도 여럿 됐다. 나는 비로소 일본이라는 곳에 참 잘 왔구나 하는 생각이 들었다. 나의 꿈도 머잖아 이뤄 질 것이라는 생각에 가슴이 부풀어 오르고 그 간의 여러 가지 일들로부터 간신히 자유로워질 수 있었다.

2) 동산포교원을 닫고 일본에 포교원을 열고 영혼 공부에 전념하다

나날이 나의 학문의 경계가 확장돼 강호병 씨와 나, 둘이서 포교원을 운영하기에는 손이 모자랐다. 직원을 들이기 위해 광고를 냈다. 다방면에 실력을 갖춘 인재들이 면접을 보러왔다. 그 중에 K대를 졸업하고 일본으로 공부를 하러 온 한 여성이 눈에 확 들어왔다. 그녀는 일본 병원에서 목에 종양이 있다는 진단을 받았다고 했다. 나는 그녀에게 나의 학문을 설명해주고 천도를 해줬다. 효험은 그날부터 있어 오랜 시간이 흐르지 않아 혹이 없어진 것은 물론 완쾌됐다. 그러자 그는 나의 학문에 깊은 관심을 드러냈다. 내 밑에서 수도하면서 공부하고 싶다고 했다. 그렇게 해서 그녀는 우리 사무실의 직원으로 채용됐는데 공부뿐 아니라 일본어 통역업무도 함께 맡았다.

우리는 힘을 합해 열심히 일했고 하루하루가 신명이 났다. 나는 비로소 나의 본분을 되찾게 됐다. 곧 한국으로 돌아가서 지리산의 스승님도, 총무원장 스님도 찾아뵙고 총무원 후원도, 불쌍한 사람들도 도울 수 있겠구나 생각하면서 학문과 일에 몰두했다.

드디어 나는 비자 체류기간에 맞춰 한국으로 돌아왔다. 그러나 서울 사무실에 도착해보니 예전보다 더욱 엉망진창이 돼 있었다. 도관 스님은 포교활동은 아예 접어놓은 상태였다. 말도 잘 안 통하는 일본에서 그렇게까지 고생하며 노력을 했는데 억장이 무너져 내리는 것 같았다. 나는 한동안 도저히 견딜 수 없는 고통 속에서 지내야 했다. 그러나 무한정 그렇게 있을 수 만 없었다. 식음을 전폐하다시피 하면서 많은 생각을 했다. 결국 총무원장 스님을 찾아뵙고 상의를 드렸다. 원장 스님도 별 뾰족한 묘안이 없었다. 결국 모든 사무실과 동산포교원을 정리하기로 결정했다.

부처님 불상은 원장 스님이 가져가기로 했다. 한국에 있는 모든 것을 정리하고 나니 본격적으로 일본에서 영혼 공부에만 전념할 수 있었다. 영혼 공부에 전념하는 동안만은 누구보다 행복했다. 한국에서 손을 때다시피 하고 일본에서 전력투구하다 보니, 오히려 일본인에게 더욱 많이 알려지게 됐다. 알려진다는 것은 곧 내 학문의 전당을 확장할 필요가 있음을 시사하는 것이었다. 컴퓨터며 갖가지 집기들도 들여놓고 포교원도 증축했다. 어느 새 포교원 분위기는 몰라보게 달라졌고 무엇보다 나와 내 학문을 믿는 사람들의 의식은 놀랍게 변화돼 있었다.

한국에 다시 돌아올 때에는 주위의 여러 사람들에게 도움을 줄 수 있을 만큼 안정돼 있었다. 나는 꿈에 그리던 지리산 스승님에게 찾아가 근황을 묻고 당당하고 자랑스러운 제자의 모습을 보여드렸다. 언제나 나의 고향이 돼 주시는 스승님은 힘내라며 격려를 아끼지 않으셨다. 초발심으로 돌아가 자신을 곧게 세워보겠다는 결심을 다시금 하게 해 준 스승님. 나는 그 분의 존재에 다시금 감사를 하지 않을 수 없었다.

Part . 04

후손을 잘 되게 하는 원효대사의 비법

후손을 잘 되게 하는 원효대사의 비법

1. 후손이 잘 되기 위해서는

훌륭한 아이가 되어주길 바라는 부모들에게는 자식들이 훌륭하게 성장하는 것만이 만사형통이다. 사업하는 분들은 사업이 날로 번창하는 것 외에 무엇을 더 바라겠는가? 믿으면 존재하게 되는 것이 곧 '법'이다.

다른 집안은 잘만 사는데 우리 집안만 왜 이렇게 문제가 끊이지 않을까? 다 잘되는데 왜 나와 내 자식에게만 불행이 닥칠까? 이유는 조상 없이 내가 있을 수 없고 나 없이 훌륭한 2세가 태어날 수가 없다는데서 시작한다. 특히 조상으로부터 내려오는 영이 선한 영일 때 좋은 기운이 나를 통해 2세에 이르기까지 좋은 영향을 미치게 된다. 훌륭한 자녀는 조상으로부터 선한 영의 기운을 받은 부모의 결혼과 훌륭한 태교에서부터 시작된다.

1) 왜 나와 내 자식에게만 이런 일이 닥칠까?

사랑하는 사람과 가정을 이루고 가족들과 행복한 삶을 살고 있고 사업은 날로 번창해 남부러울 것 없이 행복하게 사는 나와 가족에게 어느 날 갑자기 불행이 찾아왔다고 가정하자. 멀쩡한 아이가 건강이 나빠져 불치병에 걸려 사형선고를 받고, 아침에 인사하고 학교로 등교한 아이가 교통사고로 인해 평생 불구가 되어 세상을 원망하며 살아가기고 하고, 싸늘한 죽음으로 사라져 부모들의 가슴에 지울 수 없는 상처로 남기도 한다.

물론 이와 같은 커다란 불행은 부모로서 견뎌내기 어려운 고통임에 분명하다. 그래도 교통사고와 같이 순식간에 발생한 물리적 고통은 세월이 약이 될 수도 있다. 그러나 자살은 동일하게 순식간에 발생한 고통이라고 해도 교통사고와 같이 다룰 수 있는 일이 아니다.

우리나라의 경우 지난 2018년 자살로 인한 사망자 수는 1만 4,000명이 넘었으며 하루 평균 37.5명이 자살을 선택했다. 2011년 이후 꾸준히 줄어들던 자살률이 지난해 26.6명을 기록하며 다시 증가세로 돌아섰으며 우리나라는 2003년 이후 최근까지 OECD 국가 중 자살률 1위를 기록하고 있다. 충격적인 통계지만 숫자만 보아서는 언뜻 우리 사회에서 일어난 일이라고 믿어지지 않을 정도다.

일반인들이 생각하는 자살이란 세상살이 어려운 분들이 자신의 처지를 비관해 목숨을 끊는 행위 정도로 알고 있으나 그 내면을 들여다보면 이해할 수 없는 자살로 인한 죽음이 너무 많다. 말 그대로 나와 내 주변은 전혀 자살과 관계없을 거라 생각하다가 막상 현실적으로 닥치고 나면 순간 망연자실하게 되고 허망함이 온몸을 기습한다.

왜냐하면 자살하는 사람의 유형이 공식처럼 정해져 있는 것이 아니라 우리가 상상할 수 없는 각계각층에서 발생하기에 내 주변이나 지인 혹은 가족 중에 이와 같은 일이 발생하면 그 충격은 더 말할 나위가 없을 정도이다.

예를 들면 현대그룹 회장, 대우그룹 사장, 부산시장, 전남도지사, 유명가수, 주가가 한창 뛰어오르는 미모의 여성 탤런트, 서울시 공무원 간부, 루머성은 있지만 삼성그룹 회장의 막내딸, 멀쩡하게 인사하고 아침에 등교한 우리 아이들, 생활을 비관한 주부, 아침에 출근한 남편 등 오늘도 우리 주변에서 일어나고 있는 현상이다.

도대체 남의 일이라고 치부하기에는 생각의 한계에 부딪칠 수밖에 없다. 이것은 남의 일이 아니다. 바로 당신의 일이고 우리들의 일이다. 자살을 선택한 사람들에게 목숨을 끊을 수밖에 없었던 절박함이 본인들에게 있었겠지만 중요한 것은 자살이 타인에 의한 것이 아니라는 점이다. 오로지 본인이 수도 없이 고민하고 절규하고 절망하며 망설인 끝에 자신의 의지로 할 수 있는 일이 이것밖에 없기에 벌어진 일이라 필자의 입장에서는 아쉬움도 크지만 그 보다 먼저 화가 앞선다.

자살은 얼마든지 예방할 수 있을 뿐 아니라 본인의 고통을 오히려 시원하게 해결해 위기를 기회로 얼마든지 반전시킬 수 있기에 너무나 아쉬울 뿐이다. 또한 훌륭한 자제를 만들기 위해 온 가족이 장기간의 이별을 각오하며 기러기 아빠 됨을 마다하지 않고 자녀를 외국으로 유학 보내지만 마음 한 구석이 늘 불안하고 꼭 이래야만 하는 현실에 답답함을 호소한다.

그러나 정작 자식들이 부모심정을 몰라주고 중도에 학업을 포기하고 탈락하거나 사고로 인한 불행이 찾아오면 억장이 무너진다. 심지어는 술, 도박, 마약 예기치 못한 딸의 임신은 엄청난 충격과 가정의 불화를 몰고 온다. 자녀의 미래를 위해 시작했던 애초의 계획이 오히려 자식들로 인해 잉꼬 같던 부부관계마저 급기야 파경으로 휘청대는 가정이 한둘이 아니다. 자식들에 대한 기대가 크다보니 실망이 크다는 것은 차라리 애교에 가까울뿐더러 지금의 불행은 차라리 공포에 가깝다.

(1) 내 맘대로 안 되는 자식

부모 심정이야 다 똑같겠지만 왜 자식들은 부모가 원하는 대로 안 되는 걸까? 자신은 돌볼 사이도 없이 자식들에게 남들보다 몇 십 배는 더 애정을 쏟고 물질적으로도 전혀 손색없이 원하는 만큼 잘 해 주고 있는데 자식들은 왜 부모가 원하는 대로 안 되는 걸까? 무엇이 문제이기에 이토록 가슴 아픈 일이 생기는 걸까?

천년만년 번창할 것 같은 사업이 예기치 않던 일로 망하게 되고, 평생 행복할 것만 같았던 가정에 불행은 끊임없이 찾아오고, 어느 날 남편이나 자식에게 사고로 인한 불행이 갑자기 생기고, 남부러울 것 없이 물질적으로 부유하고 사업도 번창하고 있는 집안의 귀한 자식이 불행에 빠지고, 잉꼬같이 살던 부부가 법정에서 냉정하게 돌아서는 일은 왜, 무엇 때문에 생기는 걸까?

분명 문제가 있을 것이다. 이러한 현상을 당신은 그저 운명이라고 받아들인다면 당신은 돌이킬 수 없는 어리석음을 저지르게 되는 것이다. 정작 중요한 것은 이러한 불행을 이길 수 있는데 무릇 사람들은 보지 않고서는 믿으려 하지 않으니 필자는 답답할 뿐이다. 원인이 있으면 이유가 존재하고, 문제가 있으면 답이 나오기 마련인 것은 우주간의 당연한 법칙이다. 이 기회에 단단한 믿음을 갖고 미리 예방하기를 권한다.

자신과 자식에게만 유별나게 불행이 발생하는 현상, 이러한 현상에 대한 상담과 필자의 비법을 토대로 내린 결론은 이와 같은 불행은 '영(靈)'적인 부분과 떨어져 설명할 수 없다는 것이다. 나에게 일어나지 말아야 할 불행을 미연에 막을 수 있는 길은 '기적'이 없는 한 결단코 방법은 없다. 무릇 모든 종교가 기적이 동반되어야만 하는 이유이기도 하다.

기적이 없는 종교는 모래 위에 쌓아 올린 탑일 수밖에 없다. 그간 필자는 수없이 많은 기적 같은 일들을 많은 분들 앞에서 보여줬고 그에 따른 결과를 여러 권의 책으로도 보여줬다. 이와 같은 현상을 상담을 한 많은 분들은 기적이라고들 말했지만 필자의 입장에서는 기적이라고 말할 수 없다. 오히려 아주 간단한 것인데 독자 분들이 모르고 있었고 또 모르기 때문에 지키기 못한 것뿐이다.

22세기를 살아가는 요즘 같은 세상에 말로만 해서는 독자들에게 도저히 신뢰를 받기 어렵다. 직접 눈으로 보고 온몸으로 체험을 해야 비로소 기적의 존재를 믿기 때문이다. 기적이라는 것 또한 몰래 혼자만 알고 혼자서만 경험하기보다는 여러 사람 혹은 수없이 많은 사람들과 공유함으로써 이 놀라운 기적을 확인하는 것이야말로 기적이 상상의 세계가 아닌 현실임을 확인시킬 수 있는 유일한 길이기 때문이다.

인간은 스스로 만물의 영장이라 하며 모든 운이 나에게로 몰려올 듯 행동한다. 그러나 자연의 존재와 위대함을 잊고 살기에 내게 재앙이 몰려와도 모르는 것이 인간이다. 모든 미물과 같은 생명체와 하찮게 여기는 곤충들, 살아 움직이는 모든 동물들이 모두 몸을 피했을 때 오직 인간들만이 아무것도 못 느끼고 앉아서 쓰나미의 재앙을 뒤집어쓰고 무려 20여만 명이 생사를 달리했다. 그럼에도 불구하고 이렇게 누구는 불행을 뒤집어 쓸 때 누구는 그 와중에 삶을 다시 찾는다.

우리 인간은 불행이 아니라 행복을 찾아야 한다. 필자는 세계 각국의 저명한 인사들과 접촉하고 있으며 깊이 교류하고 있다. 특히 세계 각국으로부터 초청받아 다니다 보면 많은 상담을 통해서 당사자의 얼굴만 보아도 이 사람이 위기에 빠져 있는지 아닌지 알 수 있다. 뿐만 아니라 사진에 나타난 얼굴과 출신지와 이름만 알아도 곧 닥칠 위기를 바로 알아낼 수 있었기에 안타까움이 클 수밖에 없다.

실례로 힘들고 어렵고 위기에 처해있던 가정을 그동안 수없이 수렁에서 건져줬다. 그 중에는 이름만 들어도 알 만한 명문가 집안도 꽤 있었고, 유학 간 자식 사진을 들고 와서는 극적으로 살린 예도 수없이 많았다. 또한 그들이 극복할 수 있는 구체적인 방법을 알려준 결과 뒤에는 자녀들이 무사히 학업을 마치기도 했고 국내외에서 성공한 인물이 수없이 배출됐기에 다행스러움을 느낀다.

문제는 이렇게 코앞에서 일이 터져야만 다급해하니 너무도 안타까울 뿐이다. 그것뿐만 아니라 매스컴에서 매일같이 쏟아지는 강력사건을 접하면 자신과는 전혀 관계없다는 듯 외면하다가 그와 같은 일이 나의 현실이 돼 버리면 땅을 치며 후회한다.

(2) 수렁에서 건져낼 비법이 있는가?

그럼 이를 해결하기 위한 근본적인 해결책은 없는 것인가? 필자는 십여 년간 국내 저명인사들과 당대의 사업가 집안들과는 깊은 인연을 맺고 '발복'을 해 주고 있다. 물론 국내뿐만 아니라 홍콩, 대만, 중국, 인도, 필리핀, 캐나다, 러시아, 일본 등에서 저명인사들과 교류하며 많은 상담을 통해 사업 이외에도 집안의 대소사까지 의존하는 분들이 많다.

특히 자식들 문제를 간곡히 부탁하며 맡기시는 것을 보면 동서고금의 부모들에게 한결같은 고민이 무엇인지 확실히 알 수 있다. 그렇다면 소위 이렇게 잘 나가는 가문에서 왜 필자에게 자신들의 사업부터 자식들의 미래까지 모든 것을 맡기고 의논하는 것일까? 그에 대한 해답은 간단하다.

그동안 필자가 해왔던 수없이 많은 예언이 모두 맞았기 때문이다. 많은 사람들은 필자의 예언에 무관심으로 일관하다 정작 본인의 가족에게 연관된 미래에 대한 예언이 들어맞았을 경우에는 벌어진 입을 다물지 못했다. 현실적인 예언이란 자기중심적으로 움직여야 하며 본인에게 직접적으로 도움이 돼야만 믿음과 신뢰가 최대로 증폭된다.

누구는 장관이 되고 기업체 계열을 이끄는 회장이 되며 국회의원, 판검사, 세계적인 예술인과 과학자가 되는데 이렇게 후손들이 잘 되고 성공하는 그 이면을 보면 그냥 되는 것이 아니다. 반드시 그만한 이유가 있고 원인이 있기에 해답을 주려고 이 책을 집필하고자 한다.

로또복권을 1,000원 주고 한 장이라도 구입한 사람만이 800만 분의 1이든 1,000만 분의 1이든 당첨될 확률이 있듯이 무조건 나의 불행만을 한탄하고 모든 것을 운명으로만 돌리기에는 아직도 불가사의한 일들이 너무 많기 때문이다.

특히 운명으로만 치부하던 분들은 그 운명이 바뀔 수 있다는 것에 놀라고 본인의 눈앞에서 벌어지는 기이한 체험에 두 번 놀라게 된다. 독자들도 이 책의 내용을 다 이해하고 실천하면 앞으로 본인과 자녀, 후손대대에 이르기까지 행복한 날들이 보장될 것이다.

그럼 이 책 속에 숨어있는 원효대사의 비법을 찾아 떠나보기로 하자.

진정한 비법이란 몇 번의 기합과 몸짓으로 되는 것이 아니다. 수십 년간 쌓았던 내공을 순간의 일합으로 자신을 증명하는 법이다. 나와 내 가족에게 불행이 닥쳤다면 그 불행을 풀어줄 사람이 필요한 법이다.

훌륭한 아이가 되어주길 바라는 부모에게는 자식들이 훌륭하게 성장하게 되면 만사형통이다. 사업하는 분들에게는 사업이 날로 번창하게 해주면 무엇을 더 바라겠는가? 믿으면 존재하게 되는 법이다. 그래서 그동안 국내외에서 수없이 많은 기적을 일으키며 진정한 행복을 알려준 기적의 세계로 당신을 안내하려는 것이다.

그리고 필자는 여러분께 당부한다. 다른 사람이 잘 되는 것을 시기하거나 질투하는 열등감을 떨쳐버리고 본인과 자식에게 불행이 닥치는 것에 대해 걱정하기보다는 적극적인 방법으로 그 원인을 찾아 치유하고 지켜주는 행동을 하길 기대한다.

필자 또한 여러분이 갖고 있는 자녀에 대한 불안과 염려를 해결할 수 있도록 아낌없이 상담할 준비가 돼 있다.

2) 훌륭한 조상 없이 훌륭한 2세는 태어날 수가 없다

우리네 인생사는 지난 과거 없이 현재나 미래가 존재하지 않는다. 모두 그런 것은 아니지만 지금 당장 힘들고 어려운 집안을 살펴보면 대게 과거가 없어졌다. 과거가 없어졌다는 것은 나의 뿌리인 조상이 없어졌다는 것이다.

필자가 조사해 본 바로는 20~40대 성인 남녀 중 아버지 윗대인 증·고조부 할아버지의 행적과 가족사를 대부분 알지 못했고 조상들이 어떤 일을 했는지도 대부분 몰랐다. 심지어는 할아버지와 할머니 함자도 50% 이상이 모르고 있었으니 증·고조부의 함자를 모르는 것은 어찌 보면 새삼스러운 것도 아닐 것이다.

위 조상님을 모르고 기본이 갖춰져 있지 않는데 본인과 자녀들이 잘되기만 바라는 것은 뿌리도 없는 나무에서 먹음직스러운 열매가 열리기만을 바라는 것과 같다. 모든 자손들이 지켜야 할 근본은 부모님께 행하는 효가 근본이자 첫 번째 귀감이 돼야 집안도 번창하고 행복해진다.

옛날 우리들의 선조인 고려시대와 조선시대에는 어떠했을까? 고려로부터 조선을 개국한 태조 이성계가 왕권을 잡은 1392년부터 근대조선 마지막 왕인 순종 때까지 약 1,000년이나 되는 기간 동안 왕씨(王氏)와 이씨(李氏) 단 두 집안의 핏줄들이 한 나라를 통치할 수 있었던 비결은 무엇이었을까? 혹시 우리가 모르는 숨겨진 비책이라도 있는 것은 아닐까?

500년 조선 역사 속에서 어떻게 한 핏줄로 수백 년간을 지켜올 수 있었는지를 살펴보는 것도 의미가 있을 것이다. 세계적으로 오랜 세월 동안 한 핏줄이 국가 통치를 이어갈 수 있었던 비결이 없다면 오히려 이상하기 때문이다.

국가를 통치하고 권력을 지키기 위해서는 여러 복합적인 이유가 있겠지만 가장 중요한 임무로 친다면 무엇이었을까?

첫 번째로 가장 귀중히 여겼던 것은 선대조상을 모신 종묘사직을 지키는 일과 태자들의 교육이었을 것이다. 태자의 교육은 선대 왕족들의 종묘사직을 지키기 위한 자손들의 치열한 싸움이라고 봐야할 것이다. 왕과 신하들이 국가의 운명을 걸고 종묘사직을 지키려 했던 역사적인 사건들은 조선왕조실록에서 가장 큰 비중으로 수도 없이 다뤄지고 있는 것만 봐도 알 수 있다.

왕가의 가문을 지키기 위한 왕세자들의 교육은 국가의 운명을 걸고 철저하게 지켜져 왔다. 비밀리에 전수되던 왕가의 교육법이 세자의 스승들인 종가 댁으로부터 우리에게 알려진 것은 최근의 일이다. 당연히 세자의 결혼은 국가의 중대사가 됐고 훌륭한 가문의 여식을 세자비로 간택하는 과정은 실로 까다롭기가 이루 말할 수 없었다. 이중 특이한 일은 결혼날짜를 남자 쪽에서 일방적으로 정한 부분이다. 이유는 부부간의 합방으로 잉태한 태아는 그 순간부터 남자 쪽 조상의 혼이 태아에게 찾아 들어와 선대조상의 음덕으로 훌륭한 아이가 태어났다고 굳게 믿어왔기 때문이다.

[그림18] 궁중혼례 장면(출처 : 네이버)

이와 같은 믿음으로 임신을 하게 되면 본격적인 태아 교육을 별도의 기관에서 관장하게 되는데 수백 년 전에 현대와 같은 태아교육이 존재했다는 것은 역사상 어느 민족도 유래가 없으며 교육과정 또한 현대보다 더 과학적이었다는 것이 학자들의 평가이니 그저 옛 선조들의 지혜에 감탄할 뿐이다.

교육과정 또한 매일같이 일정한 시간에 듣는 궁중 태교음악과 당시 최고의 학자로 선발된 스승들의 글을 소리로 듣는 태교교육을 체계적으로 받았다 하니 현대 태교 교육법과 별반 다르지 않다. 이렇게 태아는 조상의 영혼을 점지 받았다는 믿음으로 귀히 여겼으며 출생 후의 태(胎)인 탯줄은 태조가 묻혀있는 동구능에 보관됐다. 50여기의 역대 왕들과 태자들의 태실을 조선왕조왕실에서 특별히 중요하게 관리하던 사실은 태아교육에 대한 중요성을 증명하는 역사적 사실이라 하겠다.

[그림19] 동구능(출처 : 네이버)

당시 왕실 교육법은 세도가들에게도 전수시키지 않았으며 스승이라 할지라도 모든 교육과정과 비법은 철저한 비밀에 부쳐졌고 발설 시에는 참혹한 형벌을 피할 수 없었다. 그러나 이 비법들은 결국에 세월이 흐르면서 세자들의 스승이었던 분들에 의해 명문가 집안의 자손들에게만 특별히 전수돼 수백 년간 종가로부터 오늘에 전해져 오고 있는 것이 사실이다.

당시 세자들의 교육은 국가의 운명과 함께 멸문지화를 막을 수 있는 유일한 희망이었다. 잘못된 세자의 선택과 영민함이 없이는 왕권강화를 유지할 수 없다는 판단에 따라 세자교육이야말로 생사를 결정짓는 교육이었고 그 습득과정이 얼마나 혹독했는가는 역사가 말해준다.

고려로부터 수백 년간 이어받은 왕실의 교육을 새 왕조 건설과 함께 대폭적으로 현실에 맞게 보완해 세자들 교육에 심혈을 기울였으며 이러한 교육의 혜택으로 선택된 첫 번째 세자가 바로 태종 이방원의 셋째 아들인 세종대왕이시다.

세종대왕의 한글창제는 물론 조선시대 최고의 문화중흥의 기틀을 일궈낼 수 있었던 원동력은 왕실에서 심혈을 기울인 세자교육 덕택이라는 것은 우연이 아니다. 이때의 세자교육의 근간이 수백 년간 근대조선까지 교육의 기틀이 됐고 사대부 집안의 길라잡이가 됐다.

필자는 이렇게 사대부 집안으로부터 수백 년간 전수돼 내려왔던 교육법과 특히 비밀스럽게 유지돼 종가의 자손들이 아니면 도저히 알 수 없도록 베일에 싸여 전수돼 온 특별한 비법을 공개하려는 것이다.

이는 현대를 바쁘게 살아가는 부모님들에게 절실히 원하던 올바르고 훌륭한 자녀 만들기의 첫 단추이자 가장 절박한 부분이기 때문이다. 훌륭한 조상님이 없이는 나와 후손들이 잘 될 수 없다는 것은 공식이다.

이 공식의 풀이를 하나하나 뒷장에서 상세히 설명할 것이다. 이 책에서 전달하고자 하는 핵심만 독자들이 이해한다면 얼마든지 행복해 질 수 있다. 이로써 독자들의 자녀들도 조선시대 500년 동안 비밀리에 전해 내려오는 왕족과 세자들에게 행한 비법을 통해 훌륭한 인재로 거듭 성장할 수 있음을 확신한다.

3) 훌륭한 자녀교육은 부모의 결혼과 태교로부터 시작 된다

가정이 무너지고 학교가 무너지고 있다. 국가 백년대계인 교육정책은 방향을 못 정하고 이리저리 헤매고 있으며 대학교수 자식이 재산 때문에 부모를 죽이고, 부모가 생활능력이 없다 비관하며 사랑하는 어린 자식을 강물에 던져 버리는 세상이 됐다. 남편이 아내를 죽이고, 부인이 남편의 청부살인을 의뢰한다. 사업에 실패해 삶을 비관한 가장이 아파트 옥상에서 온 가족과 집단으로 투신자살을 한다.

무엇하나 부러울 것 없는 사회 지도층 인사와 전문지식계층, 사장, 도지사, 심지어는 대기업의 임원과 자녀가 자살한다. 학교에서의 사소한 시비 거리로 스승과 제자가 맞고소를 하는 세상이 됐다. 영원한 부부의 맹세가 법정에서 원수가 돼서 헤어진다.

세계최고의 이혼율로 인해 우리의 자녀들은 불행의 고통 속에 방치돼 아픈 상처를 가슴에 안고 살아간다. 결국 이 아이들이 성장해서는 따뜻한 가족의 사랑과 행복한 추억보다는 사회의 냉혹함에 떨어야하고 결국 자기만 아는 이기주의자가 되어 살아간다. 새로운 가정을 이루고 또 다시 위와 같은 악순환이 계속 이뤄지게 되면서 끝내 불행하고 몰락해 버리는 비운의 가문이 되어 버린다.

그렇다면 이 악순환의 고리는 어디에서부터 시작이 됐고 어디에서부터 어떻게 풀어야 할까? 과연 그 원인은 무엇이며 이 모든 불행의 씨앗을 확실하게 개선시킬 수 있는 반전은 없는 것일까? 문제가 있으면 해답이 있기 마련이고 문제란 해결하고자 있는 것이다. 일만 발생하고 마무리가 되지 않으며 나에게 주어진 운명이라며 시시각각 다가오는 불행을 알면서도 대처할 수 없으면 그것이야말로 가장 큰 불행일 것이다.

(1) 훌륭한 집안 결혼과 태교에서부터 성공과 실패가 시작

불행한 원인과 해답을 찾고 문제를 해결함과 동시에 나와 내 가족에게 새로운 희망과 대안이 눈앞에 펼쳐졌을 때 비로소 우리는 행복을 느낄 수 있을 것이다. 우리 모두는 똑같은 환경과 시대적 배경에서 엇비슷한 실력임에도 불구하고 천지차이의 인생을 살아간다.

왜 누구는 성공한 사업가, 장관, 판검사가 되고 노벨상에 근접한 의사가 되며 세계적 명성을 날리는 과학자, 성악가가 되기도 하고 지휘자가 되는가? 특히 스포츠 스타들 중에는 운동을 함께하면서 분명 자신이 다른 선수들에 비해 더 능력이 뛰어남에도 불구하고 어느 날 찰나적실수로 인해 모든 운명이 바뀐다. 그러한 것을 그저 운 탓으로 돌려 스스로 위안을 찾기도 한다.

특히 국가의 지도자인 대통령, 대법원장, 국회의장, 총리, 국회의원, 장관, 경제인들이 나와 함께 한 학창시절엔 별반 차이가 없었건만 지금은 천양지차로 변한 그들의 모습을 보면서 한없이 화가 나기도 한다. 기업인들의 성공은 가문의 영광이 되기도 하지만 때론 분란의 씨앗이 되기도 한다.

또 한편으로는 정상적인 교육을 받지 않았음에도 불구하고 불굴의 의지로 세계적인 기업을 일구고 정신없이 바쁜 와중에도 2세 교육에 심혈을 기울여 2세, 3세로 하여금 후계자의 길을 맡김으로써 가문의 중흥과 함께 세계적인 경쟁력을 갖춘 기업이 이 땅에 많다.

그러나 기업가들에게 돈이 있다고 해서 반드시 2세나 3세가 가문을 이끌고 성공하는 것은 아니다. 실패 또한 얼마나 많은가? 요즘 같은 시대에 사업이든 정치인이든, 전문직 종사자이든, 성공할 수 있는 기회가 이처럼 많은 시대는 단군 이래 없을 것이다.

이렇게 다양함이 수없이 존재할 때 우리 아이들의 꿈을 이룰 수 있는 기회 또한 무수히 많아진다. 예전이나 지금이나 출세하고 잘 나가는 집안을 살펴보면 하나같이 결혼과 태교에서부터 이미 성공과 실패가 시작된다고 봐야하며 어떻게 이야기하면 거기서부터 이미 자녀의 미래가 결정됐다고 해도 과언이 아니다.

모든 인간들에게 주어진 공평한 기회는 바로 임신과 태아의 출산과정일 것이다. 바로 이 시기야 말로 부모들이 가장 주의 깊게 관심을 기울여야 하는 시기이다. 이 아이의 탄생에 한 집안, 가문의 흥망성쇠가 걸려있기 때문이다. 일반인의 가정에서 태어난 아이라 할지라도 그 아이의 탄생과 교육이 한 가정 나아가서는 한 회사 더 나아가서는 한 나라의 흥망을 좌우할 수도 있는 것이다.

당신의 결혼과 아내의 임신은 곧바로 선대조상의 영혼과의 교섭으로 이어진다. 태아의 미래에 대한 암시인 태몽으로 우리는 아이의 미래를 점쳐보기도 한다. 수탉 꿈을 꾸면 벼슬을 할 것이라든가, 용꿈이면 성공할 아이라 해서 아이의 미래를 미리 예견해보기도 한다. 즉 태몽은 영가의 영혼이 선대의 조상과 이승 세계의 후손을 연결시켜주는 휴대폰과 같은 역할을 하기 때문이다.

인생을 살면서 우리는 돈과 싸우고 자식들과 싸우며 병마에 시달리기도 하며 힘겨운 인생과 부딪치지만 아이들에게만은 좋은 환경을 무조건 제공해 주고 싶은 것이 부모 마음 아니겠는가? 그러나 선천적 장애를 갖고 태어나는 수많은 아이들과 후천적으로 유전에 의한 불치병 등은 모든 시작이 태아 때부터 이미 시작됐다고 봐야한다. 그렇지 않고서야 어떻게 설명으로 이해가 되겠는가?

태아는 인간 삶의 시작이요 전부이다. 태교를 시작하면서 후손이 탄생하고 어떤 식으로든 종국적으로 생의 끝에서는 죽음을 맞이하게 된다. 훌륭한 2세를 만들기 위해서는 결혼과 태교에 대한 중요성을 인식해야만 기본부터 훌륭한 자녀를 맞이할 수 있다. 그러기 위해서는 결혼과 태교의 시작이 왜 필요한가에 대한 핵심을 이해하고 실천해 지금부터 나와 내 가족의 인생을 반전시켜야 한다.

(2) 영혼이 정말로 존재하는가?

당신은 TV에 나오는 불가사의한 현상들에 대해 얼마나 믿고 있는가? 때로는 그것이 나의 현실로 다가오지 않았는가? 많은 분들이 필자에게 영혼이 정말로 존재하는지 물어온다. 그 질문에 대한 필자의 대답은 물론 영혼은 존재하고 늘 우리 곁에 있다고 말해준다.

전 세계 어느 곳이든 사람이 살고 있는 곳에는 어떤 방식이든 인간의 주술로 망자의 혼을 불러들이는 주술의식이 존재한다. 개인적인 주술사에 의한 주술이든 집단적인 주술이든 이승세계와 저승세계를 연결해 살아있는 인간들을 돕기 위한 영혼의식이 행해지고 있다. 이 요청에 대한 도움이 이뤄졌을 때 우리는 기적이라고 표현하는 것뿐이다.

2002년 월드컵 때 붉은 악마들과 전 국민들이 "대- 한- 민- 국-"을 외치며 승리를 염원했을 때 선수들의 투혼과 의지도 혼연일체가 돼 세계 4강이라는 위업을 이룬 사건을 세계 매스컴들은 기적이 일어났다고 표현했다.

한 예로 죽기 살기로 결혼을 막으려는 시부모와 죽음도 우리의 사랑을 막지는 못할 것이라며 버티는 아들이 있다고 하자. 종내는 자식을 이기는 부모 없다고 아들이 부모로부터 결론 승낙을 받지만 고부간의 살벌함은 아침 밥상부터 일상의 온갖 스트레스로 엄습해 온 집안 분위기는 항상 가라앉고 어두울 수밖에 없다. 이럴 때 온 가족의 스트레스를 한 번에 해결하고 고부간의 냉랭함을 극적으로 반전시키는 것이 바로 손자의 탄생이다. 그러나 이렇게 귀한 손자의 탄생이지만 그런 것을 일컬어 기적이라고 말하지는 않는다.

누구나 결혼하면 대부분 생기는 새 생명의 탄생은 인류 이래 지금까지 우주의 순환법칙처럼 끝없이 내려왔기 때문이다. 이 아이의 탄생을 두고 주변 사람들은 그저 당연한 현상일 뿐 다른 가정과의 차이를 느끼지 않는다. 그러나 이렇게 평범한 가정의 일임에도 불구하고 뭔가 남 다른 사연이 붙으면 이야기는 180도 달라진다.

가령 5대째 외아들인데 늦둥이거나, 사고로 아들의 생식 기능이 거의 없는 상태에서 자식을 갖게 되거나, 결혼해서 행복하게 살다가 비행기 사고로 자식들을 잃고 집안의 대가 끊길 상황에서 오십이 넘은 부인이 임신했을 경우를 우리는 흔히 작지만 개인에게 일어난 기적 같은 일이라고 한다.

그러나 이 세상을 살아가는 동안 드라마 속 인생들의 삶과 같은 일들이 수많은 사람들에게도 예외 없이 벌어지곤 한다. 특히 극적인 위기에 봉착하게 되면 당연히 기적을 바라게 되는 것은 인간이면 누구나 다 같은 마음이다. 그런데 일반적으로 본인에게 결혼 전에는 별반 문제가 없다가 혼인하고 자식들이 생기면서부터 인생사가 요동치는 것은 왜 그럴까? 희로애락의 파노라마는 아이뿐만 아니라 부모와 주변인들에게까지 영향을 미치기 때문이다.

이러한 현상을 간단하게 요약하면 이렇다. 영의 세계는 반드시 존재한다. 혹자는 영이라는 존재를 눈으로 볼 수 없기에 "영이 어디 있어?"라고 하는 사람들도 많이 있다. 심지어 신앙생활을 하면서도 신은 신일 뿐 영 자체를 부인하는 신앙인들도 흔하다.

(3) 선한 영과 악한 영

그러나 영의 세계는 분명히 존재하고 영 또한 분명히 존재 한다. 또한 영에는 악한 영과 선한 영이 있음도 알아야 한다. 귀신의 존재는 병을 일으키거나 사람 간에 분열을 일으키거나 어떤 형태로든 살아있는 사람을 괴롭힌다는 사실도 알아야 한다.

결혼과 동시에 여자 쪽의 조상 혼들이 여자의 결혼과 함께 남자 쪽 집안으로 따라오고 따라온 조상의 영혼이 원귀일 때에는 결혼과 동시에 남자 쪽 집안에서 많은 문제가 발생한다. 또한 아이가 탄생하고 성장하는 과정에서도 끊임없이 잔병치레와 부모 자식 간의 불화로 인한 끊임없는 논쟁과 불행을 가져와 모두의 인생을 피곤하게 만들어 간다는 것이다.

반면 여자 쪽에서 따라온 조상의 원귀가 없고 잘되기만을 바라는 선한 영혼만 존재하는데도 남자 쪽 조상 영혼들이 악한 영혼일 경우도 위와 같은 현상이 끊임없이 발생하며 괴롭힌다. 따라서 결국에는 이혼의 파경으로까지 몰고 가 이승에서의 인연을 순탄하게 마무리 짓지 못하는 이유가 여기에 있음을 알아야 한다.

소위 잘 나가는 집안을 살펴보면 예외 없이 양쪽 조상의 영혼 즉 부모님의 영혼과 선대 조상들의 영혼이 아주 좋은 곳으로 가셨기에 자손에게 미치는 영향이 좋은 기운을 가져다주게 돼 있다. 결혼 전과 결혼 후, 임신부터 태교에까지 미치는 영향이 아주 잘 돼 있다 보니 자식의 미래 또한 밝을 수밖에 없다.

크게 성공한 집안의 인물들을 보면 조상들 영혼의 기운이 후손들에게 아주 좋은 기운으로 영향을 미치고 있는 것을 필자의 학문과 비법을 통해 알 수 있다.

그렇다면 나의 조상의 영혼이 존재하느냐 안하느냐가 독자들의 가장 큰 관심사가 될 수밖에 없을 것이다. 한 마디로 결론내면 독자들이 직접 확인할 수 있는 방법이 원효대사의 비법에 의해서만 알 수 있기 때문에 국내외적으로 열광하는 것이다.

국내에서 필자가 그 동안 불교, 기독교, 천주교의 종파를 떠나 각계각층의 종교 지도자 분들의 초청을 받은 자리에서 영혼이 있음을 증명하고 체험하게 해주었을 때, 그에 대한 반응은 한마디로 신기함과 놀라움 그 자체였다. 국내·외를 막론하고 이와 같은 현상을 접하게 되면 일차적으로 머리가 맑아지고 몸이 가뿐해진다. 아픈 몸이 회복되는 놀라움에 당신의 영혼이 새롭게 깨끗해지는 경험을 하게 될 것이고, 당신과 당신 자녀들의 미래가 확실하게 바뀔 수 있다는 확신이 설 것이다.

이 사람은 성공하고 저 아이도 성공의 길을 확실하게 가는데 내 인생은 왜 자꾸 브레이크가 걸렸는지를 당신은 확실하게 찾을 수 있을 것이다. 성공과 실패는 정말 마음먹기에 달려있다. 그 길을 지금이라도 찾을 수 있다면 이 얼마나 다행인가!

나와 자녀들이 성공할 수밖에 없는 이 신비한 체험을 지금부터 필자와 함께 떠나보도록 하자.

당신도 성공할 수 있고 당신 자녀들도 훌륭한 자녀로 성장 할 수 있다. 그 믿음이 바로 당신을 변화시키는 훌륭한 메시지가 될 것이다. 나의 집안에 큰 인물이 나게 됨을 감사하게 생각할 날이 멀지 않았음을 바로 느끼게 될 것이다.

어려움 뒤에는 반드시 즐거움이 있는 법이고 즐거움 뒤에는 어려움이 찾아오는 법이다. 미리미리 대처하는 자만이 위기와 난관에 봉착했을 때 슬기롭게 대처할 수 있는 지혜가 생기는 법이다.

2. 원효대사의 비법

1) 훌륭한 자녀 만들기는 원효대사 때부터 사대부 집안으로 전해 내려오는 비법

원효 사상은 다산 사상과 더불어 국내외에서 많은 연구서적을 통해 일본 및 중국 등 세계 여러 나라에서 이미 하나의 학문으로 자리매김을 했고 우리 국민이 역사적으로 자부심을 가질만한 귀중한 유산이다. 800년 전 일연 스님의 삼국유사 집필 때부터 원효대사의 신비한 업적과 학문적 사상에 관한 내용이 많은 부분 할애되어 있는 것을 보면 원효 사상에서 민족 사상의 뿌리를 엿볼 수 있다.

[그림20] 원효대사(출처 : 네이버)

이렇게 전해 내려오는 학문적 근거는 글을 직접 다룰 수 있는 사대부 집안의 선비들이나 도력이 높은 스님 집단이 아니라면 불가능했을 것이다. 이렇게 원효대사 때부터 전수되어 내려온 훌륭한 자녀 만들기 비법의 사상적 학문의 집대성은 원효대사가 의상대사와 함께 당나라로 유학을 가는 도중 해골 물에서부터 유래된다.

해골 물을 마시고 해탈의 경지를 깨달으며 느낀 '일체유심조(一切唯心造)' 모든 것이 마음이 지어내는 것이라는 뜻으로 즉 자기 마음 말고는 진리로 통하는 길이 없다하며 다시 신라로 돌아와 신라 왕 김춘추와 김유신 장군을 도와 신라 민중들의 정신적 기반을 세우는데 결정적 기여를 하게 됐다.

당시의 귀족 청소년들의 수양·수련단체이며 국가의 충성과 학식과 사회의 선도를 이념으로 무장한 화랑을 국가 지도자로 양성했다. 또한 명산순례를 통해 어린 화랑들이 세속오계 중심으로 한 교육에 전념하도록 이끌었다. 이러한 화랑의 양성은 작은 국가인 신라가 삼국을 통일하는데 결정적인 영향을 제공했고 통일 이후 통일 신라의 중흥과 번영을 이루게 했다.

특히 요석공주와의 사이에 태어난 아들 설총에게 이두와 함께 비법이 전수됐으며 그 후에는 국가의 보호를 받으며 지금까지 선가에서만 비밀리에 제자와 제자를 통해 전해져 내려왔다. 그렇게 1,000년이 넘도록 왕실과 세도가 집안으로 전수 돼 내려오던 원효대사의 비법이 어느 날 갑자기 사라져버렸다. 그 행방을 알 수 없던 것이 불과 100년 전의 일이다.

그러나 그 이후 한일합방이 되면서 산 속으로 사라진 선비 집안과 연관되어 스승님이신 청송선사로 전해져오다 마지막 제자인 필자에게 계승되어 그 비법이 마침내 세상에 공개하기에 이르렀다. 필자는 그간 산 속에 숨어 그 행방을 알 수 없었던 국보적 보물인 이 원효대사의 비법을 이제 세상에 내놓고 세상 사람들에게 더 많은 혜택과 복을 주려고 한다.

(1) 비기의 마지막 수제자며 필자의 스승님이신 '청송선사'

불교를 적극 장려하던 고려시대를 무너뜨리고 조선을 개국한 태조 이성계가 무학대사에게 남해에 있는 보리암에 본인이 왕이 되게 해달라며 조상들의 발복 기도를 부탁했고 결국엔 태조 왕건이 세운 고려시대 400년을 마감하고 새로운 왕조를 개국해 조선의 태조가 됐다. 덕분에 조선

초기까지만 해도 국사를 배출하며 승승장구하던 불교가 새롭게 받아들인 유교의 중흥으로 배척당하게 됐다.

급기야는 조선시대 중기부터 사대문 도성 안에서는 숭유억불 정책으로 절을 짓지 못하는 극단의 조치가 취해지게 돼 절이 산에서 산으로 옮기게 된다. 그렇게 고려와 조선시대를 거쳐 절과 스님의 인맥으로 전수 내려오던 비기의 마지막 수제자가 지리산에서 은거했는데 그 분이 바로 필자의 스승님이신 '청송선사'이다.

5,000년 역사를 가진 대한민국에서 1,000년 이상 된 터를 보존하고 인맥 네트워크를 통해 전신과 사상 및 비법이 이어져오는 예는 단언컨대 절과 스님 조직 밖에 없다고 자부한다. 필자는 청송선사님을 스승님으로 모시고 수없이 많은 혹독한 수련과 수양을 통해 스승님의 유일한 직계 제자가 돼 그 동안 은밀히 전수돼 내려온 원효대사의 신비한 비법을 전수받게 됐다.

그 후 스승님의 유지와 실천을 위해 대한불교 원효종 총무원장님이신 무진스님의 상좌로 지금까지 총무원장님을 모시다가 현재는 세상에 나와 출사했다. 현재 타계하신 스승님께 배운 여러 학문과 비법 중에 유체이탈과 영혼철학에 대해 전수 받고 그 과정에서 우리나라의 사대부 집안으로부터 내려오는 비법을 알게 됐다.

그 후손들이 지금까지 국내외에서 성공할 수밖에 없는 특별한 이유를 알게 됐다. 이렇게 조사하는 과정을 통해 원효대사의 사상과 비법이 선조들에 의해서 어떻게 일본으로 건너가게 됐는지도 함께 알게 됐으며 스승님과의 인연으로 현재 일본에서 많은 활동과 학문적 교류를 함께 하게 된 계기가 됐다.

특히 경상도, 전라도, 충청도 등 전국에 산재해 있는 종가 댁을 수도 없이 직접 방문해 스님에게 전수 받아온 비법과 학문을 확인하는 절차를 가졌으며 일부 종가 댁에서 실험을 통해 증명하기에 이르렀다. 이렇게 발품하는 과정에서 사대부 집안이 수백 년간 변하지 않고 현재까지도 지키고 있는 것을 알게 됐다. 서로 인연이 닿아서 이 글을 읽는 독자들도 명문가를 이루고자 한다면 한번쯤 눈여겨볼 필요가 있을 것이다.

(2) '봉제사(奉祭祀)'에 숨겨진 비밀

그중 두 가지 정도만 소개한다면 '접빈객(接賓客)'과 '봉제사(奉祭祀)' 즉 손님을 진심으로 접대하고 조상님 제사를 지극정성으로 모시는 일'이라고 할 수 있다. 접빈객은 예부터 내려오는 우리 선조들의 정서지만, 봉제사는 조금 다른 의미가 있다. 봉제사는 지난 수백 년간 후손들을 통해 선조 조상에 대한 제사를 지극 정성을 다해 지내는 것이다. 수백 년 동안을 한 번도 빠지지 않고 조상님께 제사를 지냈다는 것이 어찌 보통 일이겠는가! 또한 후손들에게 도움이 안 된다면 무엇 때문에 수백 년간을 지극정성으로 모시며 때로는 고통과 어려움을 감수 해가면서까지 제사를 지내는 것일까?

[그림21] 봉제사 상차림(출처 : 네이버)

현대를 살아가는 당신은 사대부 집안의 종가들이 봉제사를 통해 가문을 유지하고 번창시키며 유대를 강화했다면 언뜻 이해가 안 갈 것이다. 그러나 이것은 사실이다. 현재 대한민국 종가숫자는 공식 집계된 것만해도 약 2,000개에 이르며 어느 종가든 예외 없이 부모님과 선대 조상에게 후손의 결혼과 임신에 대해 조상님에게 음덕을 빌고 그 음덕으로 현재 그 후손들이 국내외 곳곳에서 대단한 활약을 하고 있는 것은 결코 우연한 것이 아니다.

그렇다면 이 제사에는 어떤 비밀이 있는 것일까? 수백 년간 가문을 유지 계승해 오면서 필살의 비법이 없었다면 오히려 이상할 수밖에 없다. 그런데 일반인들이나 우리 집안에서도 조상님에 대한 제사를 안 지내는 것도 아닌데 어떤 차이가 있다는 것일까? 세계적으로도 왕족이 아닌 신하로서 수백 년간 가문을 집단으로 지켜온 선례는 그 어느 민족에게도 쉽지 않은 특이한 사례이기 때문이다.

우리 옛 조상들은 선대조상에 대한 제사를 지낼 때 바로 윗대인 부모님이 돌아가시면 부모님의 영혼이 극락세계로 가셨는지 아니면 억울해서 구천을 떠도는 영혼으로 남았는지를 집안 장손들만이 대대로 내려오는 비법으로 확인을 하고 있었다. 바로 이 부분이 필자가 앞으로 중점적으로 다룰 내용 중 하나이기에 잠깐 언급하고자 한다.

대한민국에서 한 자락하는 집안 치고 풍수지리와 선산에 관해 나 몰라라 하는 집안은 아마 거의 없을 것이다. 특히 묘지 이장은 부모님 묘지나 조상님 묘지가 풍수지리 적으로 잘못 됐다고 하면 듣는 후손 입장에서 불편해하기에 말하기도 어렵고 결국엔 당대의 혜택을 받기 위해 부모님 묘지를 이전하는 것이 큰 인물들의 대세 아닌 대세이다.

그 대표적인 인물로 김대중 전 대통령과 이회창 전 총재를 한번 보도록 하자. 한 분은 대통령으로 당선됐고 한 분은 낙선했다. 만약 묘지 이전으로 덕을 본다면 두 분 모두 덕을 봐야 하는데 결과는 한 분만 원하는 덕을 본 것이다. 이는 조심스럽게 단언하건데 한마디로 엉터리다.

필자가 단언하건대 조상의 묘지 이전으로 집안의 흥망성쇠가 결정된다는 것은 다 잘못된 것이다. 그간 필자는 국내 재벌가 집안의 선산과 묘 자리 이전 등에 많은 초청을 받아 가봤지만 자리만 이동됐지 조상의 영혼이 제대로 갔다고 볼 수 없었다.

조상님의 묘 자리 이전으로 많은 비용을 들일 필요가 없다. 이장을 하지 않고도 부모님 및 선대 조상님들에게 효도할 수 있고, 국립묘지, 공동묘지 혹은 납골당이 됐건 간에 부모님 영혼의 안부를 알 수 있고 또한 좋은 기운으로 바꿀 수 있다. 심지어 당신이 있는 곳이 지금 병원 영안실이라면 필자가 이 책에서 하라는 대로 곧바로 실험을 해보아도 영혼이 제대로 갔는지 구천을 떠도는 영혼이 됐는지를 바로 알 수 있다. 이렇게 묘 자리 이전이라는 것은 단지 풍수 좋은 명당으로 시신만 옮겨오는 것이지 제일 중요한 혼백이 이전돼 잘 됐다고 믿으면 큰 오산이다.

영혼이 존재한다는 것은 100% 맞는 말이다. 즉 묘 자리를 옮긴다고 다 흥망성쇠의 영향을 받는 것이 아니다. 선가에서부터 전해오던 영혼의 발복이 동반돼야만 진정으로 조상님들의 도움이 나뿐만 아니라 부인, 자녀들까지 선대 조상님들의 영혼 발복으로 인해 좋은 기를 받게 된다. 즉 당사자는 물론 자식의 결혼, 임신, 태교와 출산 성공한 사회인으로서의 성장까지 영혼 발복의 순환된 좋은 기운을 받을 수 있을 것이다.

바로 이 기운으로 인해 내 아이들의 꿈으로 발전해 훌륭한 대통령이 되고 국회의장과 대법원장이 되고 행정의 고위직인 장관이 되며, 세계적인 과학자, 성악가, 지휘자, 세계적인 스포츠 스타가 되고 국가를 이끌어 갈 지도자뿐 아니라 세계적인 기업인으로도 성공하고 특히 집안의 유전으로 불안에 떠는 암과 불치병에서 자유로워질 수가 있다.

필자가 이렇게 강력히 항변하는 데에는 이유가 있기 때문이다. 흔히들 큰 인물들을 책에 적고 비교하는 것은 '자신의 말이 진실이니 무조건 믿으시오' 하는 오만이 깔려 있기 때문이다. 필자가 거듭 밝히지만 조상들을 들먹이는 모든 것은 거의가 잘못된 것이고 엉터리 투성이다. 이렇게 잘못된 것을 필자가 주머니 속 뒤집듯이 속 시원하게 보여 주려 하는 것은 속지 말라는 뜻도 담겨있다.

당신이 오늘 이 책을 보고 있다면 오늘 당장 당신 부모님의 영혼이 당신과 자손들에게 어떤 영향을 끼치는지 직접 알 수 있다. 필자가 강조하고자하는 이 부분이 원효대사 때부터 사대부 집안으로 전해 내려오는 비법임을 거듭 강조한다.

필자가 독자들을 위해 이렇게 특별히 알리려 하는 궁극적 목적은 억울하게 일본에 나라를 빼앗기고 조국의 독립을 위해 초개와 같이 목숨을 던진 독립 운동가들의 유지를 깊이 받들어서 다음 대에는 물론 앞으로도 힘 있는 국민이 돼 세계를 호령하는 우리 후손이 되기를 바라는 마음에서이다.

이는 어찌 필자만의 뜻이겠는가! 커다란 믿음을 가슴에 품으면 언젠가는 이루고자 하는 꿈은 이뤄지는 법이라 했다. 옛 우리 선조들의 영화를 우리 후손들이 되찾기를 간절히 바라며 봉제사를 통해 발복의 기운이 우리 조상들로부터 후손들에게 전해져 훌륭한 자녀들이 나오기를 간절히 바란다.

2) 원효대사 비법의 마지막 수제자

수천 년간 대한민국의 정신세계를 지켜오는 삼교는 유·불·선이다. 이 유·불·선 삼교 가운데 몇 백년간 사대부 집안을 유지해오고 조선시대의 근간을 이뤘던 것이 바로 유교이며 집안의 장자 손으로 그 명맥을 유지해 오고 있다.

불가는 출가해서 자식을 낳지 않지만 대신 수많은 제자를 길러서 법맥과 법통을 이어오며 1,000년이 넘는 절터와 승가와 승려라는 엘리트 집단의 조직을 기반으로 오늘날까지 전승 돼 오고 있다. 선교는 우리 교유의 전통사상으로 단군 때부터 지금까지 때로는 양지로 떠올랐다가 때로는 음지로 조용히 전해져 내려오고 있다는 것이 정설이다.

특히 선교는 선도의 수련법으로 호흡에 의해 모든 수양의 비밀이 숨겨져 있다고 믿고 있다. 독자들이 익히 알고 있는 '단(丹)'에 관련된 사상이 선교다. 불교와 유교가 주류였다면 선교는 비주류라고 생각하면 틀린 말은 아닐 것이다.

스승님이신 청송선사는 대대로 제주도가 고향이시다. 그간 스승님으로부터 원효대사의 비급이 수백 년간 전수 돼온 과정을 몇 차례 흥미롭게 들었다. 제주가 고향인 특별한 이유에는 추사 김정희와 연관이 되면서 제주도에 정착하게 됐다고 한다. 추사당대의 문필가이자 사상가인 추가 김정희가 누구인가? 집안으로 보면 할머니는 영조대왕의 딸이고 계급사회가 뚜렷했던 사회에서 선비 중의 선비로 대접받던 선비가문이 아니던가!

[그림22] 추사 김정희(출처 : 네이버)

그런 집안의 분위기에서 태어나 자연스럽게 왕실교육의 영향과 사대부 집안의 전통교육을 받으며 성장했고 당시대 기인 문사들과 깊은 관계를 맺어온 중심인물이다. 특히 조선 중기 이후의 불교 탄압에도 불구하고 종가에서 관리하는 절을 곁에 두고 불가의 세계에 심취한 점은 조선시대 차의 원조로 불리는 초의선사와의 교류과정에서도 잘 드러나 있다.

즉 당대의 최고 사대부 집안에서 태어나 교육을 받으며 유·불·선을 함께 교류하고 심취할 수 있었던 중심에 서 계신 분이 추사 김정희였던 것이다. 이중 선교의 법맥을 일일이 열거하자면 한없이 길어진다. 이해를 돕기 위해 간략히 요약해 보면 조선시대에 명망이 자자했던 인물들로 이뤄졌음을 알 수 있다.

서경덕, 박지화, 임백호, 남인의 영수였던 허미수 또한 도교의 모든 사상을 집대성한 「용호비결」의 저자 북창 정렴, 허준의 동의보감 집필당시 총 책임자였던 고옥 정작, 예언 비결서를 집필한 남사고, 홍길동전의 허균, 선조 때의 정철, 고경명, 「해동이적」을 쓴 효종 때의 인물 홍만종, 토정비결의 저자 토정 이지함, 천율 장군의 후손인 봉우 권태훈 등이 있다.

봉우 권태훈 선생(1900~1933)은 80년대 중반 출간된 유명한 소설 「단(丹)」의 실제 인물로도 유명한 분이고 그분의 제자들이 현재 계룡산에서 수행 중에 있다고 들었다. 이렇게 인물과 인물로 서로 얽히고설킨 인맥을 통해 수백 년간을 내려온 사상이 유·불·선인 것이다. 이렇게 조선의 중요한 길목을 들여다 볼 수 있는 위치에 추사와 연관이 안 된 것이 없을 정도이며 왕실과 사대부 그리고 유·불·선 등 예로부터 내려오던 비결서가 스승의 스승으로 또 스승의 스승으로부터 전수 돼 오다가 인적 교류가 활발했던 추사가 제주도로 유배되면서 함께 정착하게 됐다는 것도 흥미롭다.

[그림23] 봉우 김태훈 선생(출처 : 네이버)

그렇다면 제주도의 근세사는 어땠을까? 토속신앙이 짙게 배어 있고 근세사에서 제주처럼 억울하게 많은 사람이 죽은 곳도 없다. 반공과 민주의 대립에서 섬 전체가 환란에 휩싸였던 곳 아닌가. 스승님이신 청송선사도 법통을 마지막까지 비결서를 전수 받는 과정은 말 그대로 드라마이다.

제자 또한 받을 그릇이 안 되면 받을 수 없는 것이 법문의 세계인지라 원효대사의 아들 설총이 비법을 전수하면서 법맥이 끊어지지 않고 계통을 이어온 것이다. 그리하여 필자의 스승님이신 청송선사는 아버님으로부터 비결을 전수 받은 원효대사의 마지막 수제자가 됐고 스승님의 특이한 집안 경력도 한 몫 했다.

스승님의 할아버지 형제와 부모님 형제자매 모두가 독립군으로 활동하며 일제 강점기에 임시정부에서 활동했고 조국독립을 위해 활약하던 중 결국 일본인들에 의해 스승님만 남고 모두 돌아가시는 비운을 겪은 분이시다.

그 후 스승님은 6·25 때 마지막으로 남은 혈육인 조카마저 전란 중에 사망함으로써 집안 전체가 일제한 6·25 전란으로 인해 혈통이 사라지는 불운한 가족사의 주인공이다. 근대 한국사에서 일어나는 비극의 한 단면이 아닐 수 없다. 스승님과의 수련은 수련인들에게도 결코 쉬운 일이 아니었다.

(1) 미친놈 소리를 들어야만 했던 사무국장 아들의 객사 예언

스승님과 함께 수련하던 지리산은 수많은 영혼이 억울한 죽음으로 구천을 떠도는 곳으로 유명한 곳이다. 그곳에서 죽음을 넘다들 정도로 힘들게 학문을 배운 것 중 특히 '유체이탈과 영혼접촉'은 마지막 비급의 초결정판이다.

스승님의 비급은 고 박정희 대통령 때에도 여러 번 사람이 찾아왔을 정도로 대한민국의 중요한 인물들은 그 신비한 효험의 혜택을 받았기에 이 분야에서는 너무도 유명하게 알려지신 분이다. 스승님이 특별히 유훈을 남기시고 돌아가시면서 천거한 분이 대한불교 원효종의 총무원장님이신 무진 스님이신데 총무원장님 또한 제주도가 고향인 분이다.

그 후 스승님의 뜻대로 무진 스님의 상좌로 입적돼 불가에 몸을 담고 수행 중 몇 차례 불미스러운 마찰로 인해 지금은 총무원장 직을 떠나 이렇게 속세로 나와 출사의 길을 걷고 있다. 한편 총무원장님 밑의 사무국장님은 불교계에서는 굉장히 유명하신 분이다. 원효종이 여타 조직처럼 수많은 스님들이 각자 맡은바 일들을 열심히 하고 있는 수행 처이자 도량인데 이 원효종 총무원장님을 도와 서울을 비롯해 전국에 수많은 사찰을 총괄 운영하는 분이다.

한 분의 경지가 불경의 미스터리적인 내용을 시대에 맞게 파자할 수 있는 우리나라에서 몇 안 되는 천재이며 한·중·일 불교문화 교류가 있을 때에는 사회를 도맡아 보기도 하고 한국 불교계에서도 커다란 족적을 남긴 도력이 출중한 분이다.

그런데 문제가 된 것은 어느 날 필자가 신입 중으로서 총무원장님을 모시던 차에 그만 하지 말았어야 할 천기누설을 겁도 없이 입으로 뱉어 버렸다. 사무국장님에게는 몇 대째 독자로 내려오는 외아들로 교직에 재직하면서 성실하고 건강한 아들이 계셨다.

필자가 저지른 실수는 바로 그 "아들 분이 2개월 후에는 틀림없이 객사해 돌아가시게 되니 신경을 바짝 쓰시고 대처하면 위기를 넘기고 건강하게 장수하며 살 수 있습니다"라고 사무국장님과 총무원장님께 말해버린 것이다.

필자 딴에는 천기누설이라고 해도 도와드려야겠다는 생각뿐이었고 하나뿐인 귀한 아들이기에 말해 주었을 뿐인데 그 후로 사무국장님께서는 너무 황당하고 화가 나셨는지 호되게 호통을 쳤고 그 후로는 완전히 외톨이에 찬밥신세가 돼서 함께 수행하는 도반들에게도 미친놈 소리를 듣게 되면서 주변에 있는 모든 분들에게 따돌림 취급을 당해야 했다.

그렇게 안타까운 시간이 흘렀고 내가 예언한 2개월을 3일 남겨놓고 전날 집에 들어와 잘 자던 아들이 필자의 예언대로 아침에 죽어버렸다. 온 집안은 난리가 났고 그 후 전국에서 스님들이 올라오시면서 필자에 대한 소문이 꼬리에 꼬리를 물고 번져 나갔다. 그러는 사이 많은 분들이 자신들의 미래에 대해 예언해 달라는 부탁이 계속 이어졌는데 또 그것이 문제가 됐다.

그 당시 필자는 지리산에서 속세로 내려와 세상 물정을 몰라도 한참 모르던 때라 눈에 보이는 대로 영감이 떠오르는 대로 얼굴만 보고도 때로는 사진만 보고도 미래에 대한 예언을 해줬다. 그렇게 수많은 사연이 있었지만 총무원장님을 함께 모시던 도반인 도관 스님과 있었던 일화에 대해서도 설명 안 할 수가 없다.

그 날도 여느 때와 똑같이 생활하던 중 멀쩡한 도반인 사형에게 "3개월 뒤에는 중풍에 걸리고 뒤이어서 하반신 불구가 될 것이다. 그러나 필자가 하라는 대로 미리 준비하면 괜찮을 테니 그 대처 비법을 알려 주겠다"고 하자 불같이 화를 내며 "어쩌다 몇 번 맞추다 보니 간이 배 밖으로 나오지 않고서야 어떻게 이렇게 건강한 나에게 근거 없이 미친 소리를 하냐?"면서 노했다.

심지어 보는 사람마다 "미친 땡 중이니 상대하지 말라"고 소문을 내고 심지어는 총무원장님께 "당장 쫓아내야 한다"라면서 필자를 너무도 곤경에 빠뜨려 버렸다. 이 사건은 급기야 필자에게 비난의 화살로 쏟아졌고 결국 총무원장님께 엄청 야단을 맞으면서 일단락됐다.

필자는 총무원장님의 간곡한 만류를 뿌리치고 "사람의 말을 통해 진리를 공부하는 법인데 사람의 말을 사람이 믿지 않는다면 그럼 무엇을 믿어야 한다는 것입니까?"하고 따지듯 말하고 절을 나와 버렸다.

그와 같은 일들로 인해 즐거워할 일로 인해 뜨겁게 달아오르는 환호를 차갑게 가라앉히고 미소마저도 인색하게 짓고 시치미를 떼고 모른 체하는 표정으로 세상을 대하는 오만스러운 존재가 부처님이라면 나는 그러한 부처가 되지 말자고 수없이 다짐했다. 부처는 중생 속에서 환호할 수도 있고 슬퍼할 수도 있는 어머니여야 하고 아파하는 중생을 모시는 시종이어야 하며 그들을 치유하는 의원이 돼야 한다고 필자는 생각했다.

필자가 절을 뛰쳐나온 몇 개월 뒤에 총무원장님이 급히 찾는다기에 찾아갔더니 도관 스님이 3개월 되던 때에 필자의 예언대로 입원하게 됐고 병원에서는 더 이상 치료가 불가능하며 입원비용 마저 도저히 감당이 안 되니 퇴원시켜야 한다고 하소연했다.

총무원장님의 의도를 모르는 바가 아니지만 측은한 생각이 들면서도 왠지 괘씸한 생각이 들었다. 그러나 도관 스님의 진실 된 사과 한 마디로 모든 응어리들이 풀어졌고 도관 스님을 퇴원시키고 비법도 알려줘 총무원장님과 많은 지인들 앞에서 장담한대로 20일이 됐을 때 언덕길을 거침없이 뛰어다니고 활기차고 건강한 모습으로 회복됐다.

그래서 모든 스님들이 기적 같은 일이 자신들 앞에서 벌어졌다며 놀라기도 하고 모두 함께 기뻐해 줬다. 덕분에 소원했던 분들이 허심탄회하게 진정으로 필자를 원효대사의 마지막 수제자로 인정해 주는 계기가 됐고 이것이 특별한 학문임을 알게 됐다. 그러나 필자가 생각하는 원칙에는 변함이 없다. 필자는 돌아가신 스승님의 유훈대로 국가를 위해 자신의 목숨을 초개와 같이 던진 독립군과 광복군 등의 영혼들이 구천에서 떠돌지 않게 하고, 원효대사의 비급을 통해서 억울하게 산화한 영혼을 극락세계로 인도하고 위로하고자 이렇게 출사하게 됐음을 한시도 잊어 본적이 없다.

⑵ 정치인과 주식을 쥐락펴락 했던 예언

그러나 공덕을 쌓은 일이 무엇보다 먼저가 돼 버렸다. 동작동 국립묘지, 대전, 부산, 광주 망월동 묘역과 경남 마산 3·15묘지, 수유동 4·19묘지, 영천과 임실에 있는 호국원과 일본, 중국, 필리핀, 만주, 괌, 하얼빈을 돌며 시행하는 비용은 천문학적으로 들어갔다. 드디어 필자는 마음만 앞서고 국가차원에서 진행해야 될 것이라고 생각하게 됐다.

이렇게 단정 짓고 호소하다 보니 "당신의 비결을 보여줘야 믿을 수 있지 않겠냐?"며 한번만이라도 직접적인 경험을 체험하고자 했다. 이렇게 시작된 예연이 자연스럽게 정치인들의 선거 당락에 대한 예언을 해주게 됐고, 몇 %가 투표할 것이고 투표한 사람 중 여성 %, 남성 %가 당신에게 투표할 것이라는 기상천외한 예언을 하게 됐던 것이다. 그러나 당선되고 나면 당선 전 마음은 잊어버리고 결국 그냥 손으로 우물 딱 주물 딱 할 성질의 것이 아니라는 것을 아는 데에는 그리 오랜 시간이 걸리지 않았다.

우리 국민이 약 5,000만 명이다. 청와대에서 기도한다고 말이 나오는 세상이고 정치인들의 자리는 음양의 조화를 이루지 못해 한시도 바람 잘날 없는 자리들이 아닌가? 배신당한 것에 화가 났지만 이해가 안 가는 것 또한 아니었다. 포기란 빠를수록 좋을 때도 있다.

그러던 어느 날, 합법적으로 후원을 받을 수 있는 증권과 주식을 알게 됐다. 미래예측은 오직 신만이 안다는 주식세계에서 주식의 주자도 모르는 어느 도인이 영혼철학을 앞세워서 국내 굴지의 증권사와 승부를 벌여 승리하고 예측한 종목마다 기상천외한 종목으로 100%씩 대박을 터뜨리며 수백억 씩 진행하다 보니 왜 소리가 안 났겠는가!

오히려 소리가 안 나면 이상할 판이었다. 결국에는 사람부터 살자하며 매달리는 사람, 어마어마한 회사공금을 보여주며 몇 번만 관리해 주면 후원금은 책임지고 절반을 내겠다는 사람, 넘어 간 회사 집, 건물, 공장 심지어는 대학등록금까지 들고 온 학부모까지 사연 없는 이가 없을 정도였다. 필자는 그런 사람이 아니고 그럴 생각도 없다며 피해 다니다가 결국엔 사고가 터져버렸다. 주식을 함께 하자며 필자가 납치당하는 소동까지 벌어지고 나서야 마무리가 됐으니 결국 '색즉시공(色卽是空) 공즉시색(空卽是色)'이 돼 허공에다 웃고 넘기자니 쓴웃음만 나온다.

(3) 조국과 민족을 위해 살다간 고인들을 위해 나머지 남은 인생을 아낌없이 바치리라

그 후 국내에서 열심히 포교활동을 하던 중 일본 문부성의 초청으로 특별강연을 하게 됐고 그 인연과 저 인연으로 일본에서 포교원을 설립해 재일 한국인들의 위령제를 주관해 재일 교포들의 후원을 받고 있으며 억울하게 지진 및 천재지변으로 돌아가신 영혼들을 달래주고 있다.

필자는 현재 일본에서 활동하고 있으며 필리핀, 인도네시아 등 외국에서 살다시피 하고 있다. 국내에서 활동하던 어느 날 스승님의 지인인 일본의 주지 스님으로부터 초청을 받고 일본에서 활동한 것이 계기가 돼 일본에서 원효사상 연구원을 설립했다. 문부성의 초청으로 특별강연을 한 것이 인연이 돼서 재일 교포 분들과의 교류를 통해 일본으로 강제 징용돼 억울하게 돌아가신 재일 한국인 위령제와 일본 북해도 한국인 강제 징용 희생자들을 위한 영혼 위령제를 추진했다.

필자가 살아있는 한은 전 세계 어느 곳이든 한국인을 위한 위령제를 계속적으로 할 것이다. 그 길만이 우리들의 후손들이 잘 되는 길임을 필자는 너무도 잘 알기 때문이다. 특히 일본 고배 지진 때 희생된 분들 중 찾지 못한 한국인과 일본인의 시신을 찾아 영혼을 천도해 줌으로써 일본 종단으로부터도 전폭적인 후원을 받고 있다.

필자가 일본에서 활동하는 이유에는 여러 가지가 있겠지만 그중 한 가지는 국내에서는 필자를 대하는 것이 무슨 용한 점쟁이 취급하는 분위기가 싫기 때문이다. 그러나 필자가 일본, 대만, 홍콩, 중국, 싱가포르, 필리핀, 캐나다, 미국 등 여러 나라의 초청 받아 방문하면 대부분 고위층 또는 상류층 인사들의 기품 있는 환영을 진심으로 느끼게 되고 부담이 될 정도로 대접받는 것이 싫지만은 않았다. 자신을 믿어주고 극진한 대접을 베푸는데 싫어할 사람이 어디 있겠는가?

하지만 내 몸에 흐르는 피가 어떤 피 인가? 대한민국이라는 조국이 있으며 필자를 이렇게 국제적으로 성장시킨 스승님의 나라 아닌가? 지금도 그렇지만 앞으로도 기회가 나면 국내외 할 것 없이 필자를 필요로 하는 곳이 억울하게 조국을 위해 돌아가신 독립군의 영혼을 위로하는 자리라면 지구촌 어느 곳이든지 달려갈 것이며 또한 국립묘지에 안장돼 있는 국가유공자를 위해, 조국과 민족을 위해 살다간 고인들을 위해 나머지 남은 인생을 아낌없이 바칠 것이다.

이것이야말로 스승님이 못 다한 과제를 완수해 가는 과정이며 하늘에 계신 스승님이 기뻐하리라 믿기 때문이다. 그러기 위해서는 아무리 많은 비용이 들어가더라도 평생의 공덕이라 생각하고 제자들과 함께 인연이 닿는 데까지 최선을 다할 것이다. 지금도 많은 제위 분들이 동참해 후원금을 지원하고 있으며 필자가 흐트러지지 않고 열심히 정진하는 길만이 1,300년간을 지키고 전수시켜 내려온 스승님의 유훈을 제자로서 당연히 받드는 것이라고 생각하기 때문이다.

결국 훌륭한 자녀들을 만들고 탄생시키는 것이 한 가정의 행복만을 위한 것이 아니라 22세기의 세계의 중심이 되는 대한민국을 이끌고 나갈 인재를 만들고 천·지·인의 세상을 만들고자 했던 선조들의 이상향을 만들어 보자는 원대한 뜻이 담겨있다는 것이다.

우리나라는 작지만 강하고 세계에서 둘째가라면 서러울 정도로 머리가 똑똑하고 지구상에서 몇 안 되는 효를 국가의 근본 바탕으로 둔 이상향의 국가이기도 하다. 급격한 경제성장으로 가치관의 혼동이 있다지만 우리 스스로 비관만 할 일은 아니다. 우리가 어떤 민족인가? 5,000년간을 중국이라는 거대한 땅이 280개 이상의 수많은 부족국가를 모두 합병해 중국 안으로 흡수시켰지만 그럴 때마다 본때를 보여주며 국가를 지킨 유일한 민족이다.

22세기 밀레니엄을 맞이한 지금 우리가 젊은 시절 꿈조차 꾸지 못한 엄청난 나라를 우리는 만들어낸 저력의 민족이다. 모든 것이 변하고 모든 것이 업그레이드 된 오늘의 대한민국 이제 곧 선진국에 진입해 빛나는 나라가 되게 하려면 세계 곳곳을 누빌 수 있는 훌륭한 인재를 만들고 나라 안 밖의 구석구석을 보듬을 수 있는 여유 있는 국민이 돼야 한다.

그러기 위해선 우리의 훌륭한 인적자원을 세계적 수준으로 끌어올리고 훌륭한 자녀를 만드는 것이야 말로 국가지대계 사명임을 알고 예로부터 지키고 내려온 소중한 것들이 사라지지 않게 굳건히 지킬 줄 알아야 한다. 무릇 모든 생명은 이름 따라 제값을 한다고 했다. 즉, 이름 따라 사람이 난다는 말이니 필자가 1,300년 전 원효대사의 마지막 수제자로서 대한민국의 이름을 걸고 국내외에서 억울하게 돌아가신 독립군과 국가유공자 등 이 땅 구석구석과 해외에서 산재해 있는 이들의 한을 풀어주고 국가를 위한 발복 기도로 도움을 확실히 준다면 필자의 이름값만큼 사람들에게 도움을 주는 것이라고 확신한다.

필자가 앞으로 공개하게 될 사대부 집안으로부터 내려오는 비법 공개야말로 많은 분들에게 자녀들을 위해 확실하게 도움을 주는 것이라고 믿는다.

3. '기적'의 세계를 직접 보여줘라!

천 삼백여년 간 지속 돼온 원효대사의 1급 비결서 중 하나인 '기신론소(起信論疏)'의 내용은 이렇게 귀결된다.

依言眞如 (의언진여)

離言眞如 (이언진여)

언어에 의지하여 진리를 표현하고

언어를 떠남으로써 진리를 표현한다.

즉 모든 중생은 말로써 순간을 감복시킬 수 있으나 결국에는 눈과 몸으로 직접 느낄 수 있는 기적의 세계를 보여줘야 절대적 믿음을 갖게 될 것이니, 필요하다면 기적의 세계를 직접 보여줘야 한다는 뜻이다.

'글이라는 것은 저마다 독특한 향기가 있어서 필자가 전달하고자 하는 내용을 다수의 대중들에게 전하기 위해 쓴 것이냐, 아니면 특별한 사람들에게 읽히도록 함으로써 책의 향기대로 소수를 위해 핵심적인 내용을 전달할 것이냐'도 필자의 커다란 고민 중의 하나였다. 그래서 필자의 글 솜씨가 워낙 투박한 것도 있지만 이 책이 소설책도 아니고 경제학을 가르치는 책도 아니며 몸의 병을 낫게 해주는 의학서는 더욱 아니기에 각 가정의 자녀들이 어떻게 해야 훌륭한 자녀가 될 수 있는지를 핵심만 전달하고자 심혈을 기울이고자 한다.

필자가 첫 번째 출간한 「내가 운명을 바꾼다」를 세상에 내 놓았을 때 다수 대중에게 그동안 스승님께 전수 받았던 학문의 성과를 세상에 알려야겠다는 미숙함과 순진함으로 인해 원하는 사람의 예연과 기적에 대해 하나하나 세밀하게 묘사한 것까지는 그렇다 쳐도 실명으로 여과 없이 독자에게 전달했다. 그러다 보니 주요 신문사 기자들과 방송국 기자들의 확인 취재 경쟁이 예언과 기적을 원했던 당사자들의 신분 노출로 이어져 많은 곤욕을 치른바 있었다. 그분들 대부분이 이름만 들어도 다 아는 분들이니 기사거리를 찾아 눈에 불을 켜고 안테나를 세우고 있던 기자들에게 얼마나 좋은 취재감이 됐는가를 짐작하고도 남음이 있다.

[그림24] 필자의 저서 「내가 운명을 바꾼다」(출처 : 네이버)

어찌됐든 첫 번째 책 출간으로 인해 당시 장안의 폭발적인 반응은 많은 분들을 당혹스럽게 만들었고 엄청난 후폭풍을 몰고 왔다.

1) 예언은 말장난이 아니다

예언이란 평범한 일반인들에게는 어떻게 생각해 보면 싱거운 말장난으로 여겨질 수도 있다. 몇 살에 시집·장가가고 집은 언제 장만하며, 언제쯤 돈을 많이 벌어서 성공하는지, 몇 명의 아이를 출산하고, 아이들은 어떤 환경에서 성장하게 될 것인지, 아이의 미래는 어떻게 전개되는지 말해주면 정작 본인은 대한민국 사람들 누구나가 다 살아가면서 부딪치고 걷는 길이기에 앞으로 생길 아이들의 미래를 대수롭지 않게 생각하는 것 같다. 이렇게 안일하게 생각하다가 일이 터져야만 허둥지둥 한다.

그러나 권력을 행사하고 있거나 커다란 부를 축적한 부자들은 확실히 다르다. 어떻게 노력해서 지금의 위치까지 왔는지를 스스로 잘 알고 있기 때문에 재난과 위기에 봉착했을 때 헤쳐 나갈 수 있다고 굳건히 믿기 때문이다. 특히 늘 변화와 기복이 심해 롤러코스터처럼 격랑이 폭풍처럼 일어나는 그래프를 갖고 있는 그룹들이 있기 마련이다.

이뤄졌을 때와 안 이뤄졌을 때의 상황은 인생 전체를 놓고 봤을 때 천지차이로 충격이 크다. 정치인의 선거 당락 여부, 고시생의 합격과 불합격 여부, 수능생의 점수 올리기와 국내외 명문대 합격하기, 탤런트와 배우들의 운명, 스포츠 스타들의 성공과 이동 수, 예술분야에서 활동하는 예술인들의 도전과 결과 여부, 각 부처의 장관급 공무원들의 승진 여부, 찰나의 순간에 운명이 바뀌는 직업군들 등이 그들이다.

특히 일반인들 중에 가장 특이한 그룹은 기업을 운영하는 사업가들의 사업 운이다. 사업하는 오너의 운에 따라 수많은 종업원들의 명암이 달려 있으니 이분들의 운이야말로 항상 최고이길 바랄 뿐이다.

필자는 IMF때부터 지금까지 국내 기업인들의 자문 역할을 힘닿는 데까지 열심히 하고 있다. 다행인 것은 지금까지 단 한 분도 탈 없이 건재함을 과시하고 있으니 어려운 기업 환경 속에서 경쟁력 있는 기업을 키워가는 분들께 아낌없는 찬사를 보낸다. 대한민국을 이만큼 성장시킨 주역들인데 사회나 현 정부에서 영 시원찮게 대접을 하는 것 같아 그저 안타까울 뿐이다.

그리고 누구도 예외 없는 그룹이 고3 수험생들을 둔 학부모들이다. 특히 엄마들은 절대적인 신앙을 통해서 밤낮없이 정성을 다한 기도를 올리고 자식들이 잘 된다는 보장만 있다면 당신 스스로를 희생하더라도 자식의 결과를 얻기 위해 죽기 살기로 무조건 매달리고 본다. 이렇게 당연한 현실이 눈앞에 닥쳐올 때 온몸에 전율이 일어나는 예언을 해 줄 경우 흡족하면 괜찮다. 하지만 흡족하지 않을 경우에는 불안해하며 어떻게 잘 되게 해달라는 반전의 운명을 애타게 요구하고 소기의 목적이 달성 될 때까지 끝없는 사투를 벌이는 것을 보면 모성애의 위대함에 그저 경의를 표할 뿐이다.

2) 믿으면 존재하는 법

사람들은 누구나 한 세상 이승에서 성공한 인생을 살기 원하고 그 흔적을 남기고 싶어 한다. 부자였던 사람이 어느 날 아주 어려워지기도 하고, 가난했던 사람이 어느 날 부자가 되기도 한다. 초등학교와 중학교 때까지 공부를 잘해서 상위권에 있던 나의 자녀가 고등학교 때부터는 성적이 형편없이 곤두박질지기도 하고, 공부에 대해선 형편없던 아이가 어느 날 부터인가 공부 삼매경에 빠져 상위권 성적으로 쑥쑥 올라가더니 결국엔 명문대학에 합격해 가문의 영광이라며 필자를 붙들고 좋아하는 부모님을 수없이 보았다.

이렇듯 부자는 영원하지 않을뿐더러 부자가 아니라고 해서 영원히 가난에 찌들어 일생을 끝내는 법 또한 없다. 마찬가지로 아이들 세계도 지금 현재 공부를 잘한다고 원하는 대로 끝까지 잘하리라는 보장도 없는 것이 이 세상의 일이다. 그러기에 찾아올 불행을 미리 예방해 본래의 자리로 돌려놓는 것은 우리처럼 살아온 인생보다 살아갈 인생이 더 많은 당신의 자녀에게 큰 축복이 될 것이다.

옛말에 산이 높으면 골이 깊고 골이 깊으면 산이 높은 법이라 했다. 어려움 뒤에는 반드시 즐거움이 있는 법이고, 즐거움 뒤에는 어려움이 찾아오는 법이다. 미리미리 대처하는 자만이 위기와 난관에 봉착했을 때 슬기롭게 대처할 수 있는 지혜가 생기는 법이다.

필자는 그동안 첫 번째 책 「내가 운명을 바꾼다」와 여섯 번째 집필했던 「기본이 무너진 대한민국 이대로는 안 된다」를 통해 우리 사회의 병폐와 21세기의 험난한 무역전쟁 시대를 헤쳐 나갈 우리 아이들의 미래비전을 어떻게 만들어가야 할지 제안했다. 한 권 한 권 책이 출간될 때마다 각계각층으로부터 수없이 많은 격려를 받기도 했지만 두 번째 저서인 「대운을 잡으시오」를 출간했을 당시 어디로 튈지 모르는 럭비공처럼 연관이 된 곳마다 엉뚱한 호기심을 자극해 희대의 사건으로 비화되고 말았다.

[그림25] 필자의 저서 대운을 잡으시오(출처 : 네이버)

원효대사께서 강조하던 '기신론소(起信論疏)'에서처럼 기적의 세계를 눈과 몸으로 직접 느낄 수 있게 체험을 해야 믿는 세상이 됐다. 실제로 만져보지 않고는 믿지 않는 현실에서 증권에 대한 예언으로 100% 맞힘으로써 구구절절 말이 필요 없게 됐다. 그러나 물질 앞에서는 지성인이건 무지한 사람이건 체면 따위는 안중에도 없는가 보다.

오직 그분들에게는 필자에게 얻으려는 것이 필자의 학문에 있는 것이 아니라 마치 점쟁이가 콕콕 찍어 주듯이 대박 주나 급등 주 만을 원하고 하나만 콕 찍어주면 스님을 영원히 부처님 모시듯 모시겠다는 사람들까지 생겼다.

예측불허의 주가 변동을 한 번도 틀린 적 없이 100% 맞힐 수 있었던 조상의 기(氣)와 운의 근원에 대해서는 관심들이 없는 듯 했다. 같은 기적이라도 목사님이 일으키면 예수님의 놀라운 기적이 됐고, 스님이 일으키면 부처님의 신비한 기적이 됐다. '필자로 인해 원효대사 때부터 내려온 스승님의 비법과 비기에 대해 포교활동을 할 수 있지 않을까?'라는 엉뚱한 발상을 한번쯤 해본다. 무릇 모든 종교에 기적이 없으면 결국에는 소멸해 버린다. 불교와 기독교에서 기적이 수천 년간을 지속돼 내려온 이유다.

필자에게 일어났던 기적의 현상에 대해서 일반인들은 기적이라고 하나 필자의 입장에서 보면 필자의 학문에서 추구하는 정신세계인 천(天), 지(地), 조(祖), 후(後)에 대한 우주의 이치처럼 원효대사의 비법인 조상발복의 원리일 뿐 특별한 기적이라고 보지 않는다. 당신의 자녀들이 완전히 변신해 새롭게 거듭나고, 예비부부인 신혼부부들에게 미리 예견된 큰 인물이 어떻게 탄생될 수 있는지, 거듭되는 고시의 불운을 어떻게 합격으로 시원하게 이끌 수 있는지, 어떻게 하면 현재의 사업을 계속 번창하게 끌어갈 수 있는지, 유학 간 자녀들이 무사히 학업을 마치고 성공할 수 있는지, 암과 불치병을 앓고 있는 가족들에게 희망을 줄 수 있는지, 고3 수험생을 둔 학부모의 고충을 속 시원하게 풀어줄 수 있는지를 공개적으로 알려줄 수 있어야 숨은 비법이다.

당신의 관점에서 볼 땐 도무지 상상이 안가는 불가사의한 영혼의 세계가 당신과 당신 아이들에게 어떤 영향을 끼치는지 당신이 직접 확인할 수 있는 본격적인 충격의 세계로 떠나보도록 하자. 앞서 말한 '영혼이 있다, 없다'에 대한 확인을 당신이 직접해봄으로써 부지불식간에 수없이 많은 갈등을 보인 영혼의 세계를 직접 경험해 보자는 것이다. 그동안 영혼이 있느냐 없느냐에 대한 논쟁은 수없이 있어왔다. 그러나 필자처럼 속 시원하게 영혼이 있나 없나를 확인할 수 있게 직접적인 방법을 통해 경험할 수 있도록 한 적은 세계 어디에서도 없었다.

필자의 비법을 원효대사의 가르침을 통해 확인하고 나면 첫째 당신뿐만 아니라 가족 모두가 별안간 머리가 아주 상쾌해지고 맑아지면서 그동안 두통에 시달린 분이라면 두통이 싹 사라진다. 또한 온 몸이 늘 찌뿌드드한 사람이면 순식간에 몸이 가벼워지는 현상을 느끼게 된다. 목이나 몸에 종기가 난 사람이라면 종기가 거짓말처럼 없어진다. 심지어 전혀 예상 못했던 나쁜 일들이 자기도 모르게 반전이 돼 생활자체가 윤택해 진다.

이러한 현상 말고도 개인마다 약간의 차이들이 있겠지만 기분 좋은 현상이 수도 없이 일어나고 아이들이 눈에 띄게 달라진다. 이렇게 쓰고 보니 필자가 무슨 치료사 같겠지만 필자는 치료사가 아니다. 그렇지만 이러한 현상은 영적인 기운을 받고 계속적인 변화를 통해 수없이 많은 사람들이 기뻐하고 행복을 누리고 있는 현상이다.

지금도 국내외 수많은 사람들이 필자와 인연이 돼서 사랑하는 자녀들 때문에 기적을 바라는 것이 현실이기 때문이다. 이 신비한 기적의 세계를 보여주는 영혼의 기운과 그에 따른 불가사의한 천(天), 지(地), 조(祖), 후(後)의 비밀스러운 영혼세계의 체험을 위한 초대권을 당신에게 보낸 것뿐이다. 놀랍고도 경이적인 영혼의 세계가 존재하는지 직접 알 수 있는 절호의 찬스가 당신에게 왔다. 이처럼 비밀의 문이 당신에 의해서 열릴 것이다. 왜냐하면 당신의 손에 열쇠가 들려져 있기 때문이다.

"모든 중생은 말로써 순간은 감복시킬 수 있으나 결국에는 눈과 몸으로 직접 느낄 수 있는 기적의 세계를 보여줘야 절대적 믿음을 갖게 될 것이니 필요하다면 직접 보여 줘야 한다."

원효대사가 제시한 이 화두를 필자가 펼쳐보이고자 함에 있어 영혼세계의 진실과 거짓에 대한 확인이 이 책의 전부임을 다시 한 번 강조하는 바이다. 믿으면 존재하는 법이라고 했다. 진리로 나아가는데 그 어떤 것에도 걸림이 없어야 하며 진실은 진실대로 여과 없이 받아들어야 한다. 이제부터는 놀라움도 놀라움 그 자체로 받아 주길 간절히 바란다.

Part. 05

훌륭한 자녀 만드는 비법은 있는가?

훌륭한 자녀 만드는 비법은 있는가?

1. 가짜 비법과 진짜 비법

원효대사 때부터 사대부 집안으로 전해 내려오는 천(天), 조(組), 후(後)에 관한 비법서 천기, 지기, 후손의 기, 조상의 기란 어느 누구의 말도 믿지 말고 조상의 기를 꼭 확인해야 한다. 훌륭한 자녀를 만들려면 가짜가 아닌 진짜 비법을 써야 한다. 훌륭한 자녀는 이렇게 만든다. 어느 것이 진실이고 진짜 비법인지 공개적으로 이야기해 보자.

1) 천(天), 지(地), 조(組), 후(後)에 관한 비법서를 아는가?

원효대사 때부터 사대부 집안으로 전해 내려오는 비법서는 아주 간단하다. 필자는 3장에서 독자가 궁금해 하는 모든 궁금증을 직접 풀어줌으로써 투명한 관계를 만들고 마음과 마음으로 대화하고 싶다. 그렇다면 그 중에서 가장 궁금해 하는 당신의 운명과 자녀들이 성공하느냐 실패하느냐, 시험에 합격인가 불합격인가, 불합격이면 왜 불합격이 되고 다시 반전을 통해 합격할 수는 없는지를 독자 여러분께 알려주고자 한다.

더불어 가장 중요한 건강에 대해서도 체크해 줄 것이다. 한 마디로 말해 무병장수를 누리기 위해서 어떻게 해야 건강하게 천수를 누리고 오랫동안 건강하게 인생을 즐기다 임종을 맞이할 수 있는지 비결서의 가장 중요하고 핵심적인 장르를 다룰 것이다.

앞으로 전개될 천지조후(天地組後)를 잘 이해하고 실천만 한다면 당신과 당신 자녀가 앞으로 건강하고 훌륭하게 성공할 것이라는데 확신을 갖고 있다. 특히 비결서의 가장 중요하고 핵심적으로 다루는 부분인 천지조후의 변화무쌍한 비급의도가 담겨져 있다.

(1) 운명을 좌우하는 것은 조상의 기

인간이 태어나는 순간부터 죽는 순간까지 모든 인간에게 연관이 되는 천지조후의 기운이 평생 동안 함께 있으며, 사람이라면 어느 누구도 이 4가지 기운을 어떻게 받느냐, 즉 잘 받느냐 아니면 못 받느냐의 차이에 의해 살아온 인생과 살아갈 인생이 완전히 뒤바뀌게 돼있다. 필자가 진행하고 있는 모든 비법은 이 4가지 기운을 어떻게 조화롭게 운영하는 가에 따라 180도 달라진 인생을 살아갈 수 있다.

필자와 현재 상담하고 있는 국내와 외국인들이 바로 이 기운의 정체를 몸소 알고 느끼고부터는 무조건 이 기운을 잘 받기 위해서 전력 질주하는 형국이며 끊임없이 노력하고 있다. 이 기운의 정체는 국내외에서 직접 경험하고 성공한 많은 분들이 지금도 한시도 놓지 않고 매달리고 있는 중요한 사항임을 먼저 강조하면서 시작할까 한다.

인간의 운명 사를 결정짓는 기운은 천기, 지기, 후손의 기, 조상의 기로 나뉜다. 우리는 흔히 일상생활에서 각 기운의 독립된 염파를 느끼며 살아간다. 우리를 이 땅에 보내주신 절대적인 보살핌을 받는 천기와 이 세상을 관장하는 모든 지신들의 보살핌을 받는 지기가 있다. 그리고 당신이 이 세상에 태어나는 순간 하나의 인연으로 조상으로부터 받는 영혼의 기운인 후손의 기, 마지막으로 나와 자식들에게 가장 큰 영향을 미치고 나에게 주어진 삶을 우연과 필연, 씨줄과 날줄로 엉클어진 인생을 얼마큼 진실하게 살아가는 가에 따라 권선징악으로 결정되는 조상의 기로 집약된다.

바로 이 조상의 기가 당신과 자녀들의 행복과 불행이라는 운명에 따른 세 가지 기운보다 비교가 안 될 정도로 큰 영향을 미친다. 그간 앞장에서 언급한 바와 같이 수없이 많은 불가사의한 기적의 예언은 원효대사 때부터 전수돼 내려온 영혼철학의 비법이 아니라면 애당초 불가능한 내용들이다. 바로 이 비법의 핵심이란 조상과 태아 즉 자손들과의 연관에 의해 나와 자녀들에게 강력히 미치는 영향임을 눈과 몸으로 보여주고 있다.

우리가 이 세상에 태어나는 순간 출발점 하나를 점찍고, 죽는 날 마침표에 점하나 찍어서 그 두 점을 이으면 그것을 우리는 운명이라고 부른다. 그런데 바로 그 운명이 불만스럽고 불공평하게 느껴진다. 과연 이 세상에 태어나서 죽을 때까지 만족스럽게 살다간 인생이 과연 몇 이나 될

까? 늘 엇박자 인생이 줄기차게 교차한다. 부자에겐 병을 주고 건강하면 가난이 대물림되고, 자녀들이 똑똑하고 건강하며 효자효녀이면 남편이나 부인 쪽에 문제가 생기는 등 상상도 못할 잡다한 현상들이 우리를 괴롭힌다. 이로 인해 세상사가 만족스럽지 못하고 쌓이는 스트레스로 만병이 찾아온다.

그러나 나와 가족이 행복하고 풍요로워지면 잊어버리고 사는 것이 인생사이다. 그러나 본인이 힘들고 고통스러움에 빠지면 남들과 비교하며 자괴감에 빠져드는 것이 인간의 심리인 것을 어쩌겠는가? 내가 힘들 때 현실에서 벗어나기 위해 또한 마음의 위안을 얻으려 종교에 의지해 보기도 한다. 종교로 위안을 받기 위해서는 좋은 말씀과 지켜야 할 계율을 실천함으로써 도움이 되기를 바라고, 부도가 났으면 로또복권이라도 당첨되기를 바라고, 병약한 사람은 기적 같은 치유가 오늘 당장 내게 일어나 주기를 간절히 기대한다.

큰 것을 바라는 기도나 작은 것을 바라는 기도가 다르지 않다. 허나 큰 소원이든 작은 소원이든 이뤄지길 모두가 학수고대하며 오늘도 교회와 절을 찾아 부지런히 기도한다. 종교지도자들이 당신에게 위안을 주기 위해 영감 있는 말씀으로 안정을 취하게 해주는 것이야말로 생활의 활력소가 된다. 필자의 비법은 기독교와 불교 등의 종교와는 엄연히 구분이 돼야 한다. 필자는 당신과 자녀에게 어느 날 갑자기 찾아온 불행을 미리 알면 대처할 수 있다는 것을 확신시켜줄 것이다.

그렇다면 지금부터는 정신적인 저울의 추를 이 책을 덮는 순간까지 영점으로 놓고 편안하게 시작해 보자. 지금 이 세상은 워낙 거짓말이 난무

하는 세상이 됐다. 모르고도 속지만 알고도 속는 세상이다. 남을 속이려고 하다 보니 권모술수와 음모가 판을 친다. 이럴 때 가장 확실한 방법은 본인이 직접 확인하는 수밖에 없다.

⑵ 원효사상의 세계, 당신이 직접 눈으로 확인하고 몸으로 체험하라!

지금부터는 그 어느 누구의 말도 확인되지 않으면 믿지 말고, 심지어는 필자의 말도 믿지 말고 당신이 직접 눈으로 확인하고 몸으로 체험해 이 놀라운 영혼철학과 원효사상의 세계를 직접 느껴보도록 하자. 그 동안 국내와 일본 등 국내외를 발칵 뒤집어 놓았던 이 비법은 국내와 해외 지도자들 앞에서 공개적으로 한 검증된 내용임을 스승님과 필자의 명예를 걸고 밝히는 것이니만큼 한 치의 거짓도 없음을 분명히 밝혀둔다.

특히 961년에 기록된 '증경록'을 보면 원효대사가 땅 막 안에서 하룻밤을 지내고 나서 깨달음을 얻었다는 기록은 이렇게 적혀있다. 988년에 기록된 '송고승전'과 1107년에 기록된 '임간록'도 비슷한 내용이다.

[그림26, 27] 임간록 상하(출처 : 네이버)

'원효가 의상과 함께 당나라로 건너가서 스승을 찾아다니다가 어느 날, 땅 막 안에서 잠을 잤다. 한밤중에 갈증이 심하여 물을 찾았는데, 마침 옆에 고여 있는 물을 손으로 움켜 마셨더니 그 맛이 아주 좋았다. 그런데 다음 날 날이 밝아서 일어나 보니 마신 물은 시체가 썩은 물이었다.('임간록'에는 해골바가지에 고여 있는 물이었다고 쓰였음) 그 물을 보자 몹시 마음이 불쾌해지고 창자가 뒤틀리면서 토할 것 같았다. 그 순간 원효는 홀연히 깨닫고 이렇게 말했다. "내 듣건 데, 부처님께서 우주는 마음 하나에 달려있고 모든 진리는 마음일 뿐이라고 하셨다. 맛있고 시원함과 역겨움이 나에게 있을 뿐 물에 있지 않다. 마음밖에 법이 없거늘, 어찌 따로 구할 것이 있겠느냐"하고서 고향인 신라로 돌아가 두루 중생들을 교화했다.(중략)'

신라로 돌아온 원효는 통일 전쟁으로 인해 대규모 싸움이 벌어진 신라와 백제의 마지막 보루인 변산에서 신라군에 의해 백제군이 몰살당한 곳에서 원효대사의 그 유명한 죽은 영혼을 달래주는 구명시식인 광명진언(모래를 이용해 죽은 영혼들을 달래주고 신라에 원귀가 돼 돌아오지 않고 저 세상으로 잘 가게 함)을 함으로써 이후에 있을 고구려와의 전쟁을 승리로 이끌어 삼국통일을 이루는 밑거름이 됐다는 내용은 시사하는 바가 크다.

수십 개의 절이 1,000년 이상 남아 있었던 한국불교의 메카인 변산은 아쉽게도 6·25전쟁으로 몇 개의 절만 남기고 모두 소실돼버린 안타까운 역사를 갖고 있는 곳이다. 그러나 이쪽 세계에서 전설처럼 내려오던 까마득한 절벽 중간에는 원효대사가 수고 정진했다는 원효의 방이 지금도 존재하는 것과 그 당시에 행했던 구명시식인 것에서 그 위대함이 묻어난다.

그 당시에 행했던 구명시식인 광명진언은 필자의 비법과 동일하게 죽은 영혼과의 접속으로 이뤄진다는 것을 밝힌다. 그 동안 원효 스님의 발자취가 어려 있는 곳이면 모두 가 보았다. 원효가 태어난 경산의 불동마을, 머리를 깍으신 영축사, 사미시절을 보낸 반고자, 스승님을 만난 포항의 오어사, '화엄경소(華嚴經疏)'를 쓴 분황사, 말년을 보냈다는 혈사까지 다 가보았다.

역사를 더듬어 보는 것처럼 사실적인 것은 없다. 그곳에 있으면 기운이 느껴진다. 그것은 원효대사께서 중생들에게 주시는 '믿음이야말로 진정한 행복이다'라는 가르침이다. 이 믿음의 가르침이야말로 모든 세상을 따뜻하게 만들고 영혼의 세상과 이승의 세계가 따로 있지 않고 함께 한다는 역설을 가르쳐 주는 것이라 하겠다.

(3) '천기(天氣)'란 어떤 것일까?

'천기(天氣)'란 하늘의 기를 말하며 우주를 창조하고 우리를 이 땅에 보내주신 절대 신(神)의 기운을 뜻한다. 우리는 이 땅에 태어날 때 알 수 없는 저 먼 곳에서 왔고 그분의 뜻대로 그분의 자녀로 보내진 것이다. 종교마다 부르는 호칭은 다르지만 어느 종교에서나 절대 신의 존재를 인정하고 있다.

절대 신은 우리를 이 땅에 보낼 때 즐겁게 행복한 세상을 보게 하고 선을 베풀며 열심히 공부하고 수양해 조금 더 성숙해져서 돌아오라고 이 땅에 보내 주셨다. 이 땅 어느 곳에 있든지 착하고 올바르게 좋은 업보를 행하며 행복하게 살다가 오라고 보내주신 것이다. 돌아간다고 하는 것은 곧 죽음을 의미한다. 우리 인간은 바로 이 절대 신의 자녀들이고 그분의 나라에서 여기 이 땅에서 모든 부모들이 자식을 기도하듯 우리 인간에게 무조건적인 사랑과 절대적 도움을 주시는 분이다. 이렇듯 절대 신은 우리에게 시련과 벌을 주시지 않고 시험하지도 않는다. 무조건 무한정 도와주시고 잘 되게끔 보살펴 주실 뿐이다.

부모님이 자식을 사랑하듯이 많은 사람들이 시간과 돈은 투자해 교회에 가서 기도를 드리고 성당에 가서 미사를 드리고 절에 가서 불공을 드리면서 신께 "잘 되게 해 주십시오"하고 자신들의 안위와 자식의 장래를 빈다. 하지만 엄밀히 말해서 이것은 잘못된 것이다. 우리가 교회나 성당이나 절을 찾아가는 이유는 나와 자식들이 잘되게 해 달라고 무언가 소원을 빌러 가는 곳이 아니다.

기도는 이 세상에 보내주신 신께 안부 인사를 하며 '저 잘 있습니다. 항상 감사합니다. 부모님께 효도 많이 하고 선을 베풀며 착하고 올바르게 열심히 살다가 때가 되면 돌아가겠습니다'라고 마음에서 우러나오는 감사의 편지를 쓰는 시간이다.

다시 말해 우리가 교회, 성당, 절에 가는 것은 무언가를 빌러 간다기보다는 신께 감사드리러 가는 것이 옳은 말일 것이다. 목사님, 신부님, 스님께 설교, 강론, 법문을 듣는 것은 우리가 이 땅에 살면서 착하고 선을 베풀며 올바르게 사는 것을 배우기 위해서이다. 성경이나 불경 등의 내용을 보면 모두 다 좋은 말씀들이다. 그런데 많은 사람들은 성직자를 우리를 구제해 주는 분으로 혼동하며 마치 그 분들이 모든 우주를 주재하고 우리에게 복록이 넘치게 해 주는 줄로 착각하는 경우도 있다.

하지만 성직자란 자신의 종교에 대해 열심히 공부하고 수행해서 깊은 종교 지식이 없는 우리들에게 신께 감사드리는 방법, 각 종교의 계명과 계율 그리고 올바르게 행하고 사는 길을 가르쳐 주시는 분들일 뿐이다. 그들도 신의 곁으로 돌아갈 날을 기다리며 수행하기는 우리와 다를 바가 없다. 우리는 절대 신에게 늘 감사하고 고마워하고 다시 돌아갈 때까지 항상 최선을 다해 착하고 올바르게 열심히 살아야 한다.

다시 말하지만 우리는 저 먼 절대 신의 세계에서 이 땅으로 잠깐 쉬고 공부하고 여행하러 온 것일 뿐이다. 그리고 그분은 우리를 무조건적으로 도와주신다. 즉 천기(天氣)는 절대 신의 기운이며 인간을 무조건 도와주신다. 우리가 죽으면 육체는 이 땅에 남고 영혼은 저 세상으로 가는데 그때 심판을 받는 과정은 간단히 다음과 같이 분류한다. 착하게 살았으면 좋은 곳으로, 나쁘게 살았으면 나쁜 곳으로, 기독교에서는 천당과 지옥으로, 불교에서는 극락세계와 구천을 떠도는 영혼으로 분류한다. 우리 인간은 다음 세상을 위해서 반드시 착하고 올바르게 살아야 하는 이유가 여기에 있는 것이다.

(4) '지기(志氣)'란 무엇인가?

'지기(志氣)'란 지신(地神)의 기운을 말한다. 우리 모두는 광활한 우주인 하늘나라에서 이 땅 지구로 왔다. 이 땅에는 여러 신들이 존재한다고 예로부터 믿어왔다. 산에는 산신, 바다에는 용왕신, 태백신, 서낭신, 삼신할머니 등 헤아릴 수 없이 많은 신들이 존재한다. 하늘이 절대 신이라면 이 신들은 절대 신을 보좌하는 장관급 신이라고 볼 수 있다.

우리는 이 땅에 와서 살면서 이 땅 어느 곳에 가든지 그곳에 있는 지신으로부터 무조건 영향을 받는다. 그렇다면 어떻게 영향을 받는가? 지신들은 우리가 절대 신의 자녀이기 때문에 우리가 이 땅에 사는 동안 무조건적으로 보호해 주고 돌봐주고 돌아갈 때까지 보살펴 준다. 우리 선현들이 예로부터 고유의 토착 신을 믿고 숭상했던 것도 그런 이유가 있는 것이다.

우리 고유의 풍속은 우상 숭배와는 근본적으로 차이가 있음을 알아야 한다. 예를 들어 어린아이가 고층 아파트 베란다에서 놀다가 떨어지자 너무도 놀란 아이 엄마가 잔디밭으로 뛰어 내려가 보니 아이는 털끝 하나 다치지 않고 울고만 있더라는 실화는 상식과 이성적으로는 도저히 이해가 가지 않는 일이다. 이때 우리가 흔히 하는 말이 "삼신할머니가 도와 주셔서 기적 같은 일이 일어났다"고 말한다.

이렇게 상식적으로 생각할 때 우리들의 이성적 판단으로는 도저히 일어날 수 없는 일임에도 불구하고 기적이 일어나게 하는 기막힌 조화는 바로 이 지신 때문이다. 이 분들이 특히 어린 아이들을 더욱 사랑하고 도와주시는 것은 어린아이들은 아직 영혼이 맑고 깨끗하기 때문이다. 다시 말하지만 우리는 절대 신의 자녀이기 때문에 우리가 이 땅에 사는 동안 우리를 무조건 도와주시고 보살펴 주신다는 사실을 잊어서는 안 될 것이다.

모든 신은 공평하다. 절대 신께서도 우리를 도와주시고 이 땅의 지신들도 우리를 도와주시는데 무엇 때문에 어느 누구는 잘되고 어느 누구에게는 계속된 시련과 실패를 주는 것일까? 세상살이에 실패한 사람들은 도대체 어떤 영향을 받기에 사업이 망하고, 아파서 병원에 입원하고, 애정에 금이 가면서 이혼하고, 송사로 인해 교도소에 들어가고, 암, 불치병, 난치병으로 고생을 하는가? 세상을 돌아보면 오르지 나에게만 고난과 실패와 고통이 밀려와 어렵게 살아가는 것 같은 억울함만 밀려오는데 그 이유는 도대체 무엇이고 나와 가족에게 어떤 영향을 미치는지 살펴봐야 할 것이다.

(5) '후손(後孫)'의 기(氣)란?

'후손(後孫)'의 기란 부모님으로부터 잉태된 태아가 이 땅에 와서 살아가는 동안 자신의 운명을 스스로 노력하고 개척하며 성공을 위해 분투하는 본인의 기를 말한다. 우리는 누구나 열심히 노력하면 본인 스스로도 상상할 수 없을 만큼의 놀라운 재능을 개발할 수 있는 잠재력을 갖고 태어난다. 어떤 사람은 태아 때부터 조상님들의 발복으로 인해 명당의 기운을 받고 태어나기도 하고 집안의 기운을 받고 태어나 성공 할 수밖에 없는 인생도 있다.

조상님들의 보호 속에 영적인 계시를 받고 태어나는 것 또한 무시할 수 없지만 본인 스스로의 노력으로 당대에 일가를 이룬 분들도 수없이 많은 것도 사실이기 때문이다. 통상적으로 역사의 중요한 변혁기의 길목에서 뛰어난 활약을 한 인물들을 추적하다 보면 틀림없이 두 가지 모두가 어우러진 분들인 것을 어렵지 않게 알 수가 있다.

해신 장보고, 태조 왕건, 태조 이성계, 성군 세종대왕, 성웅 이순신, 사명대사, 박정희 대통령, 정주영 회장, 이병철 회장, 최종현 회장과 같은 국가지대계를 이끈 분들과 세계적인 예술인, 국내외에서 활동하는 스포츠 스타 등 성공과 부합된 인물들을 다 쓰자면 책으로 수십 건도 부족하니 이 정도에서 그치는 것이 좋은 것이다.

그러나 이분들의 공통점을 들여다보면 결정적일 때 누군가의 절실한 도움이 필요할 때, 도움을 주는 인물이 나타나는 스토리가 예외 없이 나타난다. 성공까지의 스토리가 모두다 한편의 드라마다. 혹시나 그 노력까지도 미리 운명이라는 틀 속에 예정돼 있는 것은 아닐까? 그러나 말 그대로 본인들의 노력도 대단했지만 조상님들의 발복 없이는 불가능했을 것이라는 것이 필자의 개인 생각이다.

이렇게 놓고 보면 본인만 열심히 하면 어느 누구라도 후손의 기를 무궁무진하게 발전시킬 수 있다는 결론이 선다. 우리가 각자의 삶에 충실하고 성실히 살아가야 하는 것은 신의 뜻을 따르는 인간의 도리인 동시에 자신의 삶을 보람 있게 만들기 위한 최선의 방법이기 때문이다.

아무리 대통령이 되고 장관, 판·검사, 국회의원, 대학자, 과학자, 음악인, 예술인, 스포츠인 재벌이 될 천기를 가졌더라도 본인의 노력 즉 후손의 기가 부족하면 이루기 어려운 것이다. 항상 겸손하고 베풀며 좋은 업을 쌓고 행하는 후손의 기가 절대적으로 수반돼야 하는 것이다.

그동안 필자와의 만남으로 당신과 가족에게 큰 변화가 찾아오고 돈과 명예를 얻고 자녀들에게 변화와 행복이 찾아왔다면 분명하게 어떤 비결이 확실히 존재한다고 믿어야 한다. 필자를 꼭 만나고 싶어 하는 내외국인을 보면 당신 스스로 열심히 노력하는데 뜻대로 풀리지 않고 계속되는 실패로 불행하다고 생각하는 사람이거나, 자식들의 문제로 고민에 빠진 분들이 어떻게 하든 시원하게 해결하고 싶어서이다.

이렇게 보면 끊임없이 노력하는데 왜 나에게만 계속적으로 불행이 닥치는 걸까? 아무리 노력해도 안 되는 걸까? 행복과 불행의 차이, 성공과 실패의 차이는 왜 일어나는지 꼭 알고 싶은 것이 인간의 본능이다. 그 본능의 해답을 다음에서 풀어보자.

(6) '조상(祖上)'의 기(氣)란?

'조상(祖上)'의 기가 우리에게 가장 중요하게 작용한다. 이 책에서 말하고자 하는 훌륭한 자녀 만들기는 바로 원효대사 때부터 끊어지지 않고 면면히 내려온 한국의 정신사이며 세계적인 문화유산의 보고이다. 사대부 집안으로 힘 있게 전수돼 내려오는 조상의 기가 후손들에게 어떻게 작용돼 어떤 결과가 나타나는지 대해 알려주는 것이다.

천지조후의 기운 중에 가장 중요한 조상의 기를 올바르게 이해한다면 당신이 갖고 있는 모든 문제와 숙제는 이곳에서 해답을 얻을 수 있을 것이다. 그러기 위해선 먼저 조상의 개념을 정리하고 갈 필요가 있다.

요즘 우리 사회가 서구 문화에 물들고 개인주의가 팽배해지자 부모와 형제보다도 나를 앞세우고 남보다는 자아를 강조하는 세상이 되다보니 이상하게 언제부터인가 조상이라는 말이 아주 구태의연하고 고리타분한 단어로 취급돼는 세상이 됐다. 그러나 조상이란 다름이 아니라 바로 나의 부모님을 일컫는다. 부모 없이 세상에 나온 이가 있겠는가? 절대신은 우리 인간을 이 땅에 보내 주실 때 그냥 보내 주신 것이 아니고 인간의 몸을 통해서 보내 주셨다.

예수님이 이 땅에 인류를 구원하러 오실 때에는 영적이나마 성모마리아의 육체를 통해서 오셨고, 석가모니 부처가 이 땅에 오실 때에도 왕의 아들로 오셨다. 나와 아내의 몸을 통해 나의 자식들을 이 세상에서 태어나게 했듯이 우리들 모두는 우리를 낳아준 부모를 통해서 이 땅에 왔고 그 부모는 그 부모의 부모로부터 이 땅에 왔으며 또한 한 결 같이 저 세상으로 돌아가셨다.

이렇듯 조상이란 부모의 또 다른 이름인 것이다. 내가 조상이고 조상이 곧 나이다. 그러기에 조상의 기는 당연히 후손에게 미치고 그 어떤 기운보다 강력하게 작용한다. 만약에 당신이 죽었다고 가정해보자. 당신이 저 세상으로 갔다고 자식들에 대한 걱정과 사랑이 사라지겠는가? 이것은 인류가 존재하는 한 어느 민족이든, 어떤 가정이든 만고에 변하지 않는 진리일 것이다.

사람이 죽으면 "돌아 가셨다"라고 말한다. 이것은 절대 신께로 되돌아간 것을 말하며 앞에서 말했듯이 죽는다는 것은 육체와 영혼이 분리돼 육체는 이 땅에 남고 영혼만 저 세상으로, 즉 절대 신께로 돌아가는 것을 말한다. 하지만 바로 이때 모든 영혼이 절대 신에게 잘 가는 것은 아니다. 모두 다 잘 가셨다면 아마도 인류문명에 커다란 변화가 있었을 것이다.

부모님과 조상님 중에는 잘 가신 분이 있고 못 가신 분도 있을 것이다. 잘 가시고 못 가시고는 얼마만큼 자신의 탐욕을 버리고 자기보다 어렵게 사는 사람들과 더불어 착하게 살았느냐와 자신의 탐욕으로 인해 얼마나 많은 사람들에게 아픔을 주었느냐가 관건일 것이다. 이것에 대한 판결은 하늘에서 판단을 내리시는 것이다.

종교에서는 잘 되신 분들을 "천국, 천당, 극락에 가셨다"라 하고 못 가신 분을 "지옥에 떨어졌다"또는 "구천을 떠돈다"라고 표현하는데 이 책을 읽는 당신도 이 다음에 저 세상으로 돌아갈 때 잘 가려면 살아온 날이야 어쩔 수 없지만 앞으로 살아야 할 인생만큼은 거짓과 탐욕을 버리고 정직과 진실 된 마음으로 살아야 만이 좋은 곳으로 갈 수 있음을 명심해야 할 것이다.

앞으로 당신과 당신의 자녀에게 미치는 조상의 기 즉 부모님의 영혼이 잘 가셨는가, 못 가셨는가에 따라 결과가 완전히 달라진다. 잘 가신 분은 후손들에게 무조건 도움을 주시며 자식들에게 좋은 영향을 미친다. 그래서 사업이 일취월장 번창하고 집안도 번성하고 자손들이 건강하고 출세가도를 달린다. 이것을 보고 흔히 무심결에 조상님들의 음덕 덕분이라고들 한다.

그러나 못 가신 분은 후손에게 아주 나쁜 영향으로 다가온다. 흔히 조상이 찾아와 나를 해친다고 하는 것은 지금껏 무수히 많은 사례가 이를 증명한다. "조상이 잘못돼 되는 일이 없다"는 말을 하는 것은 못 가신 영혼의 기가 후손에게 안 좋게 미치지 때문이다.

현재에도 대한민국 명사의 집안을 보면 조상의 기 즉 부모님 음덕의 기를 자손들이 덕 보기 위해 할아버지, 할머니 또는 부모님의 묘 자리를 수만금 지불해가며 명당이라고 감지된 곳으로 이장하는 것이 마치 유행처럼 번지고 있다. 그러나 그것보다 더 중요하고 확실하게 덕을 보는 방법은 절기 때마다 명절 차례를 지내는 것이고 부모님 제사 때 후손들이 지극 정성으로 부모님 제를 잘 모시는 것만으로도 충분하게 좋은 기를 받을 수 있다.

이것이 잘못됐을 때 당신의 건강은 물론 물질적·정신적으로 모든 것을 잃게 되고 고통과 좌절 속에 계속되는 불행의 나날을 보내게 된다. 심지어는 불의의 사고와 액운을 당해 삶을 포기하기도 한다. 그런데 사실은 임종하신 부모님이 찾아와 당신을 해치고 괴롭히는 것이 아니다. 자식 못 되기를 바라는 부모가 세상천지에 어디에 있는가? 나를 해치고 괴롭히려고 찾아오는 것이 아니고 자신들의 고통을 후손에게 호소하며 도움을 청하고 있는 것이다.

즉 돌아가신 부모님 영혼 스스로가 너무 힘들어서 지금의 고통을 벗어나고 싶다며 자식들에게 호소하려고 찾아보는 것이며 제발 좋은 곳으로 보내 달라고 호소하는 것이다. 바로 그 같은 메시지 전달방법은 꿈, 태몽, 암시, 영혼의 기 등 여러 가지 형태로 메시지를 보내며 구원의 손길을 바라는 것이며 자식들에게는 이 메시지가 불운과 액운으로 나타난다는데 문제가 발생하는 것이다. 정확히 말하자면 자식의 불운과 액운은 자식들이 진정으로 영혼을 영접하지 못하기 때문에 고통을 받는 것이라고 할 수 있다.

사업, 건강, 출세 등 되는 일이 없고 이유 없이 몸이 아프고, 마음이 불안하고 혼란스러우며 모든 일이 잘 안 풀리고, 결정적일 때 무너지고, 사태 수습이 안 되는 현상의 모든 것들은 못 가신 영혼의 메시지가 악 영향으로 미치고 있기 때문이다. 단지 우리 눈에 보이지 않는다는 이유로 조상의 기를 모르고 무시하며 살아가고 있다. 필자는 단언하건대 조상의 기는 지금 이 순간에도 당신과 자녀들에게 엄청난 파장을 미치고 있고 그것이 당신과 자녀들 운명에 결정적으로 작용하고 있다는 것을 다음 장에 증명해 보일 것이다.

숫돌을 천만 번 간다고 거울이 되는 것은 아니다. 믿으면 존재하는 법이라고 했다. 진리로 나아가는데 그 어떤 것에도 걸림이 없어야 하며 진실은 진실대로 여과 없이 받아 들여야 한다. 이제 당신이 받아들여야 할 소중한 진리만큼은 이제부터 놀라움도 놀라움 그 자체로 받아들여 주길 간절히 바란다.

2) 어느 누구의 말도 믿지 말고 직접 조상의 기를 확인하라

조상의 기를 모르는데 어떻게 정확하게 확인을 할 수 있을까? 우리는 막연하게 영혼의 세계를 신문과 매스컴을 통해 알게 되면서 인정하게 되고 그 보이지 않는 기가 인간문명에 영향을 미친다고 생각한다. 그래서 누군가가 돌아가시면 좋은 곳으로 잘 가시라고 각자의 종교나 가풍에 따라 기도, 연도, 천도 등으로 예를 해드리고 고인의 안부를 걱정하며 성직자에게 영혼의 안부를 맡긴다.

그런데 그 예를 주재한 성직자는 한 결 같이 좋은 곳으로 잘 가셨다고 말한다. 부모님이 정말 잘 가셨는가 알고 싶어도 확인 할 길이 없고 눈에 보이지 않으니 그냥 잘 가셨나 보다 믿는 것이고, 목사님이, 신부님이, 스님이 잘 가셨다고 하니까 의심 없이 무조건 믿을 수밖에 우리로서는 확인할 길이 없다. 아니 그리 믿고 싶기도 할 것이다.

당신 스스로 과연 잘 가셨는지 못 가셨는지를 증명할 수 있는 방법을 알 수가 없으니 무조건 믿을 수밖에 없다. 그러나 세월이 흘러 살아가면서 모든 일이 잘 풀리지 않고 액운이 자꾸 생길 때 혹시나 하면서 용하다고 소문난 점쟁이를 찾아가 물어보면 “조상님이 힘들어 당신을 찾아와 계시니 굿을 하자. 천도를 하자"라는 말을 듣게 된다.

결국에는 지푸라기라도 잡아보자는 심정으로 많은 돈과 시간을 들여서 하라는 대로 해 보지만 사업, 건강, 자녀문제 등 내가 원하는 뜻대로 되는 것이 없다. 이것은 몇몇 수행자와 점을 치는 사람들이 자세히 모르면서 조상을 빙자해 거짓을 당신에게 전달하는 것이다. 이렇듯 조상님을 들먹이는 것은 전부 다 거짓말이다. 부모님과 조상님들이 잘못됐다고 하면 도대체 무엇이 잘못됐는지를 확인 할 길이 없으니 이는 거의 모든 분들이 거짓말에 속고 당할 수밖에 없는 것이다. 속고 당하는 것이 일상다반사이다 보니 도저히 이래서는 안 되겠다 싶어 필자가 이렇게 글을 쓰게 됐는지도 모른다.

도대체 어느 조상님이 못 가셨는지도 정확히 모르면서 해결할 수 있는 비법도 능력도 없이 돈을 벌겠다는 욕심으로 근거 없이 아는 척하면서 넘어가려는 상황이 일반적이다. 심지어 어떤 이는 모든 조상이 다 잘못돼서 큰일 났다고 으름장을 놓기도 하고, 원래는 잘 가신 분인데 당신이 조상을 잘못 모셔서 하도 배가 고파서 당신을 찾아 온 거라는 등 이상한 말만 장황하게 늘어놓고 돈을 벌려는 목적으로 현혹시킨다.

다시 한 번 확실히 강조하지만 영혼이 잘 가시고 못 가신 것은 그 분이 이 땅에 살면서 얼마나 착하고 올바르게 살았는가에 대한 죽음 이후의 저 세상에서의 심판이지 이 세상에 살고 있는 인간들이 정하는 것은 아니다. 요즘같이 이성적 판단과 사실 과학이 발달한 세상에 실체도 없이 말로만 떠들다가는 흔히 사이비 소리를 들을 수밖에 없다.

자, 지금부터는 어떤 성직자의 말도 믿지 말고 경험적으로 당신 손으로 직접 느껴보자. 인간으로 태어났다면 동·서양을 막론하고 가장 알고 싶어 하는 분야 중 하나가 영혼의 존재일 것이다. 필자가 일본에서 종교 지도자들 앞에서 공개적으로 진행할 때 모두가 놀라움과 경탄을 금치 못했던 비법이 있다.

(1) 못 가신 조상의 혼은 무덤 앞에 올린 음식 맛이 없어진다

십여 년간 국내와 일본, 홍콩, 중국, 대만, 미국, 캐나다 그리고 유럽에서 그네들의 관점으로는 불가사의 그 자체인 영의 비밀이 눈앞에서 펼쳐질 때 모두가 인정한 내용이었으니 당신도 이 비법의 숨겨진 비말만 이해한다면 그 순간부터 흥분으로 몸을 떨게 될 것이다. 이렇게 직접 느껴지는 과정과 건강, 출세, 성공, 행복과 당신 자녀의 미래가 확실히 보장될 것임을 믿어 의심치 않는다.

첫 번째 공개는 앞에서 말했듯이 잘 가신 분은 후손을 도와주고 못 가신 분은 자손들에게 찾아와서 도와 달라는 메시지를 보내는데 그것이 당신과 가족에게는 액운과 불행 등 나쁜 영향으로 미친다. 그 영향이 나에게 미치는지 안 미치는지를 직접 알아 볼 수 있는 방법이 있기 때문에 많은 분들이 놀랍다고 하는 것이다.

서울 동작구 현충원 국립묘지, 수유리 4·19묘지, 광주 망월동 5·18묘지. 대전 현충원 국립묘지 등 국가에서 관리하는 국가유공자 묘지와 삼풍백화점·대구 지하철·비행기 사고로 인한 유령제와 당신과 직접적으로 연관된 선산의 묘 또는 부모님 묘에서 필자가 지시하는 대로 당신이 이 책을 덮고 곧바로 직접 확인해 보도록 하라. 믿지 못할 놀라운 광경이 벌어질 것이다.

우리 눈에는 보이지 않지만 묘지에는 영혼의 기가 강력히 흐르고 있다. 우리들은 산소에서 벌초도 하고 정성껏 준비한 음식을 차리는데 이때 차려놓은 음식은 물론 그 곳에 있는 당신과 자녀들에게도 그 영혼의 기를 틀림없이 받게 돼 있다. 그때 부모님의 영혼이 잘 가셨으면 좋은 기를, 못 가셨으면 나쁜 기를 받게 된다. 본인이 직접 산소에 가서 제사를 준비할 때 갖고 간 술, 도부, 사과, 배 그리고 담배를 피우시는 분들은 담배 등으로 본인이 직접 실험하도록 권해본다.

산소 앞에서 제사를 지낼 때 술이나 과일, 두부 그리고 담배 등을 자리에 놓고 5분에서 15분 정도 기다린 후 각각 맛을 보라. 영혼의 속도는 빛의 속도보다 빠르기 때문에 2~3분 정도의 짧은 시간이라도 변화가 찾아온다. 분명한 것은 본래의 맛과 달라져 있는 것을 느낄 수 있을 것이다.

좀 더 확실하게 비교를 하고 싶으며 산소 앞에 놓아뒀던 것과 놓지 않은 것을 단순 비교해 보라. 영혼이 잘 가신 분의 묘 앞에 놓았던 술은 처음의 맛이 아니고 아주 달고 순한 맛이 나며 담배도 부드럽고 순해져서 풀 냄새가 날 정도가 된다. 남편이 곁에 있으면 남편의 담배로 산소 앞에 놓아뒀던 담배와 놓지 않은 담배를 남편보고 직접 맛보며 확인해 보라고 하면 확연히 느낄 수 있다. 두부 같은 경우에는 탱글탱글해져서 고소한 맛이 난다. 잘 가신 영혼은 자식들에게 무조건 좋게 해주고 도와주시기 때문에 음식의 맛도 좋게 변화시키는 것이다. 바로 이것이 잘 가신 분의 영혼이 도와주신다는 확실한 증거이다.

반대로 못 가신 분의 묘에는 어떤 변화가 생길까? 당연하겠지만 술맛이 독하고 쓰다. 담배 맛도 쓰고 목에 탁 걸리며 두부는 즉시 퍼석퍼석한 맛이 난다. 못 가신 영혼의 기는 안 좋은 영향을 미치기 때문에 음식 맛까지도 안 좋아진다. 필자가 일본과 유럽에 초청 받아 그 곳에서 어느 가문을 위와 같은 방법으로 똑같이 했을 때에도 똑같은 현상이 일어났고, 당사자 가족 분들이 동양의 신비라며 깜짝 놀랐다. 전 세계 어느 집안이든 누구든 간에 같은 상황이 벌어진다.

유럽에서 초청을 한 집안은 당연히 기독교 집안이었다. 조금 의외인 것은 조상을 위해 모시는 것은 우리보다 더 엄격한 계율을 통해 엄숙히 치러지고 있었으며, 종교적인 의식과 조상들을 모시는 과정은 전혀 별개의 과정으로 치르고 있는 것에 일심 수긍이 갔다.

예를 들어 부모님의 영혼이 잘 가셨으면 별 문제는 없다. 그러나 잘 못 가신 영혼의 음식 맛이 이렇게 안 좋게 순식간에 바뀌는데 자식에게 미치는 육체적으로나 정신적 영향은 얼마나 클 것인지 상상해 보면 쉽게 이해가 갈 적이다. 바로 이 부분이 자식에게 해를 끼치게 되는 증거이다.

이렇게 확실한 실험을 통해 설명을 했더니 의심이 많은 독자 분들께서 이런 질문을 했다. “매장을 하지 않고 화장을 하신 분들이나 선산이나 부모님 묘가 북쪽에 있거나 외국에 있는 경우 또 외국에 살면서 국내에 묘가 있는 경우, 천재지변으로 인해 쓰나미와 같은 재앙으로 시신을 찾지 못한 경우, 심지어 한강에서 자살해 시신을 찾지 못한 가족인 경우에는 어떻게 해야 알 수 있을까요?"라고.

그것은 부모 형제와 처나 자식들이 언제 어느 때라도 묘지에서와 같이 고인의 영정을 놓고 묘에서와 똑같은 방식으로 직접 하면 된다. 고인의 영정이 없으신 분들은 지방(신위)을 써서 붙이면 같은 효력을 똑같이 느낄 수 있다.

(2) 제사를 지낼 때 고인의 영혼이 반드시 온다

우리는 예부터 제사를 지낼 때 고인의 영혼이 반드시 오게 돼 있다. 제사를 지낼 때 오신 고인이 제사 상위의 음식을 먹기에 음식의 맛이 변하는 것이다. 제사상 위의 음식들은 이승과 저승을 이어주는 우주의 공간 통로이며 산 자와 죽은 자의 벽을 넘나드는 영혼의 교감 장소이다. 말 그대로 과거, 현재, 미래로 흘러가는 시간의 강물인 동시에 산 자와 죽은 자의 두 공간이 접속할 수 있는 경계 영역인 것이다. 일반인들은 제사를 지낼 때마다 '정말 영혼이 와서 이 음식을 먹기나 할까?'하고 궁금해 하는 것은 제사를 지내는 가정이면 누구나 한 번쯤은 가져보는 의문이다.

우리는 예로부터 종교의식을 떠나서 국가의식인 천제단을 통해 천재지변의 변화를 요구했고 왕들의 사직단 제사를 통해 후손들과 백성들이 풍요로운 세상에서 살 수 있을 것이라고 믿었다. 조선개국부터 마지막 왕인 순종 때까지 약 500여 년간 왕가의 종묘는 왕과 신하들이 국가의 총력을 기울여 지켜야 할 일급의 비밀 처였다. '고인의 영혼이 온다'라는 믿음이 없다면 수천 년이 넘도록 국가와 국민이 고인의 제사를 왜 지내겠는가? 수백 년간을 사대부 집안의 종가가 지탱할 수 있었던 것도 조상들이 찾아와 음덕을 베풀지 않았다면 지금껏도 앞으로도 지탱이 가능하지 않을 것이다.

무언가 분명히 있기 때문에 수백 년간을 철저히 지켜가며 오늘날에 이르렀다고 생각해야 한다. 그 음덕으로 인해 사대부 집안의 후손들이 지금도 국내외 곳곳에서 성공할 수 있었던 원동력이 되고 있다. 다시 말하지만 부모님의 영혼이 잘 가신 분은 술맛이 순해지고 음식도 맛있어지고, 못 가신 분은 독하고 쓰고 맛이 없어지는 것을 확연히 느낄 수 있다. 물론 묘가 아닌 영정이나 지방을 놓고 맛을 비교했을 때에도 묘지에서와 똑같은 현상이 나타남을 체험할 수 있다.

그래서 어느 집 제사 음식은 맛있고, 어느 집 제사 음식은 맛이 없는 것이다. 이와 같은 내용을 모르고 그동안 제사 음식을 드신 분들은 전혀 변화된 맛을 모른 채 수십 년간을 지내왔을 것이다. 그러니 지금부터는 당신의 온 집안 식구들이 다 모여 있을 때 이 방법을 토대로 가족들이 음식 맛을 직접 비교해 보기를 바란다.

그동안 관념의 대상으로 보았던 조상의 영혼이 실존의 대상으로 느껴질 때의 그 경이로움은 직접 느껴본 분들만이 전율을 느낄 수 있다. 이젠 당신도 부모님이 잘 가셨는지 못 가셨는지를 어느 조상님의 영혼이 잘 가셨는지 못 가셨는지를 알 수 있게 됐다. 그러므로 이제부터는 어떤 성직자 분들도 믿지 말고 당신이 직접 확인하고 느껴 보기를 제안한다. 왜냐하면 이 과정은 너무도 중요하기 때문이다. 다른 것도 아닌 본인은 물론이고 부모님과 자식들의 일이기에 본인이 직접 알 수 있는 엄청난 비밀을 알게 됐는데 누구에게 맡기겠는가 말이다.

한편 친구와 친구 부모님도 가능하며 고인이 된 어느 누구도 이와 같은 방식으로 확인이 가능하다. 서울 동작동 현충원, 국립묘지에 가서 역대 대통령 중 고 박정희 대통령과 이승만 대통령 묘 앞에서 직접 확인해보면 두 분 중에 한 분은 잘 가셨고, 한 분은 못 가셨다. 그것은 누구나 갖고 간 술이나 담배로 금방 확인할 수 있다.

또 하나 고 이병철 회장과 정주영 회장, 대한민국에 화장 문화에 대한 선입견을 바꾸신 고 최종현 회장을 똑같은 방법으로 앞에서와 같이 실험해보면 이 또한 바로 알 수가 있다. 확언컨대 두 분은 맛이 달고 한 분은 맛이 쓰다. 이와 같은 방법으로 억울하게 돌아가신 독립군의 영혼들을 위로 할 수가 있다. 국가를 위해 헌신한 유공자들, 해외에 있는 분들이나 어느 국가의 어느 인물도 똑같은 방법으로 가능하다.

(3) 죽은 영혼의 기운에 대한 향방을 알아야 도움을 받을 수 있어

이렇게 글을 쓰다 보니 수백 년간 일반인들로서는 도저히 알 수 없었던 비법을 알게 된 것에 혼란을 느끼는 분들도 계실 것이다. 필자는 사주팔자를 보는 역술인도 아니고 굿을 통해 점을 치는 점쟁이는 더 더욱이나 아님을 밝힌다. 그러나 종교지도자들이나 지식이 풍부한 학자 분들, 지체 높은 고위관료나 재벌인 경우에는 확인도 없이 미신으로 치부해 버린다.

그 동안 필자는 국내외에서 도덕 높은 성직자인 스님, 목사님, 신부님 앞에서 공개적으로 직접 확인해 줬다. 외국에서 어떤 경우에는 필자에게 따지러 오신 성직자 분도 계셨으나 필자가 직접 보여준 여러 상황을 눈으로 확인하신 후에는 그제 서야 필자의 학문을 인정하고 떠난 경우도 부지기수였다.

일반인들이 아닌 성직자 분들 앞에서 영혼에 관계된 비법을 펼쳐 보인다는 것은 확실한 비법 없이 아무나 할 수 있는 것이 아니다. 하물며 아무런 비법도 없이 조상의 영혼을 운운하며 일반인들을 현혹하는 행위는 절대로 있어서는 안 된다.

또한 본인의 상식으로만 세상의 척도를 들이대며 미신이다 아니다 하며 다른 모든 것들과 비교 대상으로만 본다면 필자의 입장에서는 그들이 그저 안쓰러울 뿐이다. 죽은 자의 영혼이 존재하느냐, 하지 않느냐에 대해 수많은 논쟁을 통해서 그동안 수많은 곳에서 확실하게 증명해 보였다. 이렇게 영혼이 존재한다면 어떤 방식으로든 확인하고자 하는 것이 인간들의 심리다.

그동안 일반인들이 영혼의 존재를 확인할 수 있는 방법은 지금까지는 도저히 불가능했다. 이러한 행위들에 대해 그동안 마치 수행을 하는 수행자와 종교의 수장들만이 알고 있는 듯이 했던 일들이 일반인들도 알 수 있도록 한다는 것에 많은 종교 지도자 분들이 충격을 받을 수밖에 없었다. 하지만 근본적으로 감춘다고 해서 될 일이 아니라고 보는 것이다. 너무도 많은 사람들이 엉터리 주술 같은 것에 피해를 입을 뿐만 아니라 심지어는 패가망해 패인이 된 경우도 허다하기 때문이다.

그러한 피해를 보다 못한 필자가 일반인들에게 어느 누구의 말도 믿지 말고 부모님의 죽은 영혼의 기를 당신 스스로 직접 체험하라는 뜻에서 앞에서와 같은 방법을 알려 준 것이다. 왜냐하면 죽은 영혼의 기운에 대한 향방을 알아야만 당신과 당신 자녀들이 도움을 받을 수 있기 때문이다. 당신에 관계된 모든 것들과 자녀에게 미치는 많은 변화의 영향으로 인해 기뻐할 수도, 상처받을 수도 있기 때문이다.

앞으로 죽은 영혼의 세계에 대해 구체적인 방법으로 설명할까 한다. 또한 영혼천도를 통해 나에게 어떤 변화가 올지 어떤 영향이 미칠지 그 내용에 대해 살펴보고 증명할까 한다.

2. 훌륭한 자녀를 만들려면 진짜 비법을 써라

우리는 지금 핵가족 시대를 살아가고 있다. 그렇다 할지라도 어느 누구에게나 조상은 있고 우리는 그 수많은 조상님의 영향을 받고 살아간다. 그것이 좋은 영향이든 나쁜 영향이든 그것은 하루아침에 나타나고 사라지는 것이 아니다. 태아 때부터 깃들어온 영혼은 그때부터 서서히 진행되고 부지불식간에 결과로 나타나기 때문에 얼마나 어떻게 영향을 받는지 우리가 미처 알지 못할 뿐만 아니라 알려고 하지도 않고 살아가고 있을 뿐이다.

그러나 어느 날 갑자기 나에게 또는 가족에게 불행이 찾아오면 그때부터 불행의 원인에 대하여 작은 것까지도 그 의미를 부여하기 시작한다. 우리에게 직접적인 영향을 주는 조상님을 편의상 직계로 나눠 설명하면 직계 조상님들은 5대조까지 나눌 수 있다. 얼굴도 모르는 5대조 조상님의 영향을 받는다는 사실이 놀라울 것이다. 부모님이 살아 계시면 총 여덟 분이고 부모님이 돌아가셨다면 열 분의 직계 조상님들의 영향을 받는 것이다.

1) 나쁜 기의 기운이 좋은 기의 기운으로 바뀐 흔적을 체험하라

그 중에는 잘 가신 분도 계실 것이고 못 가신 분도 계실 것인데 잘 가신 분은 자손들을 도와주시고 못 가신 분은 후손들에게 도와 달라고 나쁜 기운으로 찾아와 후손들의 삶이 고통스럽고 어려워진다. 그렇다면 5대조(열 분)에 대한 영혼이 잘 가셨는지 못 가셨는지를 어떻게 알 수 있을까? 이것 또한 앞에서 설명한 바와 같다. 만일 가까운 시일 내에 제사가 있다면 식구들이 다 모여 있는 상태에서 지방(신위)을 쓸 때 이렇게 쓰고 하나하나 바꾸면 된다.

홍길동 부 영가신위	홍길동 모 영가신위
홍길동 조부 영가신위	홍길동 조 영가신위
홍길동 증조부 영가신위	홍길동 증조모 영가신위
홍길동 고조부 영가신위	홍길동 고조모 영가신위
홍길동 5대 조부 영가신위	홍길동 5대 조모 영가신위

이렇게 한 분 한 분마다 개별적으로 실험을 하게 되면 마찬가지로 술, 담배 등 장만한 음식 맛이 모두 달라진다. 이때 번거로움을 덜기 위해서는 술이나 담배로 하는 것이 무난할 것이다. 이때 술맛이나 담배 맛이 순하거나 달게 느껴지면 잘 가신 분이기에 신경 안 써도 되나 10분 중 누구라도 맛이 탁하고 쓰면 잘못 가신 영혼이시니 그 조상님을 각별히 신경 써야 함은 물론이다.

[그림28] 제사상에 놓인 지방(출처 : 네이버)

2) 나쁜 영향을 끼치는 원귀도 천도를 통해 잘 가시도록 해라

그동안 국내외에서 있었던 많은 상담 중 일본에서도 훌륭한 자녀를 만들기 위해 노력하는 것은 우리와 다를 바 없다. 그 중 특이한 경우를 말해볼까 한다. 일본 동경 있을 때 낙태와 유산으로 인해 고민하던 중 주지스님의 천거로 필자를 은밀히 찾아오신 분이 계셨다. 일본에서는 낙태와 유산으로 상담을 해올 경우라도 은밀히 찾아오는 경우는 없기에 필자도 조금은 의외라고 생각했다.

찾아오게 된 내용이 현재 남편과 결혼 전에 각기 다른 남자로부터 다섯 번의 임신을 했었고 다섯 번 모두 낙태 또는 유산을 했었다고 하면서 어찌하면 좋겠는가를 의논해왔다. 이 여성분은 일본에서도 이름만 대면 알 정도의 명문집안 여성이었다. 그런데 문제는 현재의 남편과 3명의 자녀를 두었는데 어느 날부터 가족에게 불행이 찾아와 너무나도 힘들다고 호소하는 것이었다.

일본 내에서 특별히 낙태와 유산을 전문적으로 구명시식을 해주는 절에서 천도를 했지만 효험을 못 보던 차에 주지 스님의 추천으로 한국에서 온 원효대사의 마지막 제자 분이 일본에 계시다고 해서 이렇게 찾아오게 됐다고 했다.

일본에서는 일심(一心), 화쟁(和諍), 무애(無碍)로 요약되는 원효대사의 학문과 사상은 중국, 일본, 인도에까지 영향을 끼쳤으며 일본에는 원효를 부처와 동격인 명신(明神)으로 추앙하고 있다.

그 날 그 여성의 이모와 언니 세 명이 보는 앞에서 실험의 성격을 설명하고 낙태와 유산을 한 다섯 명의 영아 영혼을 하나하나 확인시켜 줬다. 천도 후 맛 자체가 달고 순하게 변하는 것을 직접 확인했고 죽은 영아들로 인해 지금의 자식들에게 어려움이 미쳤던 것을 풀어 해결해 줬다. 현재도 그 결과로 인해 그 집안과 좋은 인연을 유지해 오고 있다.

흔히 이와 같은 현상을 통칭 '원귀'가 붙었다고 말한다. 이 원귀가 많은 사람일수록 불운과 악재가 끊이질 않는다. 대체로 원귀 숫자와 실패의 정도는 비례한다. 낙태와 유산을 많이 하고, 사업에 실패하고 거리의 노숙자가 되고, 끝내는 자살까지 하게 되는 것은 원귀의 수가 기하급수적으로 늘어나고 그 악영향에 자신도 모르게 점점 죽어가는 것이다.

이렇게 찾아오는 원귀들이 붙어있다면 어떻게 하든 잘 보내 줘야 한다. 못 간 영혼이나 원귀를 잘 가게 한 후 다시 과일, 담배, 술로 재확인하면 맛이 달고 순하게 변해 버린 것을 체험하게 된다. 영혼의 속도는 빛보다 빠르기에 맛이 변하지 않으면 잘못된 것이다.

말이 쉬워서 실험이지 요즘 같은 과학의 시대에 영혼이나 원귀니 하는 것도 믿지 않는 세상에 멀쩡하던 술맛이나 담배 맛이 별안간 입에 대기 힘들 정도로 써 지거나 탁한 맛이 다시 순하고 부드럽게 돌아온다는 것이 말로해서 쉬운 것이지 이와 같은 현상은 성직자들에게는 충격이며 경천동지할 내용이며 세상이 발칵 뒤집혀질 엄청난 사건이다.

원래의 맛 → 쓰고 탁한 맛 → 순하고 부드러운 맛으로 변함

왜냐하면 수천 년 수백 년간 보이지 않고 보지 못했던 현상이 낸 눈앞에서 바로 존재하는 순간을 이를 과학으로 입증 못한다. 그러나 이런 현상자체를 본인이나 가족이 느낄 수 있다는 불가사의를 직접 접했을 때의 반응은 말 그대로 경이의 순간이다.

어깨 결림, 두통, 종기, 몸의 컨디션 특히 운동선수가 있는 집안이면 더욱 확연하게 느낄 수 있는 현상이 벌어진다. 제일 빨리 느끼게 되는 것은 머리가 맑아지는 것이다. 더불어 피로가 회복되고 특히 동양의 신비사상

에 바탕을 둔 비법을 처음에는 호기심으로 바라보던 서양 사람들이 필자를 접하게 되면서 종교를 떠나 신비로움 그 자체로 여기게 됐다.

이제 당신에게 지금까지 조상의 기가 자손에게 어떻게 영향을 미치는지와 잘 가시고 못 가셨는가를 알 수 있는 방법을 말해 줬는다. 이와 같이 '천도'를 하든 '연도'를 하든 못 가신 분들을 잘 가시게 했으면 분명하게 조상의 기가 바뀌고 무덤 앞 술이나 담배 맛이 변하면서 당신은 물론이고 자녀들에게까지 좋은 영향이 미친다. 사업의 성공과 자녀들의 성공을 무조건 기대해도 좋다. 또한 조상들의 영혼이 존재한다고 할 때 가장 큰 영향을 미치는 것이 새로 태어날 태아에게 가장 큰 영향이 미친다.

지금 당신은 어디에서 이 책을 보고 있는가? 혹시 병원 영안실이거나 상가 집이라면 필자가 앞에서 하라는 대로 술이나 담배로 직접 실험해 보길 바란다. 살아있는 자손들은 부모님이 돌아가시면 죽은 망자가 잘 가시라고 종교에 따라 기도, 연도, 천도를 대부분 해드리는 것으로 안다.

그리고 영혼이 눈에 보이지 않으니 목사님, 신부님, 스님한테 "고인이 잘 가셨냐?"고 물어보면 대부분 수행자들은 당신 스스로가 주관했기 때문에 "아주 편안히 고인이 하늘나라로 잘 가셨다"라고 말하지만 진짜 잘 가셨는지 못 가셨는지 눈으로 보았는가? 이 말은 이 세상에 남겨진 가족들을 위로하기 위한 말일 뿐 아무도 알 수 없다. 그래서 당신은 당연히 이 말이 사실인지 거짓인지 궁금할 것이다. 이때 앞에서 언급했듯이 어느 누구의 말도 믿지 말고 당신이 직접 끝난 후에 영정이나 묘 앞에 놓아둔 담배와 술의 맛이 순하고 부드럽게 변해 있어야 잘 가신 것이다. 맛이 쓰고 목에 탁 걸리면 여전히 못 가시고 구천을 떠도는 영혼이다.

수행자가 진행한 천도와 연도는 말 그대로 헛힘만 쓴 공염불일 뿐이다. 비법도 없는 분들이 어설픈 몸짓과 지식으로 하는 의식이야말로 위험하기 짝이 없는 행동이다. 거듭 강조하지만 가짜가 아닌 진짜 비법으로 해야지 만이 원하는 조상의 기를 좋은 방향으로 바꿔 후손들이 조상의 복과 덕을 받을 수 있다.

화장을 한 부모님이나 가족, 시신을 못 찾은 가족의 시신, 천재지변으로 인해 현장에서 망자를 제사 지낼 경우, 외국에서 살면서 국내 선친 및 조상 묘를 찾아뵙지 못할 경우에는 정성껏 상을 차리고 지방을 쓰고 고인의 사진을 놓고 술과 담배 맛의 변화를 확인해 보도록 권한다.

위와 같이 했을 경우에도 묘에서와 똑같은-순하든 독하든-결론이 나게 돼 있는데 자식의 심정이란 부모님이 만약 못 가셨다면 나의 일이 잘 풀리고 안 풀리고는 둘째 치더라도 마음이 편하겠는가? 그런 경우 당장은 아니더라도 언젠가는 부모님 영혼이 잘 가시게 해 드려야 하는 것이 자식 된 도리라고 생각한다.

처음부터 잘 가신 영혼은 해 드릴 것이 없고 못 가신 영혼을 꼭 잘 가시게 해드려야 한다. 형식적 의식에 그럴 것이 아니라 진짜로 잘 가시게 도와 드려야 죽은 망자에게 드리는 마지막 효도가 될 것이다.

3) 관습적으로 행하는 불교 의식의 문제점

이해를 돕기 위해 추가로 관습적으로 행하는 불교의식의 문제점을 설명하고자 한다. 불교에서 말하는 '49제'는 위의 높으신 분께 고인이 좋은 판결을 받을 수 있게 기원해 주는 자손의 정성이다. 그런데 불교신자들은 '49제'만 하면 누구나 잘 가신 것으로 알고 있다. 그러나 결단코 그렇지가 않다. '49제'란 인간이 죽으면 매 7일 마다 일곱 번 재판 받는 것을 말한다. 그분이 판결을 잘 받고 좋은 곳으로 가셨는지 누구라도 같은 방법으로 실험을 해보면 곧바로 알 수 있다.

예를 든다면 어느 분이 돌아가셨을 때 돌아가신 날부터 7일후에 매 7일마다 고인의 사진이나 지방을 써서 붙이고 직접 확인해 보길 권한다. 만약 잘 가셨으면 그것으로 고인은 좋은 세상에 가신 것이니 염려하지 않아도 괜찮은 것이고, 못 가셨으면 또 7일 후에, 또 못 가셨으면 또 7일 후에 이러한 방법으로 49일 동안 7회 재판을 받을 때마다 실험과 확인을 통해 직접 음식과 담배와 술맛을 보면 고인의 상황을 확실히 알 수 있다.

[그림29] 49제 의식(출처 : 네이버)

그렇다면 역 발상을 해보자. 7일, 14일, 21일, 매 7일마다 맛이 쓰고 탁하면 맛이 28일째에는 쓰던 맛이 다시 달게 변했다는 것은 어떻게 설명이 가능하겠는가? 영혼의 세계가 존재한다는 것이 증명이 되는 것이고 자손의 정성에 따라 못 가신 영혼을 잘 가실 수 있게 바꿀 수 있다는 결론이 성립된다.

의례적으로 남이 하니까 나도 하는 49제와 확실한 믿음을 갖고 시행하는 천도제와는 근본적으로 다르다는 것을 알려주는 것이다. 어떻게 하는가에 따라 하늘과 땅 만큼의 차이가 난다는 것을 명심해야 한다. 만약 마지막까지 좋은 판결을 못 받으면 영영 못 가시고 구천을 떠도는 원혼이 돼 자손에게 악 영향을 미치게 되는 것이다.

스님이 목탁을 치며 천도하시는 것은 죽은 망자에게 이승의 모든 영화와 탐욕을 벗어버리고 저 세상으로 잘 가시라고 기도를 해주는 의식인 것이다. 이는 이승에서 변호사 역할이지 판사의 역할이 아님을 다시 한 강조이다.

유명한 성철 스님은 3주 째 좋은 판결을 받고 좋은 세상으로 가셨다. 이렇게 심판 받는 과정에 잘 가신 경우라면 아무 문제가 없다. 문제는 아무리 권세가 높고 돈이 많고 명성이 하늘을 찌르던 분이라도 못 가는 경우가 문제가 된다. 못 가신 영혼이 자손들에게 안 좋은 영향을 끼치게 되기 때문이다.

필자가 다시 한 번 강조하건데 잘 가신 분에게는 아무것도 해드릴 필요가 없고, 영영 못 가시고 떠돌며 당신에게 꿈으로라도 찾아와 도움을 호소하시는 원혼은 반드시 천도를 해야만 자손들에게 성공과 영광이 보장됨을 알아야 한다. 천도를 했을 경우에는 천도 후에 영혼의 기가 바뀌었는가를 반드시 확인해야 한다. 바뀐 것이 확인이 되면 어느새 당신과 자녀들에게 곧바로 엄청난 변화가 찾아 온 것을 느끼게 되고 정말 신기할 정도로 머리가 맑아지고 그 동안 쌓였던 피로가 말끔히 없어질 것이다.

4) 진짜 천도비법으로 조상들의 발복 기원을 받으라

필자가 강조하고 싶은 것은 사업이 망하기 전에 병으로 인해 아프기 전에, 계획이 실패하기 전에, 결혼하기 전에, 이혼하기 전에, 자녀들이 건강하고 탈 없을 때, 부모님이 건강하게 살아 계실 때 즉 액운이 닥치기 전에 미리미리 예방을 하라는 것이다.

당신과 가족에게 불시에 찾아올 불행과 재앙을 미리 막아준다면 미리 예방을 안 할 이유가 어디 있는가? 본인이 알고도 차일피일 미루고 있다가 불행과 재앙이 닥쳤을 때 후회하지 말고 현재 사업이 승승장구하고 자녀들의 효도가 지극해 행복할 때 또한 당신과 자식들이 커다란 꿈을 갖고 정진할 때 반드시 부모님과 조상의 영혼을 확인할 것을 권한다.

행복과 불행이 계속 순환되는 가정 하에서 어느 누구도 예외가 될 수 없음을 명심해야 한다. 사람들은 왜 건강이면 건강, 사업이면 사업, 자녀면 자녀들이 문제가 생기거나 다급해지면 다 망해서 더 이상의 한 치의 여유도 없는 막다른 골목에 몰리고 나서야 필자에게 막무가내로 매달리며 뒤늦게 후회를 하는지 그저 안타까울 뿐이다. 거듭 강조하지만 제발 이런 우를 범하지 않았으면 좋겠다. 본인의 행복한 미래를 위해서는 물론이요 사랑하는 자녀를 위해서라도 신경을 써야 할 것이다.

필자의 부탁을 그냥 허투루 넘기지 말기를 바란다. 모든 부모님 마음이야 자녀가 잘 되기를 바라는 마음에 자녀를 풍족한 환경에서 좋은 교육을 받게 하고 외국 유학을 보내는 것도 중요하지만 그것만이 전부가 아니다. 어려서부터 아니 뱃속에서부터 발복된 조상의 기를 받을 수 있게 한다면 이것보다 더 좋은 금상첨화는 없을 것이다.

잘 가진 조상님들로부터 맑고 좋은 기를 받고, 무한정 후손을 도와주시는 선대 조상님들의 '발복 기운'을 받고 성장한 자녀는 무엇이 달라도 다를 뿐 아니라 당연히 훌륭한 사람이 될 것이다. 실제로 어느 집안을 보면 어려운 와중에 어머님이 돌아가시고 난 뒤에 집안이 더욱더 번성하는 사례를 많이 보아왔다. 이렇게 부모가 돌아가신 후에라도 부모 살아생전 원하시던 성공과 행복한 인생을 자식들이 살아가게 될 것이다.

결혼을 앞둔 예비 신랑신부, 사업하느라 수많은 번뇌와 고민에 쌓인 분들은 하루 빨리 부모님과 조상의 안부를 확인하라. 이것만이 고인뿐만 아니라 본인과 자녀들이 모든 인생사와 불행의 원인으로부터 해방될 수 있는 방법이다. 당신이 정말 훌륭한 자녀를 만들고 싶다면 외국 유학이나 명문대에 보내려고 애쓰지 말고 부모님의 영혼전도를 함으로써, 당신과 자녀들의 효를 통해 먼저 인격을 수양하고 가족을 중시하며 자신을 사랑해 당신이 바라던 큰 인물이 될 수 있도록 기본부터 갖춰줘야 한다.

한시라도 늦추지 말고 돌아가신 부모님과 할머니, 할아버지와 함께 직계 5대조 조상님까지만 확인토록 해 형식에 지나지 않는 가짜 천도가 아닌 진짜 비법의 천도를 하기 바란다.

3. 훌륭한 자녀 만들기

태조 이성계는 진짜 천도를 함으로써 조상의 발복 기운으로 새 세상을 열었고, 수없이 많은 조상들이 이 영향을 받고 발복된 조상의 기운을 받음으로써 수백 년간 사대부 집안을 지탱해 왔다. 수많은 종가의 자손들을 보라. 사회 곳곳에서 대한민국을 이끌어 가는 지도자들 대부분이 조상님들의 발복 기원을 정성껏 받기 위해 정기를 한 곳으로 모으려고 애쓴다. 이렇게 발복된 기운으로 당신과 자녀들이 성공하고 큰 인물이 돼서 국가와 사회에 도움이 되고 행복해 질 수 있도록 미리미리 예방하기를 정말 간절히 바라는 심정이다.

훌륭한 자녀를 만들고자 애쓰는 부모님들이라면 조상님들의 발복 기운 없이 훌륭한 자녀 나오기를 기대하기 어렵다는 것을 알아야 한다. 훌륭한 자녀를 만들기 위해서는 어떻게 어떤 노력을 해야 하는지 조금 더 깊이 알아보도록 하자.

1) 훌륭한 자녀는 이렇게 만든다

우리 모두는 누구나 행복을 꿈꾸고 행복을 바란다. 불행하고 싶은 사람, 고통 받고 싶어 하는 사람, 실패하고 싶은 사람은 하나도 없다. 그런데 왜 누구는 행복하고 누구는 불행한 것일까? 아니 왜 행복을 누리고 사는 사람은 적고 불행하게 사는 사람은 더 많을까? 그럴 바에는 애초에 못살게 하든지 해야지 한참 성공가도를 달리고 있고 너무도 행복한데 하필 이럴 때 꼭 꺾어놔야 하는 것인지 도대체 무엇이 잘못된 것일까?

그 이유는 단 한가지이다. 내가 잘못돼 있으니까 그렇다. 나의 부모님과 조상님들이 어떤 상황에 처해있는지 관심도 없고, 기본도 챙기지 못하는 어리석음에 빠졌고, 제대로 알지도 못하면서 조상하면 무조건 무시하고 배척하는 교만에 빠져있는 내 자신의 잘못 때문이다. 그렇지 않고서는 지금 밀어닥친 불행을 도저히 설명할 수 없다.

부모님과 조상님들의 영혼이 잘못돼 있으니 끊임없이 찾아오는 원귀에 맞고 눌리고 희생되고 죽어간다. 특히 자살에 대한 허망함은 가족과 주변 사람들을 공황상태로 몰고 간다. 지하철 사고로 죽고, 천재지변으로 인해 여행지에서 불귀의 객이 되고, 길 가다 강도당하고, 도저히 설명이 되지 않는 일들이 주변에서 끊임없이 벌어지며 나를 불안에 휩싸이게 만든다.

우연이든, 필연이든, 천재지변이든 사건과 사고가 주변에 끊임없이 발생하는 근본적 원인은 반드시 있기 마련이다. 우리 모두는 그 근본 원인이 운명이라고 나약하게 정의 내리지 말고 근본 원인을 반드시 알아내어서 예방하는 적극성을 갖춰야 한다. 부모님과 조상님의 영혼을 확인하는 것은 이제 당신에게 어려운 것은 아니다. 성공, 출세, 고시합격, 암 예방, 행복의 길, 명문대학 합격 등 훌륭한 자녀를 가질 수 있는 가장 간단한 원리를 이제는 적극적으로 받아 들여야 한다.

(1) 외국도 관심사가 훌륭한 자녀 만들기

눈으로 보고 몸으로 직접 체험한 일종의 영혼접속 과정은 그야말로 세상이 깜짝 놀랄만한 내용이다. 당신 말고 지금도 국내외 수많은 사람들이 숨 가쁘게 영혼의 접속과정을 스스로 할 수 있다는 체험과정에 놀라움을 금치 못하고 있다. 특히 일본 등 아시아인들보다 서양인들의 표현이 더 직설적이다. 아직까지 서양인들 중에 일반인을 대상으로 하지는 않았지만 귀족들을 상대하면서 느낀 점은 지나치다 싶을 정도로 욕심적이다 라는 것이다. 필요한 후원금을 낼 테니 자국 내에서 자신들만의 가문에만 국한되게 발복 기원을 해달라고 요청한다.

그네들도 종교와는 무관하게 직계 조상 5대조를 한 분 한 분 실험해 조상 영혼의 존재를 찾아서 확인시켜줬다. 한 번 믿기 시작하더니 무섭게 적극적으로 매달린다. 그 분들은 동양의 신비사상을 인정하고 도움받기를 절실히 원했다. 말이 필요 없이 직설적 표현으로 때로는 필자를 당황스럽게 만들기도 했으며, 한번 믿기 시작한 그들은 앞 뒤 가리지 않는 저돌성에 필자가 도리어 놀라움을 금치 못했다.

필자는 독자 분들에게 꼭 하고 싶은 말이 있다. 대한민국에서 세계에 내놓고 자랑할 만큼 슈퍼스타가 존재한다는 것을 외국에 알리고 싶었다. 세계적 명성을 바탕으로 어마어마한 후원금을 조성해 세계에 흩어져 있는 독립군의 얼과 국가를 위해 애쓰다 순국한 영혼을 달래는 것이 목표임을 알리고 싶다.

한국인임을 자랑스럽게 알리고 싶고 자긍심과 성취감을 제자들에게 심어주고 싶다. 나의 조국 대한민국의 존재를 알리고 싶고 유구한 역사와 1,350년 전의 위대한 사상가가 한반도에 존재했음을 알릴 것이다.

외국에서도 가장 관심 있는 분야가 우리네와 마찬가지로 바로 훌륭한 자녀 만들기이다. 그들이 필자에게 절대적 신뢰감을 갖고 믿고 있는 것은 바로 '하면 변한다'라는 것이다. 이것이 그들을 움직이게 한 결정적 동기이다.

부모님들의 큰 관심인 훌륭한 자녀 만들기는 간단하고 한 가지 원리로써 어느 민족이든 어느 나라든 똑같이 적용된다. 우리는 태어나서 죽는 그 순간까지 눈에 보이지 않지만 조상 영혼의 기운을 받게 돼 있다. 어머니 뱃속에서부터 영향을 받기 시작해 목, 화, 토, 금, 수에 의해 오장육부에 직접적인 기(氣)를 받고 성장해 나이를 먹으면 육신뿐만 아니라 정신과 운명에 결정적 영향을 미치게 된다.

직계 조상 5대조까지 직접적인 영향을 미치게 되므로 우리가 살아가는 동안 나에게 찾아오는 원귀를 잘 보내야 한다. 왜냐하면 이 세상을 떠도는 수많은 원혼들 중에 집과 건물 등 모든 장소에는 무조건 그 터를 지키는 터 귀신이 존재하고 그 영향을 받는다고 봐야하기 때문이다. 미신으로 보면 안 된다. 이유는 직접 확인이 되기 때문이다.

물론 잘 가신 영혼은 천도를 해드릴 필요가 없다. 그리고 본인 집안과 상관없는 타 영혼들이지만 다신에게 찾아와 도움을 구하려는 원귀를 찾아내어 정성껏 모셔드리고 당신이 생활하는 집, 건물, 회사 등의 터 귀신을 당신이 직접 확인해 진짜 천도를 해 드리면 정말 희한하다 싶을 정도로 확연한 변화를 느낄 것이다.

⑵ 돌아가신 부모님의 영혼부터 꼭 살펴보라

성공, 출세, 올바른 자녀는 결코 멀리 있는 것이 아니다. 필자가 지난 10여 년간 조상천도를 집행해 오면서 공통적으로 드러나는 몇 가지 현상에 대해 첨부할까 한다.

우리 후손에게 강력한 영향을 많이 미치는 조상의 기운 중 가장 강하고 직접적인 영향을 주는 영혼이 있다. 바로 할아버지, 할머니의 기운이다. 부모 된 사람으로서 자기 자식 귀하지 않고 자기 자식을 위한 것이라면 무슨 일이든지 못할 사람은 없을 것이다.

특히 요즘은 자녀가 한 두 명이다 보니 그 귀함의 정도가 지나칠 정도이다. 필요하면 무엇이든 사주고 자녀교육에 아낌없는 돈을 들이고 자녀의 성공과 행복을 위해서는 외국유학은 기본이고 성형수술에 좋은 혼처를 찾아주기 위해 과감한 투자까지도 아끼지 않는 세상이다. 이러한 자식 사랑을 무조건 나쁘다고 볼 수만은 없다.

세상을 살아가는데 조부, 조모, 부모와 자식의 인연은 천륜이기 때문이다. 다만 한 가지만 부탁하고자 한다. 훌륭한 자녀를 원하고 자녀와 손자들에게 행복한 앞날을 만들어주고 싶다면 그리고 내 손자들이 잘되기를 바라고 훌륭한 자녀로 키우고 싶다면 기본적으로 꼭 해야 하는 일이다. 살아 계신 동안은 물론이요 돌아가신 부모님의 영혼부터 꼭 살펴봐야 한다는 것이다. 아직도 그런지 아닌지 고개가 갸웃거린다면 정말 큰일이다. 필자의 말을 믿고 무조건 해보길 정말 권한다.

할아버지 할머니이든 부모님이시든 만약 잘 못 가셨다면 이것은 열일

제쳐두고 반드시 정성껏 '진짜 천도'를 해드려야 한다. 필자를 믿고 정말 해보면 당신도 깜짝깜짝 놀랄 일이 한두 가지가 아니다. 즉시 효험을 보는 것은 물론이고 세상에 이런 학문과 비법이 대한민국에 존재한다는 것에 경탄을 금할 수 없을 것이다.

살아계신 분이나 돌아가신 분께도 자손으로서 효를 행하지 않고는 당신의 자녀가 잘 되기를 바란다는 것은 정말 어리석은 일이다. 당신이 고민하는 것이 자녀들이라면 자녀들의 사진을 갖고 와 주기 바란다. 예비 신랑, 신부면 신랑, 신부사진 한 장만 있으면 당신이 알고 싶은 것을 알 수 있을 것이다. 자녀들이 원하지 않는 결혼을 강행하려 할 때 부모님이 직접 와서 상대방이 어느 동네에 살고 이름만이라도 알게 된다면 영혼 접속을 통해 어떻게 변화되는지 당신의 궁금증을 해결해 줄 수 있을 것이다.

성공과 출세도 하고 싶고, 훌륭한 자녀도 만들고 싶고, 가족도 행복하게 만들어 가고 싶은데 현실적으로 당신에게는 방법이 없지 않은가? 그렇다고 이대로 무너질 수도 없는 상황이라면 5대조까지 못 가신 영혼을 찾고 원귀가 몇 분 있는지 찾아내어 가짜가 아닌 진짜 원효대사의 비법으로 천도를 하고, 안 좋은 영혼의 기를 좋은 영혼의 기로 바꿔줌으로써 당신이 간절히 원하는 그 다음의 목표를 달성하기 바란다.

그러면 잘 가신 영혼은 당신과 후손을 무조건 도와 줄 것이다. 이렇게 할 때 제일 중요한 것은 의식만 동원된 가짜가 아닌 진짜 원효대사의 비법을 통해 죽은 영혼을 발복된 기운으로 바꾸고 그 기운을 당신이 받아야 한다는 것이다.

(3) 매년 천도제를 드려야 한다면 그건 가짜

매 년 하는 천도제란 있을 수 없다. 나쁜 영혼이 좋게 됐는데 무엇 때문에 연중행사로 다시 천도제를 해야만 하겠는가? 그것은 가짜일 수밖에 없다. 역사의 길목에 있던 큰 인물과 영웅들, 성공한 사람과 기운이 뻗어나가는 집안을 보면 예외 없이 발복된 기운을 지금도 받고 있다는 사실을 당신은 알아야 한다. 발복된 기운을 '아! 바로 이것이 발복된 기운이구나' 하고 당신이 직접 느끼면서 지금껏 아니라고 부정했던 상상이 무너지고 성공한 사람들이 왜 성공했는지 감을 잡게 될 것이다.

조선을 개국한 태조 이성계가 보리암에서 세상을 바꿀 수 있는 기운을 달라고 빌었을 때가 바로 조상님들의 발복 기원이었다. 그 이후 조선왕조 500년간 예외 없이 국사를 통해서 죽은 선대왕들의 발복 기원을 지금도 하고 있다는 것을 당신도 알아야 한다. 현재도 수없이 많은 천도제가 전국에서 진행될 텐데 이것 대부분이 가짜라고 할 수 있는 용기가 없으면 비법은 없는 것이다. 함부로 말했다가는 엄청난 시련을 각오해야 하기 때문이다.

[그림30] 보리암(출처 : 네이버)

믿음은 태산도 옮기는 법이다. 필자가 이렇게 진실 되게 호소하는 근본적인 이유도 아무리 세상이 변해간다 해도 부모자식간의 효가 무너진다면 결국 사회기강이 무너질 것이고, 이렇게 무너진 사회가 분열을 일으키면서 또 다시 세계열강 틈에 끼어 있는 우리나라의 장래는 불을 보듯 뻔 한 일이기 때문이다.

일제 36년도 6·25전쟁으로 모든 보물과 문화유산이 흔적도 없이 사라졌다. 또 다시 이북과의 전쟁이 없다고 보장할 수도 없으며 세계열강들로부터 식민지화가 안 된다는 보장도 없다. 결국 이 험난한 조국의 미래는 자라나는 새싹과 푸른 청소년들에 있어 이들의 기개와 웅혼한 힘이 국가와 민족을 지킬 수 있다.

필자가 이렇게 험난한 가시밭길을 왜 걷는 것인지 모른다며 제자와 주변의 많은 분들이 걱정을 해주기도 한다. 소위 제자들 말마따나 10여 년간을 쉬지 않고 국내외로 뛰어다니고 정부관계자들을 만나 동분서주하면서 국립묘지 일곱 군데에서 정례적인 국가유공자를 위한 영혼 천도제를 해야 한다며 설득하며 다니는 것을 보고 무모하게 고생하지 않아도 될 텐데 왜 이렇게 고생을 사서 하는지 모르겠다면 불만과 안타까움을 내 비치기도 한다.

그러나 필자는 일심(一心)을 굽힐 생각도 없고 그럴 의사도 전혀 없다. 지금 대한민국을 보면 매국노의 후손들이 뻣뻣하게 후안무치를 앞세워 땅을 찾기 위해 국가를 상대로 송사를 벌일 때 정작 독립을 위해 돌아가신 영웅들을 국가가 얼마나 공을 들여 돌보아 주는지 궁금할 뿐이다. 국가의 힘이 여기까지 미치지 않는다면 나 한사람만이라도 도와야 되는 것이 이 땅에서 태어나고 살고 있는 후손이 할 수 있는 마지막 도리이자 효라고 생각하기 때문이다. 당신은 조만간에 독립군 자손들이 성공해 잘 살 수 있도록 특별한 조치를 볼 수 있을 것이다. 곧 결실을 맺게 되면 공표할 예정이다.

당신의 자녀가 성공한다면 그것은 당신만을 위하는 것이 아니라 이 사회와 국가에도 도움이 되기에 당신과 나 우리 모두가 합심하는 마음으로 진실 되게 전하는 것이니 단단한 믿음을 가지길 부탁한다. 그러기 위해서는 어느 것이 진실이고 진짜 비법인지 공개할까 한다. 그 때 당신의 귀와 마음이 훤하게 열리는 기분을 느낄 것이다.

훌륭한 자녀를 원하는 당신에게 부탁한다. 자녀의 미래가 중요하듯 우리의 조상님들의 과거도 중요하다. 조상님의 영혼이 잘못돼 끊임없이 찾아오는 원귀에 맞게 눌리고, 희생되는 당신과 자녀를 원치 않을 것이다.

그러므로 반드시 5대조까지 조상님들 중에서 못 가신 영혼들을 꼭 찾아내어 편히 모셔드려야 할 것이다. 그 방법이 당신이 잘되고 자녀가 훌륭하게 성장하는 첫 번째 길이 될 것이다.

2) 어느 것이 진실, 진짜 비법인지 공개적으로 이야기 해 보자

필자가 원효대사 영혼철학 학문을 세상에 알리고자 그간 다사다난했던 숱한 세월을 국내·외에서 보내며 십여 년간 책도 쓰고 제자도 가르쳤다. 한국과 일본에 원효 사상 연구원을 개원해 수많은 분들을 상담하고 증권사에서 요청한 특별한 강의도 하면서 대화하려고 했었다.

지금까지 필자를 찾아오셨던 많은 스님, 목사님, 신부님, 역술인, 무속인, 기 수련인들이 종교와 종파를 떠나 각자 저마다의 신념으로 본인의 학문과 이론으로 무장하고 말 그대로 필자에게 한 초식 잡고 덤벼들었다. 그러나 결국에는 모든 분들이 고개를 숙이고 인정하며 발걸음을 돌리는 것이 어찌 쉬운 일이겠는가!

필자가 보이는 학문의 실체를 본인이 스스로 확인할 수 있게 일일이 조상 영혼을 불러내고 찾아서 영혼의 기를 바꿔 놓으면 깜짝 놀라지 않은 분이 한 명도 없었다. 특히 그분들은 이론은 화려하나 결정적인 실체가 없다.

필자가 제안한 것 중에 "죽은 영혼에 대해서 천도 연도를 제대로 하실 수 있습니까? 진짜로 죽은 영혼의기를 원하는 대로 바꿀 수 있는 비법이 있으십니까?"라고 제안하면 지금까지 자신 있게 나서는 분을 한 명도 보지 못했다. 오히려 본인과 자신들 집안의 천도를 부탁한다면서 자신의 이야기를 다른 분들에게 하지 말아 달라고 신신당부를 하곤 했다. 필자를 만난 어느 종교지도자 분은 필자 같은 사람이 세상에 나오면 큰 혼란이 올 텐데 하면서 알 수 없는 말씀만 하시고 떠나신 분도 계셨다.

필자는 이 지면을 통해 다시 한 번 강조하는바 필자의 이론과 학문에 대해서 대한민국, 일본 아니 전 세계 어느 종교의 성직자이든 역술인, 기수련원인 영혼연구가이든 누구라도 좋다. 자신의 학문과 영혼천도에 대해 목숨을 걸고 대결할 자신이 있는 분이면 공개석상에서 각자의 종교와 학문에 대해 논의하고 실험과 실체를 서로 간에 확인해 보자고 제안하고 싶다.

(1) 세상과 절실한 사람들을 속이는 종교인들은 천벌 받는다

화려한 이론보다는 실전이 필요한 시대이다. 해 보았다는 것이 중요한 것이 아니라 '했더니 나에게 영험의 도움으로 엄청난 신체적 변화를 느끼고 도움이 됐다'는 것이 중요한 것이다. 신도가 많은 종교라고 해서 진짜가 아니다. 필자처럼 방외지사로서 직접 경천동지 할 학문을 직접보고 느끼게 해주는 데에는 의심을 해서는 정말 안 된다.

필자가 이렇게 극단적으로 강력하게 말하는 것은 내 스스로가 잘나서가 아니다. 물론 훌륭한 종교를 비방하자는 것은 더더욱 아니다. 다만 비법도 없이 진실을 오도하고 거짓말하며 세상을 속이고, 선하고 정말 절실한 사람들을 속이는 종교인에게 "더 이상은 안 된다"고, "천벌 받는다"라고 말해주고 싶기 때문이다.

정말로 사람들을 현혹시키는 일은 더 이상 해서는 안 된다. 하느님을 팔고, 부처님을 팔고, 영혼을 팔아 선량한 시민들을 현혹해 금품을 뜯어내기 위해 거짓말을 하는 것은 더 할 수 없는 죄악이고 씻지 못할 업보를 짓는 것이기 때문이다.

아니 그분들 스스로가 너무도 잘 알고 있을 것이다. 종교인, 성직자는 신의 가르침을 열심히 배우고 익혀서 일반 사람들이 착하고 올바르게 살아갈 수 있도록 신의 계율을 잘 전달하고 다른 사람보다 더욱더 열심히 마음을 수양하며 살아가야 하는 중개인일 뿐이요 남들과 같은 속죄인일 뿐이다.

우리가 사람이 죽으면 49제를 지내드리고 연도나 추도예배를 드리는 것은 죽은 영혼이 신께 좋은 판결을 받을 수 있도록 기원해 주는 것이요, 우리를 대신해 정성껏 기도를 해주는 것이 성직자, 종교인의 역할이다.

이렇듯 종교인은 변호사의 역할이지 판사의 역할을 하는 것이 아니다. 그런데 많은 성직자 분들은 자신이 목탁 몇 번 두드리고 나면 죽은 망자가 좋은 곳으로 잘 가셨다고 말하고, 기도 몇 번하고 의식을 몇 번 행한 후 하느님을 잘 믿고 교회 열심히 다니셨던 분이니 천국에 잘 가셨다고 말하곤 한다.

그러나 더 이상은 신(神)을 팔고 영혼을 팔아 세상을 속이려드는 우를 범해서는 정말 안 된다. 오히려 당사자가 화를 입을 수 있다. 천도 중에 당사자가 화를 입은 경우는 수없이 많은 사례가 입증해준다.

(2) 영혼 천도는 아무나 하나?

영혼천도는 아무나 누구든지 아무렇게나 하는 것이 아니다. 영혼천도에도 엄연히 꼭 지켜야 할 절차가 있는 것이다. 함부로 영혼을 팔며 장사하거나, 영혼을 함부로 건드리는 것은 자손만대에 씻을 수 없는 업보를 짓는 것이니 절대로 비법 없이 함부로 영혼의 세계를 건드리지 말기를 거듭 당부 드리는 바이다.

외국에서 그들의 종교가 없어서 필자를 믿는 것이 아니다. 바로 이 비법의 실체가 종교와는 무관하고 동양의 효 사상에 바탕을 둔 학문이라는 것을 인정하기 때문에 필자를 신뢰하는 것 일뿐이다. 우리 국민들 또한 지금까지는 이와 같은 것을 확인할 수도 없고 실체도 없어서 무조건 사람의 명망만을 믿고 행하고 속아왔던 것이다. 이제부터라도 조상 영혼을 먼저 확인하고서 제대로 알고 속지 않으면 될 것이다.

말 그대로 모르면 속는다지만 정확하게 안다면 속을 것도 이용당할 일도 없을 것이다. 그러하니 누구의 말도 믿지 말고 산소나 영안실, 납골당, 영정 앞에서 가족 분들과 함께 확인해 술, 담배, 과일, 두부 등 음식에 맛이 없다면 결단코 못 가신 영혼임을 신뢰하라. 영혼이 속도는 빛을 속도보다 빠르기 때문에 못 가신 영혼을 천도해 잘 가시게 한 다음 가족과 함께 다시 한 똑같이 확인한다면 100% 술, 담배 등 음식 맛이 좋아져야 한다.

그래야만 후손들에게 건강, 출세, 성공, 훌륭한 자녀가 대대로 이어져서 수백 년간 명문가로서 위상을 떨칠 수 있을 것이다. 사대부 집안의 명망과 위상을 떨칠 수 있을 것이다. 사대부 집안의 명망과 위상은 쉽게 만들어지는 것은 아니다. 물체의 형상이 길면 그림자도 길고 소리가 크면 메아리도 크듯이 내가 일심으로 드리는 영혼천도는 정성이 크면 클수록 크게 다가온다.

(3) 살아계신 부모님이나 돌아가신 부모님 모두에게 효를 행하라

필자에게 자녀를 훌륭한 사람으로 만들어 달라고 한다면 그것은 어려운 것은 아니다. 시작이 중요하다. 단 시작하기 전에 필자가 제시한 비법 중 하나로 직접 실험과 확인을 해보고 몸소 느껴 본 후에 필자에 대한 확실한 믿음을 갖는다면 결단코 후회 또한 없을 것이다. 필자의 말도 듣지 말고 오로지 직접 눈으로, 몸으로 체험해보고 확인 후 느낀 다음에 모든 것을 시작해도 늦지 않기 때문이다.

또한 안 좋은 기(氣)로 인해 집안에 불행이 닥친다면 천도를 한 후에는 음식 맛이 좋게 변하고 무조건 좋은 변화가 찾아와야 하며 놀랄 정도의 새로운 기운으로 신체에 변화를 느껴야 한다. 즉 쓰고 맛이 탁해진 음식들은 맛있는 음식으로 변해야만 조상의 영혼이 영적인 세계로 제대로 갔다는 증거이며, 이 증거 또한 보여줄 수 있으니 앞으로 좋은 일만 계속될 것이라는 희망을 가져도 좋다.

이 글을 처음 접했을 때와 직접 확인하고 본인이 느낄 때와는 천지 차이가 있기 마련이다. 어느 분은 얼굴이 하얗게 질려서 부르르 떠는 분들도 있었다.

옛 말씀에 백 년 동안 탐낸 물건이 하루아침에 먼지가 될 수도 있고 삼 일 동안 닦은 마음 일자리도 천년의 보물이 된다고 했다.(天下蘭靡 必作於易 天下大事 心作於細 : 천하난사 필작어역 천하대사 심작어세).

'어려운 일은 쉬운 일에서부터 시작되고 큰일도 작고 사소한 일에서부터 시작된다'란 말씀이 있다. 눈에 보이지 않고 당장에 도움이 되지 않는다고 등한시해서는 안 된다. 작은 물방울의 발원이 한강의 모태가 되고, 민족의 역사가 신화가 돼 시작되고 녹아내리는 법이다.

필자의 학문을 한마디로 정의하면 百聞以不如一見(백문이불여일견)이 아닐까 생각된다. '백 번 듣는 것보다 한번 직접 보는 것이 낫다'라는 가르침이 이렇게 딱 들어맞는 문구도 없을 것 같다.

훌륭한 자녀가 되느냐 안 되느냐를 먼저 탓하지 말고 당신부터 부모님께 효도하는 지극한 마음가짐이 필요하다. 천리 길도 한 걸음부터라는데 사소하고 쉬운 일부터 시작하자. 살아생전 부모님께 드리는 효도는 말할 것도 없고 돌아가신 부모님께 마지막으로 하는 효도가 바로 죽은 영혼이 제대로 가셨는지 살피는 일일 것이다. 제대로 살핀 부모님 영혼이 당신과 자녀들을 위해 다시 음덕을 베푸시니 바로 이것이 우주의 순환이요, 부모와 자식에 맺어진 인연의 순환이다.

원효대사께서 말씀하시길 "원래 부모와 자식 지간의 인연이라는 것은 없는 것이다. 있는 것처럼 느껴질 뿐 애초에 없었던 것이다. 인연은 마치 땅위에 심어놓은 과실나무와 같아서 과실을 얻고자 하면 수시로 물을 주고 거름을 주고 벌레를 잡아줘야 시들지 않고 자라서 꽃과 과일을 만든다. 끊임없이 관리하지 않으면 시들고 말라 비틀어져 썩어 자빠진다" 라고 말씀 하셨다.

살아 계실 때 나에게 물과 양식과 정신을 끊임없이 만들어 주신 부모님이 돌아가시면 살아있는 자손이 죽은 영혼에게 효를 행하는 것이야말로 부모와 자식 간의 인연으로 맺어준 마지막 도리임을 살아있는 자는 명심해야 한다.

원효께서 말씀하시는 효란 "하나 안에 모든 것이 들어있고, 모든 것 안에 하나가 들어 있으니 하나가 모든 것이고 모든 것이 하나다"라고 말씀하셨다.

부모님 가슴에 내가 들어가 있고 내 안에 부모님이 살아 계신다. 이런 마음을 품고 사는 자식이야말로 효자이다. 효자인 당신과 자손들이 성공 못할 이유가 어디 있단 말인가? 영혼천도를 통해 여러분의 가정이 행복으로 들어서는 길이 되길 바란다. 관념적 사고가 아닌 실체의 확인을 통해 당신 주위의 모든 상황이 변해간다는 것을 경험하기 바란다.

반대로 당신과 당신 가족에게 불행이 닥쳐온다면 도대체 언제, 어떻게, 왜, 무엇 때문에 나에게 닥쳐오는지 미리 아는 것도 대단이 중요할 것이다. 그래야 만이 미리미리 예방이 가능하기 때문이다.

4. 부모님이 해야 할 일

부모님은 낙태와 유산을 책임져야 한다. 결혼을 앞둔 신랑신부에게 명문대합격, 고시합격, 무섭게 다가오는 불치병, 훌륭한 자녀와 사업하는 부모님께 우리나라 사람들처럼 직접 눈으로 보거나, 귀로 듣거나, 손으로 만져봐야 직성이 풀리는 불같은 성격을 갖고 있는 민족도 드물다.

우리민족의 IQ는 유태인과 함께 첫째 아니면 둘째를 다투며 작은 국토에서 서계무역경제 규모가 10위권에 드는 경제대국이다. 2002년 월드컵을 일본과 함께 아시아 최초로 유치했고, 불가능하다고 생각했던 세계 4강을 당당히 쟁취했다. 세계 야구대회인 WBC대회에서는 세계 강호들을 물리치고 4강에 든 나라다. 숫자로 본다면 그러한 성적이 가능하다고 생각할 수 있다. 그러나 각 국의 입장에서 본다면 그것은 도저히 불가능한 일이며 하나같이 믿기 힘든 기적이라고들 한다.

그도 그럴 것이 일본만 해도 고시엔 야구등록 고등학교만 보면 대략 4,000개 정도이다. 우리나라는 100개 정도이다. 도대체 숫자에서부터 비교의 대상이 될 수가 없다. 웬만한 유럽 국가들의 축구선수와 시장규모는 고래와 고등어만큼의 차이가 나기 때문이다. 그러나 21세기 현재 스포츠, 음악, 과학, 의학, 기업성장 등의 분야에서 이제는 동방의 나라 대한민국을 빼고는 논할 수 없다.

그 이면에는 자식에 대한 열성, 어린 부모들의 교육열정과 국가적인 차원의 교육제도가 훌륭히 받쳐주고 있었기에 가능했을 것이다. 세계 교류협회 보고서엔 한국의 교육과정을 세계적으로 성공한 사례로 당당히 보고 돼 있기 때문이다. 그러나 사회가 급변하기 시작한 1990년대 이전의 보고서다. 이 말을 거꾸로 뒤집어 보면 우리민족은 훌륭한 유전자를 소유하고 있는 민족이며 환경과 여건만 뒷받침이 되어준다면 그 옛날 세종대왕 때와 같이 세계최고의 문화 부흥기를 이룩할 수 있는 민족이라는 결론이 난다.

그렇다면 당신 아이의 성공 잠재력은 세계 최고라는 결론이 선다. 필자가 외국에서 있으면서 가장 많이 듣는 말이 한국인의 잠재력은 정말로 뛰어나다는 것이다. 열악한 환경에서 어떻게 세계 최고의 인물들이 탄생되고 만들어 질 수 있느냐고 생각한 것이다. 필자의 개인적인 의견이지만 세계 어느 민족을 봐도 선대조상의 제사를 온 국민이 철저히 지키는 민족은 한국, 일본, 중국이 최고일 것이다. 이렇게 조상을 철저히 예우하는 3국이 미래를 주도할 것이라 생각하는 것은 당연하다 하겠다.

3국을 들여다보면 일본은 검증된 세계 초일류 경제대국으로 성장했으며 거대한 땅을 갖고 있는 중국은 한국과 일본을 모델 삼아 성장 잠재력으로 세계의 중심으로 키워가고 있는 중이다. 우리는 어떤가? 50년 전만해도 세계 최빈국인 나라에서 지금은 세계가 부러워할 만큼 빠른 속도로 성장해 한강의 기적을 이루고 당당히 세계무역 10대 강국이 된 세계역사상 찾아보기 힘든 성공한 민족이다.

이렇듯 3개국의 공통점인 선대조상을 모신다는 것은 어떤 의미일까? 바로 효를 근본으로 내세우고 실천하는 동양사상이다. 효도를 바탕으로 정신세계를 펼치는 민족이다 보니 먼저 간 조상들의 음덕으로 후손들이 덕을 받았기에 이만큼 성공할 수 있었을 것이라 믿고 있다. 필자가 앞서 설명대로 수많은 기적을 행할 수 있었던 것은 조상과의 영혼교류가 있었기에 가능한 것이다.

십여 년간 죽음의 공포에서 헤어나지 못하는 암 환자 분들에게 기적을 일으키고 주식의 '주'자도 모르면서 여의도 증권 전문인들에게 불가사의한 일로 여겨졌던 신비의 주식 예언을 하고, 미국 9·11테러사건 예언, 사진과 신문에 난 이름만 보고도 선거당락을 알려준 사례들, 신림동 고시촌에서 있었던 고시생들의 합격, 승승장구하던 기업의 부도를 막아주고, 바닥의 성적에서 최고의 국내외 명문대학에 합격할 수 있었던 기적 같은 일들을 이뤄낼 수 있었던 것은 조상 영혼천도를 통해 못 가신 조상 영혼들을 찾아내어 지극정성을 드리고 잘 가실 수 있게 한 비법을 행했기에 가능할 수 있었던 것이다.

도대체 진짜 천도를 하면 어떤 변화가 오기에 이런 기적들이 나에게 오는 걸까? 일단 본인이든 자녀든 안 좋은 기운이 좋은 기운으로 바뀌는 그 순간부터 당신과 자녀들의 몸속으로 목, 화, 토, 금, 수 오장육부에 놀라운 변화가 찾아온다. 머리가 별안간 맑아지고 그간 피곤했던 피로가 확 사라지는 것을 몸소 느끼게 되며 몸이 날듯이 가벼워지는 것을 느끼면서 수일동안 내가 대단히 건강해지는 것을 느끼게 된다. 이러한 육체의 순환이 오장육부와 머리가 깨끗해지고 맑아지면서 자신을 비롯한 주변의 변화가 몸소 느껴지고 그간 마음속으로만 빌었던 소원이 이뤄지게 되는 현상이다.

자녀들의 성공을 위해 부모들은 생활양식까지 바꾸고 살아야 하는 세상이다. 무한 경쟁적 교육시스템으로 사회가 변해가면서 국가의 교육시스템에 따라 부모들의 생활양식까지 바뀐다. 그렇게 키운 자식들이 이다음에 부모의 은공을 모르고 저만 잘난 줄 알고 언행이 함부로 변한다면 천만금이 들어온들 무슨 소용이 있겠는가?

거듭 당부하는 이유가 충분하고 합당한 이유가 있기 때문이다. 결국 이러한 현상을 어떻게 풀어가야 하는지 단위별로 생각해 보고자 한다.

1) 부모는 결혼 전 낙태와 유산을 책임져야 한다

지금부터 십여 년간 예언을 통해 불가사의하게 일어난 수많은 기적 아닌 기적 같은 현상들을 일일이 열거할 수는 없다. 우리는 TV를 통해 도저히 믿기지 않는 현상을 보고는 경악을 금치 못하고 믿을 수도 안 믿을 수도 없는 혼란에 가끔 빠지기도 한다.

삼풍백화점 붕괴사건 때, 사고 바로 전에 돌아가신 어머님이 자신을 따라오라는 말에 엉겁결에 뒤따라 나가자마자 간발의 차이로 살아날 수 있었던 어느 여성의 인터뷰 내용. 영화배우 유오성씨가 주연을 하기도 했던 권투선수 고 김득구 선수와 미국의 세계챔피언이던 멘시니 선수와의 악연은 TV 다큐멘터리로 방영되기도 했다. 고 김득구 선수 어머님의 영혼이 멘시니 선수의 집안으로 옮겨가 멘시니 식구들을 계속해서 죽음과 불행으로 몰고 간 것이 자식의 한을 갚았다고 생각하는 것인지도 모른다.

혹시나 하기에는 너무 뚜렷한 영상이 보는 이로 하여금 섬뜩하게 한다. 만약에 멘시니 선수집안에서 필자를 찾아왔다면 상황이 달라졌을 것이다. 이러한 유형의 기사거리는 수도 없이 넘쳐난다. 수없이 넘쳐난다는 것은 지금도 불행이 수도 없이 당신과 당신 주변에서 발생되고 있다는 것이며 특별히 당신과 당신 가족만이 예외 일수는 없기 때문이다.

사랑하는 가족들이 불행에 빠지는 것을 운명이라고 방치할 부모님은 단연코 이 땅엔 없을 것이다. 그러나 그 불행이 실제로 당신과 당신 가족에게 일어나고 있으니 그 불행만은 막아야 한다. 훌륭한 자녀 되기를 원하는 것은 부모들의 간절한 마음의 소망이다. 반대로 당신과 당신 가족에게 불행이 닥쳐온다면 도대체 언제, 어떻게, 왜, 무엇 때문에 나에게 닥쳐오는지 미리 아는 것은 더 대단히 중요한 일이다. 그래야만이 미리미리 예방이 가능하기 때문이다.

(1) 일본의 낙태와 유산으로 인한 '어린 영가 천도'

필자가 98년부터 일본의 초청을 받고 활동하고 있을 때 동경 어느 절의 주지 스님과 아주 각별한 사이로 지내고 있을 때였다. 원효대사 비법의 마지막 수제자로서 일본의 종교 지도자 분들에게 한국의 우수한 정신세계와 기적 같은 비급의 비결을 한 수 가르쳐 주겠다는 마음에 한껏 부풀은 상태에서 종교 지도자들과 각 교파의 수장들과 활발히 만나고 있던 때였다.

필자가 일본에서 놀란 것은 1,300여 년 전 원효대사의 원효 사상을 너무도 잘 알고 있을 뿐 아니라 수백 년간 내려온 비법수련에도 구체적인 지침서가 존재하는 것에 놀라움을 금치 못했다. 일본은 우리와 달리 토속 종교와 불교가 번성한 나라다. 각 마을마다 신사(神事)와 불단(佛壇)이 모셔져 있으며 집집마다 개인사당이 모셔져 있는 것을 흔히 볼 수 있다. 이렇게 개인사당을 모시는 풍습이 한국에서 건너간 풍습이라고 하니 개인적으로 묘한 감정이 들었다.

그런데 특이한 점은 집안에 모셔져 있는 불단에 낙태와 유산으로 인한 '어린 영가영혼 천도'를 하고 있는데 놀랐다. 놀란 이유는 현재 살고 있는 남편의 자식이 아닌, 전 남편이거나 결혼하기 전에 했던 낙태와 유산을 한 영아를 위해 천도를 하는 것이었다.

한국 사람들의 상식으로는 도저히 이해하기 어려울 것이다. 일본 여성들이 당당한 것인지 오랜 풍습에 의해 그런 것인지 도대체 궁금하던 차에 주지 스님께서 어느 날 수백 년 된 절집의 보물이며 일본의 보물로 지정된 귀한 책이라며 3권의 책을 보여 주셨다. 책 속의 내용은 수백 년간 전란 속에서도 일본인들의 성 의식과 그에 따른 사상철학서 정도로 분류된 내용이었지만 그 의미는 충격적이었다.

일본 여성은 결혼해 임신을 하게 되면 태아 때부터 남자의 조상 혼이 들어와 태아와 임산부를 보호하게 되는데 유산이나 낙태를 하게 됐을 때 영아 천도를 해야지 만이 뒤에 태어날 새로운 생명에게 해가 가지 않는다고 믿고 있었던 것이다.

결혼 전 임신이나 피치 못 할 사정으로 인해 어쩔 수없이 낙태를 했을 경우 새로 결혼할 남자와 가정을 이룰 상황이면 결혼 전에 영아영혼천도를 꼭 해야만 전 남자의 조상 혼을 물리치고 현재 남편의 조상 혼을 맞이해 집안의 불행을 미리 막을 수 있다는 내용이었다.

그렇게 하지 못했을 경우 어린 영혼이 엄마를 찾아와 이유 없이 아프고 남편과의 불화가 끊임없이 생기는가 하면 재산상의 손실을 준다. 더욱 무서운 것은 새로 태어날 동생에게 끊임없이 시샘해 고통을 준다. 일본에서는 결혼하면 여성은 남자의 성으로 대부분 바꾼다.

즉 결혼과 동시에 첫 번째 남편의 혼이 싫든 좋든 계속해서 따라 붙는다. 이러한 상황을 모르고 있을 때 예기치 않은 불행이 반드시 찾아온다고 믿는다. 때문에 일본인들은 전 남자의 영아천도를 반드시 시행해 전 남자의 조상 혼과 원귀를 떼고 현재 남편 조상의 혼으로 하여금 집안의 훌륭한 자녀로 태어날 수 있도록 해야 하며 그래야만 남자 쪽의 조상 영혼이 깃들인 진짜 자신들만의 자손이 태어난다고 믿는다는 것이 이 책의 요지이다.

그때서야 남편의 묵인 하에 불단에서의 영아영혼천도를 이행하게 됐다. 그것이 일본에서는 유산과 낙태로 인한 영아영혼천도만을 위한 특별한 절이 각 도시마다 마을마다 수없이 산적해 있는 이유다.

유산과 낙태는 부부를 정신적으로나 육체적으로 크게 힘들게 한다. 하지만 영아의 영혼천도 만큼은 반드시 해야 만이 훌륭한 자녀가 태어날 것이라 믿고 있었다. 뒤에 태어날 생명에게 성장과 죽음을 맞이할 때까지 못되게 하거나 엄한 딴지를 걸 수 없도록 해 자녀의 앞길을 훼방하는 일이 없도록 분리하는 중요한 의식이라는 주지 스님의 말씀에 스승님께 전수 받았던 학문과 일맥상통 한다는데 의견을 같이 하게 됐다.

그 후 필자는 주지 스님에게 답례로 낙태와 유산으로 인한 자식들과 가족의 불행을 막을 수 있는 특별한 원효대사 비법을 일부 전수하게 됐고 주지스님의 천거로 수많은 구명시식과 영아영혼천도를 했으며 일본에서 그네들이 놀랄만한 기적 같은 성과를 직접 보여줬다.

일본에서는 낙태와 유산으로 인해 고통 받는 가족들을 위해 구명의식을 진행할 때 한국에서처럼 아무도 모르게 본인 혼자만 하는 것과는 달리 부부동반과 전 가족이 참여한다. 필자가 구명시식 전 영아의 영혼 상태를 직접 실험해 눈으로 보고 직접 확인시킨 후 '천도를 하고 난 후에 바뀌어 있는 결과'에 대해 너무도 충격적이라며 놀라워했다.

곧바로 머리가 아프지 않고 맑아지며 속이 시원하고 더부룩하던 소화불량이 없어지고 어깨 결림, 허리 통증과 전체적인 피로가 없어지며 눈이 침침하던 것이 맑아지는 현상이 오는 등 가장 먼저 자신들에게 육체적 변화가 찾아오고 정신적으로 맑고 깨끗해지며 반항적인 아이들은 공손해져 버리니 놀라지 않을 부모가 어디 있겠는가?

그 뿐만이 아니다. 당신을 비롯해 남편, 부인, 부모님 등 직계로 있는 가족 전체에 커다란 변화가 왔음을 확연히 느낄 수 있다. 이러한 효험이 입 소문을 타고 퍼져가다 보니 그 큰 절집에 사람들이 인산인해를 이루고 덩달아 방송과 신문에서 취재를 하겠다고 달려드는 통에 본의 아니게 주지 스님이 곤란을 겪기도 했다.

뜻하지 않던 일에 어수선해진 절집의 분위기를 정리할 필요가 있었고 주지 스님과의 개인적인 약속을 지키기 위해 한국으로 들어오게 됐다. 그 후 한국과 일본을 왕래하며 활동하게 됐지만 일본에서의 활동은 국내에서의 활동과는 사뭇 달랐다.

일본에서는 필자를 대하는 믿음과 신뢰는 국내와 비교할 때 크게 달랐다. 반듯한 예의와 예절을 지켜가며 겸손하게 존중과 존경을 해줬으며 많은 종파의 수장 분들 또한 한국에서 원효대사의 마지막 수제자이며 비급의 비법 전수가가 왔다는 것에 많은 감명을 받았다며 따뜻한 마음으로 예우를 해줬다. 이러한 예우는 사실 그들이 도저히 넘나들 수 없는 원효대사의 비법을 직접보고 확인함으로써 확실히 인정하겠다는 무언의 예우이다.

일본은 섬세함에 있어서는 세계에서 둘째가라면 서러운 민족이다. 인정하지 않고서는 고개를 숙이지 않는 법이다. 그런 이들이 인정한다는 것에 뿌듯한 자긍심과 자부심을 느꼈다. 덕분에 재일 한국인 희생자와 일본 북해도 한국인 강제징용 희생자들을 위한 영혼천도 제때 많은 후원을 답지 받았다. 지금도 일본에서 주로 활동하면서 열심히 하는 일이 히로시마 원폭 피해자들의 합동 영혼천도와 고재 지진 때 시신을 못 찾은 재일 교포들의 영혼과 일본인들에게 영혼천도 제를 해줌으로써 혹시나 다시 엄습해올 천재지변의 불행을 미리 예방하는데 힘쓰고 있다.

[그림31] 북해도 강제징용 희생자 추모제(출처 : 네이버)

물론 이곳에서도 일본의 저명인사들과 주류를 이루는 상류층 집안에서 훌륭한 자녀를 만드는 중요한 의식과 조상 발복에 큰 비중을 두고 실험을 기울이는 것이 사실이지만 이것으로 인해 굳이 국민적으로 감정을 들먹일 필요는 없을 것 같다. 왜냐하면 어린 새싹들의 일에 어른들의 감정이입이 있을 이유가 없을 뿐더러 차후에 우리나라 어린이들과 함께 자라나는 세대가 활발히 교류하며 결국 서로에게 큰 도움이 될 것이라고 확신하기 때문이다.

(2) 낙태는 변명의 여지가 없는 최고의 죄악

한국에서만이 조상님들의 제사에 온 정성을 쏟는 것은 아니다. 수천 년간을 가깝고도 먼 이웃으로 존재해온 일본에서도 조상들의 제사는 효이자 생활의 덕목이다. 하지만 우리는 효를 바탕으로 한 진짜 천도가 사라졌고 가짜 천도만이 판을 치는 세상이 됐기에 안타까움을 금할 수가 없을 뿐이다. 훌륭한 자녀를 원하는 부모님은 꼭 기억해야 할 것이 있다.

남자와 여자가 만나 사랑을 하고 영과 육이 결합하는 그 순간부터 태아에게 조상의 기운이 강하게 작용한다. 요즘 신세대 엄마들은 훌륭한 자녀를 갖기 위해 임신기간 중 태교는 물론이고 임신 전부터 훌륭한 부모가 되기 위한 준비교육에도 많은 관심을 갖고 적극적으로 참여한다고 하니 매우 현명하고 바람직한 현상이다.

하지만 이런 노력들도 기본 원리를 알고 정확하게 실행한다면 더 이상 바랄 것이 없겠다. 사랑하는 사람과 이뤄진 관계든 본능과 쾌락을 위한 관계든 그 결과로 인해 우리는 임신이라는 또 하나의 운명을 맞이하게 된다. 그러나 원하지 않던 임신일 경우에 어쩔 수 없이 낙태를 할 수 밖에 없는 처지가 된다.

낙태로 인해 죽어간 하나의 생명은 한 많은 영혼이 돼 떠돌아다니면서 알게 모르게 낙태시킨 엄마의 삶을 불편하게 만든다. 서로가 피할 수 없는 이별로 고통 받고 상처받은 후 새로 태어날 아이에게 한이 된 영혼이 들어가 자식과의 관계가 소원해지면서 영영 회합할 수 없는 지경에 이르게 되고 한편으로는 남편에게 들어가 부부관계가 파경에 이르게 되는 경우가 실제로 생긴다.

더욱이 본인의 몸으로 그 영혼이 들어와 이유도 없이 되는 일이 없고 예고 없는 불치병으로 고통 받는 일이 생기게 되는 것이다. 모르고 지나가고 보이지 않을 뿐이지 더 무서운 일이 벌어지기도 하는데 아무리 열심히 노력해도 재물이 쌓여지지 않고 자식이 원하는 방향과는 정반대 방향으로 달려가며 본인의 몸과 정신이 피폐해 지는 것을 경험한다.

일본에서는 낙태와 유산으로 인한 문제를 그 어떤 것보다 신중하게 다루는데 이럴 때 가장 시급하고도 중요하게 실행하는 것 중 하나가 시집가기 전에 임신을 시킨 남자의 조상 혼을 꼭 떼고 가는 것이 중요한 일 중 하나였고 부부라면 즉시 영아의 영혼을 달래서 좋은 곳으로 반드시 보내주는 것이다.

유산이나 낙태로 인한 영아영혼천도가 이뤄지지 않을 경우 그 영혼은 원귀가 돼 나와 가족들에게 엄청난 화를 불러 오게 된다고 믿기 때문이다. 명심해야 할 것은 낙태와 유산이후에 임신해 아무리 훌륭한 태교를 해 출산했다 하더라도 기형아를 낳게 된다거나 성장하면서 불치병에 걸려 사망하게 되는 경우가 발생하게 된다.

나만은 예외이고 남들에게만 발생하는 일이라고 생각해서는 안 된다. 나에게 작게 일어나느냐, 크게 일어나느냐의 차이일 뿐이다. 낙태는 인류에 대한 배신이다. 그래서 모든 종교는 예외 없이 낙태에 관해서는 극렬히 반대 입장을 보이는 것이다. 하지만 도저히 거역할 수 없는 상황에 직면했다면 어쩌겠는가? 이럴 때 어쩔 수 없는 낙태라면 필자 말대로 영아의 영혼천도를 꼭해야 할 것을 강하게 권하는 것이다.

이유가 어찌됐든 잉태된 어린 생명을 버리는 일은 절대 해서는 안 된다. 낙태는 변명의 여지가 없는 최고의 죄악이기 때문이다. 당시 어쩔 수 없는 상황이라면 꽃도 못 피우고 절명에 간 어린 영혼을 반드시 올바르게 진짜 천도를 해주고 평생토록 위로해줘야 한다.

한편 자연유산이든 인공유산이든 책임은 당연히 부모에게 돌아간다. 아닌 척, 모른 척, 괜찮은 척 한다고 해서 숨겨질 수 있는 것이 아니다. 어린 영혼의 절규는 반드시 평생 집안 대대로 따라 다니기 때문이다. 평생 따라 다니는 증거가 확인되기 때문에 놀랍다는 것이다. 그렇지 않으면 왜 힘들어하겠는가?

(3) 훌륭한 자녀는 조상의 음덕이 선과 공으로 쌓여진 토대 위에서 가능

집안에 훌륭한 인재가 나오고, 세상에 이름을 남길만한 인물이 나오는 것은 아무 집안에서나 나오는 것이 아니다. 그 집안 조상의 음덕이 누대에 걸쳐 선과 공으로 쌓여진 토대 위에서만 가능한 일이다.

잘되는 집안은 얼굴도 모르는 선대 조상님들의 선행과 업보가 수백 년 동안 쌓이고 쌓여 그 복이 집안을 빛내는 훌륭한 후손을 점지해 주는 것이다. 당신이 지금의 이 세상에서 자식들과 온 힘을 합쳐 열심히 살면서 선을 행하고 물질적으로 많은 부를 축적해 지금부터 당신 스스로 증시조가 돼 1950년생일 경우 당신의 자손들이 2100년이 되는 때에 당신의 발복 기운으로 국가의 지도자가 만들어질 것이라는 강력한 믿음을 가져보길 권한다.

당신이 낙태한 영혼을 무관심으로 수수방관만 할 것이 아니다. 아무도 모르는 것 같지만 부모와 아이가 알고 있다. 당신의 자녀들이 행복하고 훌륭한 자녀를 되기를 원한다면 반드시 영아영혼천도를 꼭 해야 한다. 훌륭한 자녀를 원한다면 엄마 뱃속에서부터 태교는 물론이요 성장기의 보살핌과 가르침이 중요하다는 것은 누구나 알고 있다.

당신은 자녀에게 외국 유학을 보내고 어느 대학을 선택하기에 앞서 반드시 효의 기본부터 만들어줘야 한다. 건강하고 똑똑하며 올바른 인생관을 갖춘 자녀는 엄청난 교육비를 들여 과외를 시켜주고 조기 유학을 보낸다고 만들어지는 것이 아니다. 효를 통한 기본이 잘 돼 있는 자녀는 본인 스스로가 알아서 자연스럽게 뜻한 바를 이루며 행복하고 성공한 인생을 살아갈 수 있다.

다시 한 번 강조하지만 그 무엇보다도 낙태와 유산으로 인한 어린 영가들에게 반드시 진짜 천도를 통해 좋은 곳으로 갈 수 있게끔 해야 만이 당신의 자녀들이 이 세상을 고통 없이 행복하게 성공한 삶을 살아갈 수 있음을 명심하고 또 명심하기를 바라는 바이다.

예부터 집안의 어린 자식이 죽으면 선산에 묻혀야 하지만 묘지도 만들어주지 않는 이유는 원귀가 붙어있다고 믿기 때문이다. 하물며 세상을 보기 전의 어린 태아의 혼이야 말로 원귀가 한을 품는 형국으로 생각하는 것이 어찌 보면 당연하지 않겠는가? 앞으로 세상의 모든 부모들은 낙태와 유산에 대해 자신들이 꼭 책임져야겠다는 각오를 반드시 가져야 한다. 그 길만이 당신과 가족에게 평안과 행복을 안겨주는 유일한 지름길임을 명심하고 또 명심해야 한다.

2) 결혼을 앞둔 신랑 신부에게

'특별한 남자〈A few good man〉를 찾으니 특별한 정자〈A few good sperm〉를 고르겠다.'

뉴욕타임지가 2006년 3월 19일에 대대적으로 보도한 내용이다. 실제로 미국 최대 정자은행 '캘리포니아 크리요 뱅크'의 고객 중 3분의 1이 유부녀가 아닌 독신여성이었다. 30년 전만해도 멋진 남자와 사랑해 결혼하고 출산하며 훌륭한 자녀로 키우는 것이 모든 인류의 순환과정이었다.

그러나 최근에는 훌륭한 유전자를 갖고 있는 남자의 정자만을 선택해 인공수정으로 태아의 출생을 결정짓는 시대가 됐다. 어떻게 키워서 훌륭한 자녀를 만드느냐가 아니라 태아 때부터 훌륭하게 결정지어진 태아를 원하고 있는 것이다.

그러나 우리 옛 선조들은 몇 백 년 전에 벌써 이와 같은 태교의 과정을 중요시 여겼다. 조선 왕실에서는 세자의 간택을 국가의 운명이 걸린 대사로 보고 특별한 방법으로 특별히 정해진 시간에 특별히 선발된 세자비와 첫날밤을 치르게 했는데 그 전에 먼저 조상님께 제를 올리고 난 후에 첫날밤을 치르게 했다.

이와 같이 신부의 간택은 명문 집안도 같은 방법으로 가문을 보존했으니 지금이나 그 시절이나 훌륭한 가문을 이어가려는 노력과 각오는 사뭇 비장하기까지 했다. 장자손 원칙인 유교의 풍습은 후손이 딸이냐 아들이냐에 따라 가문의 대가 끊기는 명문의 집안이 되느냐 아니면 영광의 가문을 계속 지켜갈 것이냐의 첫째 관문이자 모든 것의 시작이었기 때문이다.

(1) 조상의 기운은 순환과정, 출생, 사망까지 가장 강력한 영향을 미친다

인간은 어머니의 뱃속에서 생명으로 잉태되는 순간부터 영혼과 육체가 함께 존재하는 생명체이다. 영혼이 없는 육신은 단지 시체 한 구에 지나지 않으며, 육신이 없는 영혼 또한 귀신에 불과하다. 따라서 사람의 형체가 다 갖추어지지 않은 태아의 경우 사람이냐, 아니냐 하는 문제는 결국 그 속에 영혼이 존재하느냐 그렇지 않느냐의 문제로 귀결된다.

그 속에 이미 한 영혼이 깃들어 있다면, 그러니까 태아에게도 영혼이 있다면 육체의 완결성 여부를 떠나 고귀한 한 인간으로 여겨야 한다. 왜냐하면 인간은 영적인 존재이기 때문이다. 이렇게 영적인 존재인 태아는 천·지·조·후의 기운을 받으며 인간 존재의 생성과 죽음을 맞이하게 된다. 인간은 태어나서부터 죽음에 이르기까지 아래와 같은 순환과정을 겪게 된다.

태 : 영혼과 육신의 합

생 : 출생

대 : 인간의 성장과정

왕 : 성공의 절정기

병 : 병의 고통과 투병기

묘 : 영혼의 출생과 육신의 마지막

양 : 임신의 과정

욕 : 영혼과 육신의 목욕

관 : 운명 지워진 길

퇴 : 운명의 하강기

사 : 죽음의 때

절 : 윤회의 번복

위와 같은 과정 속에 후손들이 반복하며 순환하고 태어난다. 이렇게 조상의 기운은 순환과정에서 출생에서 사망까지 가장 강력하게 영향을 미친다. 훌륭한 자녀를 갖기 위해서는 처음부터 잘못된 조상부터 찾아내어 잘못된 조상 영혼을 잘 가게 한 후 엄마 뱃속에서 영혼과 육체의 결합이 시작되는 순간부터 좋은 기운을 받아야 한다는 것이 원효대사의 비법서 첫 머리이다.

(2) 반드시 배우자 조상들의 영혼을 미리 살펴보아라

엄마의 뱃속에서부터 태아에게 좋은 기운을 받기 위해서 제일 중요한 것은 배우자와의 만남이다. 평생을 함께 할 배우자와 결혼은 당신의 운명도 변화시키지만 당신의 자녀도 훌륭한 자녀로 성장할 수 있느냐, 없느냐의 중요한 갈림길이 되기 때문이다. 오죽하면 인공수정 할 때 모녀가 남편의 약력과 사진을 들고 찾아왔겠는가? 3대 독자인 남편이니 만큼 아이가 이상이 없도록 건강하고 훌륭하게 자랄 수 있게끔 도와달라며 절실히 매달렸다.

필자는 TV를 보아도 마찬가지이며 신문에 선거에 출마한 인사들의 성함만 보고도 유권자들로부터 몇%의 지지를 받고 당선되느냐 떨어지느냐를 정확하게 맞췄다. 필자는 모녀가 들고 온 남편의 사진을 보고 남편 집안을 하나하나 5대조 조상까지 확인해 주고 못 가신 영혼을 찾아내어 일심으로 천도를 해줬고 잘못된 것은 바로 잡아 줬으며 또한 남편의 미래가 성공적으로 갈 수 있도록 천도해줬다.

이렇듯 새 생명이 태어난다는 것은 남녀의 합궁으로 천기에 의해서 조상의 영혼이 깃드는 과정이기에 남자와 여자 양쪽 모두는 각 배우자 조상 영혼의 기운을 받기 위해 반드시 조상들의 영혼을 미리 살펴보아야 한다.

아무리 성공, 출세, 건강, 행복해지고 싶고 훌륭한 자녀를 원해도 조상의 영혼이 잘못됐다면 꿈도 꾸지 말아야 한다. 왜냐하면 여자는 결혼과 임신으로부터 곧바로 남편의 집안으로 입적돼 남편의 조상으로 바뀌기 때문이다. 즉 결혼하는 그 순간부터 남편 조상의 영혼을 받게 되는 것이다. 그래서 예로부터 여자 팔자는 남편을 따라간다고 했고 시집간 여자는 죽어도 그 집 귀신이라고 했던 것이다.

특히 결혼을 앞둔 여자는 신랑 될 사람의 재산, 직업, 학벌, 성격 그리고 억 만금의 혼수도 중요하겠지만 반드시 남편 될 집안의 조상부터 꼭 살펴야 화목하게 잘 살 수 있다. 한 번의 결합으로 평생 죽는 그 날까지 남자 쪽 조상의 영향을 받게 돼 있으니 필자의 말을 명심해 살피고 또 살필 일이다.

여자는 결혼해서 신랑 집안에 입적을 하면 이혼을 하고 사별을 해도 서로간의 입적한 집안의 조상을 원위치로 되돌릴 수가 없다. 여자 입장에서는 억울하겠지만 어쩔 수 없는 일이다. 그래서 예부터 결혼은 인륜지대사요 집안과 집안의 결합이니 한번 결정을 하게 되면 절대로 돌이킬 수 없는 것이다.

부부가 성격이 맞지 않아 이혼을 하고 난 후 재혼, 삼혼을 해도 소용없고 후회해도 어쩔 수 없는 일이다. 어쩔 수 없이 양쪽의 합의하에 이혼을 하게 됐다면 자녀를 위해서라도 꼭 전남편의 집안 영혼을 찾아내어 가짜가 아닌 진짜 천도를 해주면 현재의 자녀들도 훌륭하게 성장할 수 있고 새로 재혼해 자녀를 새롭게 출생해도 전혀 해를 끼치는 일은 없을 것이다. 이렇듯 결혼을 앞둔 예비신부와 신랑 등 가족들은 사진이라도 직접보고 느낄 수 있게 확인시켜주면 그때서야 현실을 직시하고 탄성을 외친다.

신부는 남편 쪽 기운을 바꾸는 것이 가장 큰 급선무임을 알아야 한다. 이미 결혼을 하기로 마음먹었다면 반드시 미리 예방하길 바란다. 필자의 말을 듣고 안 듣고는 자유지만 제발 명심했으면 좋겠다. 말 그대로 남자 쪽 조상이 잘못 돼 있으면 분명한 것은 꼭 필요하고 중요한 시기에 견디기 힘든 시련이 꼭 찾아오고 심하게는 몰락의 길을 걷게 된다는 데 그 심각성이 있다.

암에 걸리면 유전이라는 말로 위안 받겠지만 냉정하게 생각해보면 안 걸리는 방법이 분명하게 있는데도 사람들은 암에 걸리고 나면 호들갑도 그런 호들갑이 없다. 이러한 현상은 장애인도 마찬가지 현상이다. 결국 당사자도 피해자이지만 가장 큰 피해자는 결국 자녀들이다. 이렇게 무심코 넘어가는 것은 자녀들을 무방비 상태로 내어놓는 무지의 소치라고밖에 볼 수 없다.

남자 입장에서도 새로운 가족을 들이는 만큼 신부의 집안도 확인해야 한다. 처가 쪽의 잘못 가신 조상들이 많으면 말 그대로 원귀를 안고 시집을 오는 형국이니 잘못하면 집안이 망하고 가족 전체가 불행해지고 나와 가족에게 끊임없이 불행이 찾아와 사업에 막대한 영향을 미친다.

우리가 흔히 좋은 며느리가 들어와 가세가 폈다는데 며느리가 새로 들어온 후부터 재수가 없는지 되는 일이 없다고 하는 말을 듣는 것은 예부터 집안에서 내려오는 말이지만 그냥 흘려들을 이야기가 아니다. 이것은 실제로 신부 쪽 조상의 영향을 얼마나 받느냐의 결과이기 때문이다.

사주와 궁합을 보고 수 천 만원에서 수 억 원을 들여 혼수를 장만하고 신혼 여행지를 고르고 좋은 아파트에서 산다는 것이 조건은 될 수 있어도 먼 미래를 본다면 중요한 것은 아니다. 심지어 운명을 바꿀 수 있다면 성형수술도 마다하지 않고 심지어는 관상과 수상까지도 바꾸려고 주저 없이 많은 돈을 들여서 모든 것을 바꾸는 시대와 세태라고 한다. 물론 자신의 운명과 인생에 관심을 갖고 적극 투자하는 것이 잘못됐다는 것이 아니다.

좋은 인연과 행복한 결혼, 멋진 인생은 성형수술로 만들 수 있는 것도 아니다. 정말로 자신의 인생을 바꾸고 싶다면 당신과 당신 상대의 조상 영혼의 기운부터 확인하고 발복된 기운으로 자손만대 번영을 누려야 한다.

필자가 하라는 대로 하라. 조상의 기운을 확인하고 좋은 기운을 축적해 살아가는 것부터가 행복한 내 인생, 성공한 삶의 시작이며 훌륭한 2세로 가문의 영광을 열어가는 첫 단추가 된 것임을 보장한다. 대한민국에서 성공한 집안을 들여다보라. 거의 모든 집안이 조상 영혼의 발복을 위해 치열한 전쟁을 치루고 있는 중이다. 항상 성공한 자녀의 미래가 당신 손에 달려 있음을 명심하기 바란다.

5. 훌륭한 자녀와 사업하는 부모 불가분 관계

훌륭한 자녀문제를 거론하기에 앞서 부모의 사업이야기를 꺼내는 것은 자녀들과 부모 간에 연결되는 불가분의 관계 때문이다. 외국출장으로 심신이 혹사당하고 국내에 산적해 있는 현안을 처리하기 위해 눈 코 뜰 새 없는 경쟁적 사회생활 가운데서도 자식은 희망이다. 특히 아버지의 사업동기를 물어보면 '가족의 행복과 물질적 안정'을 위해 이렇게 열심히 한다고 한다. 그러나 한편으로는 얼굴보기 힘든 자녀들에게 과정보다는 결과만 듣고 자녀들의 요즘 생활을 유추할 수밖에 없는 현실 또한 사실이다.

부족한 부자지간의 정을 그나마 해소 시켜주는 것이 돈이다. 학원이며 과외비, 운동비, 필요하다면 외국유학도 마다하지 않고 그 비용으로 아버지의 역할은 어느 정도 한 것 아니겠는가 하는 면죄부를 생각하기도 한다. 말 그대로 부부간이건 부자지간이건 돈으로 대신 하려든다. 엄마들에게 남편의 가장 큰 잔소리는 "부족한 것 없이 생활비를 주는데 당신이 어떻게 신경 쓰기에 아이들 성적이 이렇게 형편없느냐?"는 잔소리가 가장 듣기 싫은 소리가 됐다.

부인에게 미루는 책임도 돈으로 메우면 다인 줄 알고 책임과 돈이 연결돼 있다. 물론 양쪽 다 잘 하는 부모님도 많이 계신다. 그러나 과연 과외공부 시키고 명문대학교에 합격하고 외국유학을 보냈다고 해서 모두가 훌륭한 자녀가 된다고 말할 수 있을 것인가?

부모 자식 간의 조건부로 따진다면 자식들이 더 많이 배워서 똑똑해졌으니까 그렇게 생각할 수도 있다. 똑똑하다는 것은 말 그대로 부모가 바라는 조건이 될 수는 있다. 그러나 명심해야 할 것이 꼭 있다. 사업을 하는 분일 경우 대게 일반인들보다 인생의 역경이 뚜렷하다. 이렇게 사업하는 집안의 조상들의 영혼을 확인해 보면 성공할 수밖에 없는 조상 영혼과 해를 끼칠 수밖에 없는 조상 영혼이 꼭 공존하는 경우가 대다수이다. 그렇기에 어느 쪽이 득세하느냐에 따라 인생이 달라진다.

여기에 자식들의 운명도 비슷한 곡선을 그린다. 부모가 사업에서 성공가도를 달릴 때에는 자녀들도 부모님 말씀을 잘 듣고 할아버지 할머님께도 전화도 자주하고 칭찬받으며 공부도 상승곡선을 그린다. 그런데 회사가 어렵고 힘들 때에는 이상하게도 자녀들의 탈선이나 공부의 성적도 계속 떨어지고 부모와 학교에서 반항심만 커진다.

그러다가 또 사업이 잘되면 자녀들도 잘 되고 못되면 자녀들도 하향곡선을 그리게 되고 그러다가 사업이 부도라도 나면 자녀들은 끝없이 방황의 추락을 겪게 된다. 그러면 왜 이런 현상이 일어나는 것일까?

1) 훌륭한 자녀를 만들려면 반드시 조상의 영혼을 확인하라

필자의 경험상 사업하는 집안의 진짜 영혼천도를 했을 경우 사업이 번창하게 되면 자녀들 또한 예외 없이 훌륭한 자녀가 되기 위해 스스로 노력하고 잘 되는 경우가 대부분이었다. 물론 해를 끼치는 영혼을 찾아내어 확실하게 잘 가게 만드는 것이야말로 더 말할 필요 없는 자명한 사실이다.

이렇듯 훌륭한 자녀를 만들고자 한다면 반드시 조상의 영혼을 확인해야 할 것이다. 자라나는 청소년이 있는 집안이라면 돌아가신 부모님의 영혼천도를 통한 발복으로 자손들이 훌륭하게 자라날 수 있는 원천을 제공하고 발복의 기운을 통해 가문이 번창할 수 있게 만들자는 것이 필자의 주장이다.

기러기 아빠의 절반 이상이 교수와 사업가라는 통계가 있다. 무한경쟁의 시스템에서 자녀들의 성공을 위해 생활의 변화도 마다하지 않으면서도 정작 부모님과 조상들의 영혼에 관계된 것을 등한시 하는 것처럼 위험한 것도 없다. 왜냐하면 조상의 발복은 당신과 자녀들에게 함께 이뤄지는 경우가 대부분을 차지하고 있기 때문이다. 더욱이 필자가 종교지도자 분들과 목숨 걸고 확인하자는 것이 바로 이 일인 것이다.

훌륭한 자녀를 만들고자 한다면 반드시 조상 영혼을 확인해야 한다. 그런데 이와 비슷한 집단이 정치인들이다. 선거과정에서 오는 스트레스가 집안까지 스며들고 이로 인해 가족 전체가 스트레스에 휩싸이게 되고 자녀들에게 영향이 미치지 않는다면 그것은 거짓일 것이다. 더욱이 선거의 당락이 자녀들의 인생에도 막대한 영향을 미치게 된다. 정치란 본인과 가족들의 운명을 바꾸는 커다란 인생의 승부처이다. 당선되면 가문의 영광이고 명예와 부가 한꺼번에 딸려 오지만 안 될 경우 명예와 건강을 잃고 재정적 어려움에 깊은 나락으로 떨어진다.

그로인해 가족들이 방향을 잃고 우왕좌왕하게 되고 심지어는 가족간의 관계가 단절되고 불화로 인해 자녀들의 인생에도 커다란 영향을 미치게 된다. 이렇듯 선거는 사람을 최고로 최저로 곤두박질치게 하는 위험이 있다. 그러나 이때 떨어진 선거를 당선으로 바꿔주는 것이 조상 영혼천도이다.

2) 유학보내기 전에 효의 근본인 조상들의 영혼천도를 꼭 하고 가라

요즘 한국사회의 화두는 조기유학으로 교육에 대한 부모님들의 기대치가 커지고 있는 현실이다. 그러나 TV 뉴스와 신문을 보면 마치 유학을 가는 학생들이나 유학을 보내는 부모님들을 마치 외화를 흥청망청 쓰는 매국노 취급하는 듯한 뉘앙스가 필자 입장에서는 영 마음에 안 든다. 어린 학생들의 조기 유학은 부자들만 보내는 전유물은 아니다. 자식을 이국 만리타향에 보내는 것은 한국인의 집념을 표출해 보이는 것이다.

자식에 대한 교육투자는 부모님 입장에서는 인생의 전부이고 한국 내 가족들의 모든 생활 시스템은 허리를 졸라매고 내 자식만큼은 반드시 성공시키겠다는 노력이 한으로 바뀐다. 바로 이 점이 대한민국이 세계무역경제 10위에 오르고 불굴의 한국인이 500원짜리 화폐에 새겨진 거북선 하나로 모래만 널려있던 울산현대중공업을 세계에서 대적할 자가 없는 세계 최고의 일류기업에 등극시키며 선진국으로 성장하게 된 원동력이 됐음을 한국인들은 아무도 부인하지 못할 것이다.

'어린 학생들은 누구나 연어다.'

3) 필자가 조국을 위해 꼭 해야 할 일

지금까지 필자는 국내적으로 선거 당선을 위한 정치인들과 사업성공을 위한 경영자들의 제의와 국외적으로는 일본 종단으로 부터의 자연재해 희생자들을 위한 천도제의를 받고 초대를 받아 조상 영혼 천도를 하고 다니고 있지만 언젠가는 반드시 필자의 조국을 위해 할 일이 꼭 있을 것이다.

첫 번째 할 일이야 당연히 독립군 영혼위무와 호국을 위해 초개같이 자신의 목숨을 바친 국가유공자와 모든 가족들을 위한 영혼천도에 큰 뜻이 있었다면 둘째로는 바로 어린 청소년들의 교육이다. 필자가 그 동안 국내와 일본에서 추진해 온 장학사업이 본 궤도에 올라서면 기미년 독립선언서 발기인 33명이 뜻을 함께 했듯이 매년 33명씩 30년간 장학금 지원할 것이다.

또한 학생들의 교육을 필자와 각별한 관계를 맺고 있는 세계 여러 나라의 석학들에게 이미 초청장과 초빙을 오래전부터 부탁한 상태이다. 물론 국내에서도 앞서 말한 모 총장님이 행정시스템과 교수 급으로 이뤄진 전문 인력과 제반 여건이 갖춰진 교육환경을 위해 전폭적인 지원을 아끼지 않겠다고 약조를 해주신 상황이다.

필자를 포함한 학생이 1,000명이 될 예정이다. 이 999명의 학생들이 장학금 후원을 받고 세계적인 석학들에게 세상을 살아가는데 필요한 세계적인 리더십을 체계적으로 배우고 사제지간으로 맺게 될 것이다. 필자는 온 힘을 다해 학생 하나하나 집안의 조상천도를 통해 발복을 해준다면 반드시 30년대에 우리나라에서 세계적인 지도자 그룹이 만들어지고 탄생될 것이다.

또한 이들로 인해 22세기 대한민국을 초강국으로 만들어내는 집단이 형성될 것이라고 확신한다. 999명이 학생이 전 세계로 퍼져나가며 학문을 공부하고 리더가 되기 위한 체험을 한다고 생각하면 지금도 가슴이 뜨거워짐을 실감한다.

남대천을 떠난 어린 물고기가 망망대해의 천적과 거친 몸싸움을 통해 생존 경쟁력을 끌어올리고 성어가 돼 다시 남대천에 올라오는 이치와 다를 바 없다. 우리의 자녀들은 대한민국의 영양분이 될 것이고 앞서간 선배들의 투혼과 선조들의 피맺힘을 반드시 성공하고 돌아와 국가와 사회에 반드시 도움을 줄 것이라고 확실히 믿어 의심치 않는다.

다만 부탁하고 싶은 것이 유학보내기 전에 효의 근본인 조상들의 영혼 천도를 꼭 하고 가라는 것을 강조하고 싶을 뿐이다. 필자가 당신의 자녀를 위해 목숨을 걸고서라도 당신과 가족들의 운명을 바꿔준다고 약속하는데 믿음을 갖고 따라줬으면 좋겠다. 그렇게 되면 당신과 당신의 자녀들만큼은 걱정하지 않아도 된다. 필자가 이렇게 간절히 호소하는 이유는 국가지대계인 교육도 중요하지만 그 교육을 통해 교육을 받는 훌륭한 자녀를 만들려면 근본의 태(胎)가 바로 여기에 응집해 있음을 알기 때문이다.

옛말에 '진인사대천명(盡人事待天命)'이라 했다. 사람이 할 수 있는 모든 것과 조치를 취하고 난 후 하늘의 뜻을 기다리라 했으니 후손들은 후손이 할 수 있는 일부터 해놓은 연후에 하늘의 뜻을 기다리는 것이 가장 현명한 지혜가 아닐까 생각한다.

원효대사께서 살아생전에 세상을 깜짝 놀라게 할 경전을 집필한다고 했다. 그것이 유명한 '금강삼매경론(金剛三昧經論)'이다. 금강이란 말은 견고한 보석을 말하는 것이기도 하지만 그보다는 '번개와 벼락'을 뜻하는 것이다. 탐욕과 질투와 시기심과 오만과 허위와 불효로 인해 우매해

진 자의 머리인 영혼과 흐릿해진 눈꺼풀인 시각을 도끼로 깨부숴 번쩍 뜨이게 즉 깨닫게 하는 번개가 금강 이라했다.

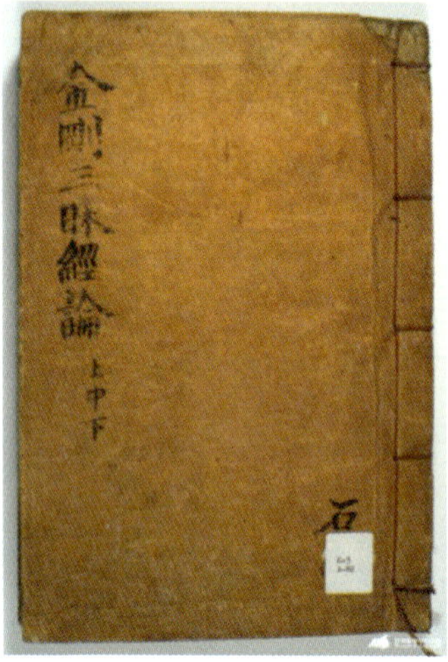

[그림32] 금강삼매경론(출어 : 네이버)

금강삼매경론은 번개와 벼락같은 금강방망이로 세상을 내리쳐서 깜짝 놀라 깨달음을 일게 하는 경전인 것이다. 필자의 금강삼매경인 번개와 벼락은 이렇게 독자들 곁으로 다가왔다. 힘들고 어려운 이들 곁에서 누군가에게 의지할 만한 언덕이 돼 주고 깜깜한 밤의 등대가 돼 주길 자처하고 배낭 하나 등에 메고 나선 세상이다.

원효대사와 같이 새벽을 여는 여명의 빛이 되고자 힘들고 외로운 자들 곁에서 미력한 필자의 힘을 최선을 다해 당신에게 보탤까 한다. 필자가 진행해온 십여 년의 공적과 독자들과의 인연을 통해 대한민국 22세기에는 세계의 중심이 될 수 있도록 훌륭한 자녀를 만들기 위한 노력에 최선을 다할 것을 다짐해본다.

Part . 06

오직 영혼을 위해 기도할 뿐

오직 영혼을 위해 기도할 뿐

1. 임종도 지켜드리지 못한 스승님의 죽음

1999년 한여름에 지리산으로 내려갔다. 사방이 매미 소리와 계곡물 소리로 가득 찬 산은 이내 세속의 사람들을 잊게 해줬다. 여름 산을 좋아하는 이들의 발걸음은 잦았지만 여전히 산은 세속과는 다른 곳이었다. 더구나 한여름에 오르는 사람들이란 그 자체가 산이라 할 수 있으므로 해서 그들과 동질감이 느껴졌다.

그동안 나는 어떻게 살아왔던가? 말할 수 없이 지친 심신으로 나는 새삼 지난날들을 돌이켜 봤다. 서울과 일본에서의 생활이 주마등처럼 스쳐갔다. 그 생활들은 도무지 현실감이 느껴지지 않고 한 바탕 꿈을 꾸고 난 기분이었다. 그렇게 열심히 한다고 했는데 결국 돌고 돌아 제자리에서 있는 것이 아닌가? 나는 한시라도 빨리 스승님이 보고 싶어 조바심이 났다. 내 삶의 어두운 언저리에서 만난 스승님. 그 분을 뵈면 모든 것이 확실히 달라지고 길을 찾을 수 있을 것만 같았다. 나는 그동안 나도 모르게 내 몸과 내 정신 속에 스며든 독성을 풀어내고 싶었다.

나는 설레는 마음으로 토굴 앞에 섰다.

"스승님! 접니다. 스승님."

잠시 후 반가운 목소리가 들렸다.

"들어오게."

들어서니 토굴 안이 유난히 깨끗이 정리돼 있었다.

"어서 오게, 일파 아니신가? 얼굴이 말이 아닐세 그려. 허허허."

스승님은 '내 다 알고 계셨다. '인석아!'하는 표정으로 나를 바라보셨다. 그 자애로운 눈길에 갑자기 눈물이 왈칵 쏟아졌다. 마치 객지를 떠돌다 온 탕아가 고향에 와 부모를 대하는 심정이었다.

나는 그 동안 있었던 일을 모두 스승님에게 얘기하기 시작했다. 말하는 동안 나도 모르게 울분이 솟구치는가 하면 내 스스로가 원망스럽기도 해 눈물을 흘리기도 했다. 그렇게 한바탕 속에 담았던 얘기를 꺼내놓고 보니 막혔던 속이 후련해지는 것 같았다. 스승님은 온화한 미소로 나를 품어주고 내 상처를 달래 주셨다.

"그들을 원망하지 말고 용서해 주시게. 그것이 인생이라네. 그들을 용서하는 대신 자네는 더욱 넉넉한 마음을 가지는 법일세. 앞으로 수많은 사람들의 제각각 인생사 속에 스며있는 고통을 이해하고 덜어주어야 할 자네가 아닌가? 그런 것 갖고 너무 울고, 원망하고 해봤자 자네가 원대한 꿈을 이루는데 결코 도움이 되질 않네."

"……."

"나는 다 알아. 네 마음을. 어느 누구보다도 잘 알아. 내가 왜, 무엇 때문에 토굴에서 생활했겠나? 자네보다 더 먼저 세상 사람들에 대해 실망을 하기도 했고 더 많이 원망도 했었네. 그러나 세월이 가면 흘러온 세월의 두께만큼 살아온 날들이 아득해져서 미움도 가고 원망도 가는 법이네. 결국 남는 것이라곤 새까맣게 타다 남은 회한 한 줌만 시간의 말미에 덩그렇게 붙어서 지난 자취를 증명하고 있을 뿐, 다 부질없는 일이네. 미워하는 감정을 오래 담아두고 있으면 결코 나 자신한테 좋질 않네. 무조건 용서하는 마음으로 살아야지. 자네는 보통 사람과 다르지 않은가? 자네가 선택한 길이고 운명이긴 하네만 이제 자네는 수행자가 아닌가? 증오심을 갖는다는 것은 그들을 위해서도 자네를 위해서도 결코 현명한 방법이 아니네. 물은 똑같은 물이지만 젖소가 마실 때와 뱀이 마실 때 두 성분이 다르듯이 지금 자네가 안고 있는 어지러운 마음들은 사람을 안 좋게 할 수도 있어. 사람을 살릴 수 있다는 것은 죽일 수도 있다는 뜻이야. 병을 고칠 수 있다는 것은 병을 앓게 할 수도 있다는 이치와 같은 것이지. 그럼 우리의 학문을 어디에 써야 하는지 판단은 자네 몫이야. 내가 자네에게 내 모든 학문을 전수한 것은 자네의 근본 자리가 원래 청정하고 곧았기 때문이라는 걸 잊지 말게. 사람을 믿는다는 건 곧 자기 자신을 믿는 것만큼 쉬운 일이 아니라네. 그건 아주 귀한 본성의 인연이지. 자칫 잘못하면 엄청난 악의 도구로 사용될 수 있는 비법을 아무한테나 전수하겠나? 난 자네를 믿네. 암, 그렇고말고. 자네는 누구보다 잘 해낼 수 있는 사람이야."

"그렇지만 스승님. 그들이 쉽게 용서가 안 됩니다. 저도 나름대로 노력해봤지만 순간순간 다시 그들이 미워집니다."

"미워하는 마음도 갖지 말며 성내는 마음도 갖지 말게. 그것들이 종내는 나를 무너뜨리는 진균의 씨앗이 되네. 용서하게. 아무 것도 모르는 미혹한 사람들 아닌가? 오래지 않아 다 크게 후회를 할 걸세. 그때는 늦었다는 것을 깨닫게 되겠지."

스승님의 말씀을 들으니 가슴에 맺혔던 한이 조금씩 풀어지는 느낌이었다. 스승님은 나의 속마음을 낱낱이 꿰뚫어보시고 계셨던 것이다. 어쩌면 내가 세간에서 무엇을 어떻게 했는지 말하지 않았어도 이미 알고 계셨는지도 모른다.

"나도 이제 평생을 살아왔던 이 지리산 자락이 적적해지기 시작했네. 세상을 훨훨 날아 여행도 하고, 제주도도 가보고 싶네. 떠나고는 한 번도 뒤돌아보지 않았던 내 고향이네."

지금까지 한 번도 이 수행 처를 떠나고 싶다는 말을 하지 않으셨던 분이 별안간 여행을 다니시겠다니 연세도 있으신데 걱정이 앞섰다.

"스승님, 저도 같이 가겠습니다. 스승님 곁에 있고 싶습니다."

스승님과 동행하기를 자청한 내 의도를 간파하셨는지 스승님은 아무 말이 없이 묵묵히 나를 보고 계시다가 조용히 웃으셨다.

나는 그 동안 흐트러진 마음도 정리할 겸 스승님을 모시고 제주도로 내려갔다.

여름 한 철은 우리나라의 어디나 마찬가지로 피서하는 인파들로 온 산하가 몸살을 앓는 계절이다. 특히 제주도를 이 철에 여행한다는 것은 고생을 각오하지 않고서는 좀처럼 쉬운 일이 아니다. 주로 가족 단위의 여행객이 많았는데 게 중에는 외국인들도 듬성듬성 눈에 뜨였다. 그들의 표정은 하나같이 밝았으며 아직도 이 동방의 조용한 아침의 나라에 대한 신비주의적 탐닉이 끝나지 않았는지 성가실 만큼 눈에 보이는 대로 카메라의 셔터를 눌러 사진 찍기에 여념이 없었다.

나와 스승님도 예외가 아니어서 그들의 호기심을 자극하기에 충분한 모습이었다. 특히 스승님께서 어디를 다니시건 한 번도 손에서 놓아본 적이 없는 주장자를 든 모습이 그들의 눈에는 무척 신기롭게 보였던 모양이다. 내국인들도 마찬가지였는데 특히 어린아이들이 가까이 다가와 직접 스승님이 들고 계신 주장자를 손으로 만져보기도 했다. 나는 혹시 스승님이 불편해 하시지 않을까 걱정을 하면서도 그들의 행동을 적극적으로 말리지는 않았다. 그런 모습을 지켜보고 계시던 스승님도 그렇게 귀찮지는 않으신 모양이었다. 가끔씩 어린아이들의 머리를 쓰다듬어 주시며 잔잔하게 웃음을 머금고 계셨다.

제주에 도착하자 나는 오피스텔을 하나 얻어 생활했다. 스승님은 며칠에 한 번씩 들러주셨고 스승님 밑에서 공부한 사형되는 분에게 나를 소개시켜 주시기도 했다. 스승님과 함께 지내는 제주도 생활은 이루 말할 수 없이 뜻 깊은 귀한 시간이었다. 제주도의 아름다운 산수 여기저기를 찾아다니면서 함께 영혼을 천도할 때 느끼는 보람과 가슴 벅찬 일들을 나는 평생 잊지 못할 것이다.

현대사의 격변기 속에서 이름도 없이 쓰러져간 억울한 영혼들을 천도하며 차츰 나는 내 마음 속에 옹골차게 박혀있던 미움과 분노를 삭여가고 있었다. 그리고 좀 더 시간이 흐르자 오히려 나를 괴롭히고 힘들게 했던 그들이 고맙기까지 했다. 그들이 아니었다면 스승님과 이런 소중한 시간을 보낼 기회가 있었을까? 그때 모든 일들이 제대로 풀렸다면 나는 지금도 한국과 일본을 오가며 정신없이 뛰어다니느라 나를 돌아 볼 엄두도 내지 못했을 것이다. 거기까지 생각이 미치자 도관 스님, 김은경 씨, 배효경 씨, 장동환 씨 등 모든 사람들이 잘 됐으면 하는 마음이 들었다.

제주도에서 많은 것을 얻게 되자 나는 다시 혼자 지리산으로 들어가 내 정신을 가다듬고 싶었다. 스승님은 여전히 나의 뜻을 헤아려주시고 용기를 북돋워 주셨다. 연로한 분을 혼자 제주도에 남겨 두고 혼자서 길을 떠나온다는 것이 마음에 걸리는 일이었지만 한편 사형이 가까이 있어서 마음이 놓였다. 그날 당장 스승님에게 인사를 드리고 지리산으로 훌쩍 떠났다. 지리산은 내 마음의 고향이나 다음이 없었다. 나는 다시 혹독한 수행구도에 들어갔다. 온몸에 고통이 번지고 허깨비가 보이기까지 했다. 그러나 이를 악물고 이겨낼 수 있었다. 아무리 혹독한 고통이라도 내가 원한 수행구도는 희열을 동반했다. 이것이야말로 내가 추구하던, 내가 염원하던 길이었던 것이다.

그러던 어느 날, 잠결에 갑자기 스승님이 찾아 오셨다. 스승님은 자리에 앉으시자마자 나에게 이상한 말씀을 하셨다.

"일파야, 나는 이제 떠날 때가 된 것 같다. 내 먼저 가서 좋은 자리 잡아 놓을 테니 인간세상 여행 많이 하며 덕도 쌓고 따라 오너라. 혹 내가 잘 못 간다면 네가 좋게 나를 보내주길 바란다. 알겠느냐?"

"스승님, 왜 지금 그런 말씀을 하세요? 스승님! 스승님!"

온몸에 땀이 흥건했다. 깨어나 보니 순간적으로 그것이 꿈이었다는 것을 깨닫고는 다행스럽게 느껴졌지만 아무리 돌이켜 보아도 그것은 불길하기 짝이 없는 꿈임에 틀림없었다.

꿈이라 여기기에는 너무나 생생한 꿈. '혹 스승님께 무슨 일이 생긴 게 아닐까?' 나는 조바심이 났다. 서둘러 제주도로 연락을 해봤다. 우려했던 것은 현실로 드러났다. 스승님이 돌아가신 것이다. 이미 장례절차마저도 끝난 뒤였다. 내게 연락할 방법이 없었다고는 하지만 스승님의 임종도 지키지 못했다고 생각하니 절벽 아래로 끝없이 내 자신이 추락하는 슬픔에 휩싸였다. 죄스러운 나머지 그 자리에 그대로 서서 영원히 이 괴로운 시간과 함께 목숨을 끊어버리고 싶은 심정이었다.

평평 눈물이 쏟아지기 시작했다. 통한과 회한과 반성의 눈물이었다. 내가 이러고도 제대로 된 제자란 말인가? 이런 제자를 무엇이 미더워 꿈속까지 찾아오셨단 말인가? 스승님의 인자한 미소, 때로는 아주 무섭게 학문을 전수하시던 근엄한 모습과 지난날들이 눈앞에 생생히 떠올랐다. 스승님이 아니었다면 지금의 내가 존재했을까? 눈물이 하염없이 흘러내렸다.

'스승님, 부디 평안한 곳으로 가십시오. 스승님의 존함에 누가 되는 일이 없도록 최선을 다 하겠습니다'라는 다짐이 가슴 저 밑바닥까지 단단히 뿌리를 내리고 있었다.

2. 기도하고 기도할 뿐

우주를 본다는 것은 나를 바로 보는 것이다. 사람들은 영혼의 실체는 보지 않고 헛되고 헛된 육신의 거푸집에만 매달려 자성의 밭을 갈지 않고 나무를 키워 그 열매를 거두지 못한다. 이 육신은 덤불과 같아서 언제 쓰러지고 없어질 줄 모르는 것이니 이 육신에 매달려 자성을 버리는 어리석음은 없어야 한다. 이 육신의 곳간에 거한 영혼을 다듬고 바로 수지(受持)한다면 저 우주가 나를 이곳에 있게 한 오묘하고 지극한 이치가 분명히 있을 것이다.

우주는 모든 생명의 본체요 시작이며 끝이다. 나에게 이러한 사명을 부여한 영혼의 소리 없는 소리들이 온 천지를 휘돌아 내 귀에 들린다. 시공이 있어서 이 유한한 공간을 유영하면서 나는 오늘도 이 지극한 뜻이 무엇인가를 느끼고 깨닫는다. 눈을 감을 때마다 귓가를 윙윙거리며 천지간을 맴도는 영혼들의 소리, 사명의 소리, 기도의 소리가 들린다. 명상과 기도, 그 영원한 생명의 길 위에 내가 있고 고통으로 신음하는 영혼들이 있다. 이제 영혼들의 고통과 통한의 드라마는 나로 하여금 끝을 맺어야 한다. 영원한 우주의 기운으로 이어져 누구나 사랑 받고 사랑하면서 살아야 한다. 불귀의 영혼으로부터 고통 받는 가난한 사람들의 질곡의 삶도 이제는 끝나야 한다.

영혼이 무엇인지, 천지의 이치가 무엇인지, 천지와 그 부모가 둘이 아닌 이치가 또한 무엇인지 모르는 이가 없어서 정성을 다하고 효도를 다하는 아름다운 세상이 돼야 한다. 아름다운 세상에는 서로가 서로를 속이지 않고, 서로가 서로를 증오하지 않고, 서로가 서로를 시기하지 않으며 영원히 거듭나서 서로를 보듬어 살리는 참 세상이 돼야 한다.

기도하고 기도 할 뿐이다.

이 말을 듣고 사람들이 혹 의심해 비웃거나 외면한다면 그들은 영원히 그 고통의 인과를 벗어나지 못할 것이다. 그들은 기도할 줄을 모르고 진정한 죽음의 의미를 깊이 알지 못한다. 영혼은 항상 죽음의 끝에서 존재한다. 영혼이 없다면 죽음도 없다. 이것이 그들이 모르는 천지의 이치다. 그들에겐 영원히 죽음에서 오는 불안과 공포와 비탄만 있을 뿐이다.

사람들은 영혼에 대해 어떤 단정도 내리지 못한다. 이것이 그들로 의심하고 회의에 들게 하는 가장 큰 이유 중 하나이다. 무슨 이유일까? 논리적이고 실증적이고 과학적인 판단을 앞세워 그들은 스스로 눈과 귀 그리고 모든 영성의 문을 굳게 닫아 버리려 한다. 불신의 벽은 차올라 더 높은 담장을 쌓고 담장 안에선 지금 무슨 일이 일어나고 있는 줄 모른다. 바로 그 곳이 내가 시작하려는 길이고 끝을 내야 하는 궁극의 소임이다.

2000년 11월, 나라 경제는 다시 IMF 사태가 다시 오는 것이 아니냐는 우려의 목소리가 흘러 나왔다. 주가는 바닥으로 곤두박질을 쳤고, 서민들은 살기가 힘들다고 아우성이고, 다시 노숙자가 늘어난다는 보도가 나왔다. 나는 그 해 '11월에 내려, 1월 주식 시장 개장과 때를 같이 해 코스닥에 상장 돼있는 S기술 주식이 오를 것이니 개장 시기에 사서 2월에 팔면 좋을 것이다'라는 예언을 한 예가 있다.

내 말을 믿고 따르는 사람들 중에 경제적으로 어렵지만 올바르게 사는 분들에게 미력이나마 도움을 줬으면 하는 바램에서였다. 당시 주식시장은 끝을 모르고 바닥을 헤매고 있었다. 벤처기업들이 너무나도 무너진다, 어쨌다 해서 아무도 주식에 투자할 엄두도 내지 못하고 있을 때였다. 하지만 결과는 나의 예언대로 됐다. 내가 오를 거라고 예언한 바로 그 종목은 1월 개장과 동시에 상한가 행진을 계속해 2월초에는 1월초와 비교해 거의 4배가 올랐다. 그로 인해 나의 예언을 믿고 따르는 많은 이들이 큰 이득을 볼 수 있었다. 그러나 이러한 내 능력은 바른 이타의 정신에 입각한 옳은 쓰임에 한해서만 그 의미가 있다. 자신을 위해 또 하나의 아집을 만들 때 그것은 아무 의미가 없다.

나는 나를 찾아와서 세상을 살아가는 지혜와 방법을 묻는 사람들에게 말한다. 신은 그 하나를 얻어 영검하고, 땅은 그 하나를 얻어 그득하다. 신은 천의 덕을 말하고 귀는 지의 덕을 말한다. 도가 만물에 기를 베풀어 드러나는 것이 영이고, 영은 목숨이요, 목숨은 곧 만물이 누리는 생기이다.

천의 사 체 (日, 月, 星, 辰)와 지의 사체 (火, 水. 土, 石)를 영이 없는 물질로 보지 말라. 그리하면 그 복록이 만대를 이루리라.

마무리하면서

책을 집필하면서 그 동안 말하지 못했던 감정을 호소도 해보고 권유도 하면서 필자의 이름에 걸 맞는 언행을 하려고 무척이나 고심했었다. 특히나 필자와 대면했던 많은 이들에게 희망을 주려고 노력을 아끼지 않았다. 또한 필자를 통해 어떤 경우에도 당신 인생을 포기하지 말라는 것과 고난을 이겨내고 어떤 상황에서도 웃을 수 있는 여유와 자신감을 당신이 발견할 수 있게 되길 바라는 마음에 집필하게 됐다.

좌절해 본 사람만이 교감할 수 있는 따뜻한 격려를 해주고 싶다. 성공, 실패, 좌절, 재기 그리고 다시 성공, 실패, 좌절, 재기 이렇게 순환이 이뤄지는 과정을 성공으로만 갈수는 없는 것일까?

계속적인 성공을 위한 노력은 많은 사람들의 원초적 본능임에 틀림이 없기에 필자는 강력하게 그 방법이 발복임을 권했다. 많은 사람들이 발복이라는 의미를 제대로 알고 있지 않은 상태에서 그저 조상 발복이라는 단어만 보고는 '미신이다'라고 확정 짓고 생각하는 분들이 대다수이기에 수학공식처럼 보여주고 싶었던 것이 솔직한 심정이었다. 조상들에 대한 발복을 하지 않고서는 집안과 자손들이 잘 되기를 바라지 말아야 한다.

그럼 발복이란 정확히 어떤 것을 가리키는 말인지 궁금해 할 분이 많을 것이다. 조상님들의 발복에 대한 예들은 사대부 집안에서 찾아볼 수 있을 것이다. 전국에 수많은 사대부 집안의 종가가 있지만 서울 사대문 안에 유일한 600년 영당인 한산이씨, 목은 이색 종가를 보면 혹시 독자 분들에게 이해가 가지 않을까?

서울 종로구 수송동에 있는 목은 이색(牧隱 李穡, 1328~1396) 선생의 영정을 모신 이곳은 600년간 숱한 난관을 극복하고 지금껏 서울의 한복판에서 후손들이 지켜온 영험한 곳이다. 그 후손들이 현재 500여명에 이르고 그 후손들 중에는 고려 말 삼은의 한분인 이색, 고조선 사육신의 한분인 이 개, 구한말 독립운동가 이상재 선생 등을 배출한 정의의 후손들이며 4년제 대학에 재직하고 있는 현역교수가 200여명이 넘는 절대 학자 집안이다.

600년 전 한분의 지조가 한 집안을 넘어 인맥의 대동맥으로 사회와 국가에 이토록 헌신할 수 있는 인맥을 만들 수 있다는 것은 사실 조상들의 후광 없이는 불가능하다 할 수밖에 없다. 결과적으로 지난 600년간을 한 번도 빠지지 않고 지냈을 조상님들의 제사와 제상의 음식들은 이승과 저승을 이어주는 우주의 공간이며 산자와 죽은 자의 벽을 넘나드는 영혼의 교감장소였을 것이다. 결국 제상은 과거, 현재, 미래로 흘러가는 시간의 강물인 동시에 산자와 죽은 자의 두 공간이 접속할 수 있는 경계 영역인 특별한 휴대폰의 통화 장소인 것이다.

발복이란 후손들의 영광을 위한 것이다. 무엇인가 더 큰 것을 얻기 위해 반드시 자기 것을 내줘야 하는 것이 발복의 기본 원칙이다. 살아있는 후손이 죽어있는 부모님께 자손만대의 번영을 소망하며 비는 것이 발복이라고 정의할 수 있다. 이렇듯 발복을 통해 후손이 원하는 간절한 소망을 들어준다.

대통령이 되고 싶다. 기업의 총수가 되고 싶다. 자손들이 간절히 원하는 고시에 합격이 되게 해주고 싶다. 국내외 명문대학에 합격시키고 싶다던가 하는 원하는 것 등 간절한 소망을 들어주는 것이 조상님들의 발복인 것이다. 알아야 할 것은 발복의 효험이 없다면 수백 년간을 왜 이토록 많은 사람들이 간절하게 매달리겠는가?

믿음은 태산을 움직인다고 했다. 믿음하나로 집안의 운명이 바뀐다는 것을 명심해야 한다. 필자가 일심을 다해 파고드는 분야가 바로 조상 영혼의 발복을 통해 그 집안의 훌륭한 자손을 얻게 해야겠다는 것이 이 책의 중요 핵심사항이다.

인간은 영적인 존재이기 때문에 태아가 들어서면 비로소 이승에서의 삶을 시작한다. 그러나 원치 않은 임신을 했거나 태아가 기형임이 밝혀진 경우에 법적 문제나 종교적인 문제가 어떻든 대다수의 사람들이 알게 모르게 낙태수술을 하고 있는 게 현실이다.

거듭 말하지만 사람은 영과 육이 함께 존재하는 생명체이다. 영혼이 없는 육신은 단지 시체 한 구에 지나지 않으며 육신이 없는 영혼 또한 귀신에 불과하다. 따라서 사람의 형체가 다 갖춰지지 않은 태아의 경우라도 결국 그 속에 영혼이 존재하기 때문에 낙태를 했을 경우에는 반드시 영아 영혼천도를 해줘야 한다. 태아에게 당연히 영혼이 있기 때문이다. 훌륭한 아이가 태어나길 바라고 만들어 지길 바란다면 조상의 발복 없이 기대하지 말라는 이유가 그냥 하는 말이 아니다.

1,350여 년 전 작은 나라 신라에서 일기 시작했던 원효대사의 영험함이 화랑들을 육성해 한반도 통일의 초석을 다진 전진 기지가 됐듯이 필자의 후원과 노력으로 육성된 999명의 학생들이 국가와 민족을 위해 헌신하고 봉사하며 가문의 영광과 국가의 자랑으로 성장하길 기대해본다.

그 동안 많은 이들의 도움을 받아 많은 일들을 할 수 있었음에 감사하고 필자에게 아낌없는 도움을 주고 있는 국내외 인맥의 분들에게 은혜를 꼭 베풀까 한다. 국내 및 일본과 필리핀에 있는 원효사상연구원 제자들에게도 거듭 감사함을 표하지 않을 수 없다. 이 자리를 통해 감사함을 전하며 혹이나 필자의 학문과 비법에 대해서 궁금증이 있을 줄로 안다.

내 여정의 시작은 작지만 간절한 소망에서 시작됐고 그 여정의 일단락에 서 있는 지금 역시 그 간절한 소망과 함께 있다.

'운명'

신은 결코 인간에게 불행한 운명을 주지 않았다. 그 분은 그저 우리를 변함없이 도와주고 계실 뿐이다. 인간 운명은 천신(天神)과 지신(地神)의 기(氣), 조상신(祖上神)과 후손의 기가 어우러져 만들어진다. 우리 선조는 눈에 보이지 않는 조상과 후손의 영혼이 미치는 영향을 '효'사상으로 이어 왔고 먼저 가신 영혼의 평안한 안식을 위해 선산과 묘지 문화로 전통을 이어왔다.

살아생전 부모에 대한 효의 마음을 돌아가신 후에도 이어가는 것이 제사와 차례요, 그 영혼의 안식을 빌며 음덕을 비는 것이 성묘와 벌초인 것이다. 또 명당을 찾고 중요시했던 돌도 터 자체의 기를 생각한 것도 있지만 실은 그 터에 계신 영혼의 기를 염두에 뒀던 것이다. 우리 선조는 산 자에 대한 효의 마음을 돌아가신 영혼에까지 이어 조상 섬기기에 정성을 다했다.

조상의 영혼을 편안히 모시고자 영혼 천도제, 49제를 비롯한 많은 연례를 행했으며 집집마다 사당을 둬 조상에 대한 예를 다했다. 이것은 눈에 보이지 않는 조상의 기가 후손의 운명에 결정적이니 영향을 끼친다는 믿음에서 비롯된 것이었으며 후손들에게 부모를 섬기듯 언제나 베푸는 마음으로 올바른 삶을 살아야 한다는 가르침으로 계승돼 왔다.

오늘날 서구 문명과 문화가 범람하고 다양한 형태의 사상과 종교가 갑론을박하는 사회에서 인간 행복의 기본 원리인 '효사상과 영혼 철학'이 간과되고 사라져 가는 것에 통탄을 금할 수 없다. 물질적 영욕과 개인의 영달을 꾀하는 것이 결코 나쁘다는 것이 아니다. 누가 뭐라 해도 인간의 행복은 육체적 안락과 물질적 풍요로움을 기초로 하는 것이기 때문이다. 배고픈 소크라테스도 좋을 수 있지만 기왕이면 배부른 소크라테스야말로 완벽한 행복이 아니겠는가?

내 운명의 행복을 빌며 그 행복을 추구하며 사는 우리 모두는 이제 그 기본 바탕을 다시 다져야 할 때이다. 나에게 직접적 영향을 주는 5대까지의 조상 귀의 안위를 살피고 구천을 떠도는 수많은 원귀 중 내게 찾아온 영혼을 편안하게 모시며 효의 마음으로 가족과 이웃을 사랑하며 살아가야 한다.

당부하건데 여러분 모두 각자가 영혼의 안부를 스스로 알아보고 확인 실험을 해 보기를 바란다. 묘지든 사진이든 지방이든 마찬가지이다. 그리고 못 가신 영혼이 있다면 반드시 영혼 천도로 평안한 곳으로 모시고 그 기가 바뀌었는지도 확인해 보라. 운명은 그 기의 변화에서 시작된다.

믿음보다는 불신과 의심이 팽배한 현실에 좌절과 절망을 느낄 때도 많았지만 나를 믿고 따라준 많은 이들의 마음속에 진실로 행복과 즐거움이 가득한 것을 볼 때 너무도 큰 보람과 감동을 느낀다. 오늘도 구천을 떠돌며 절규하는 수많은 영혼들의 안식을 위해 간절한 마음으로 기원한다.

마지막으로 필자도 천주교 집안의 2남 2녀의 셋째로 태어나 되는 일 하나 없이 방황하다 죽음을 넘어 스승님을 만나 이 법을 알게 됐다. 당신 스스로 실험을 통해 도저히 풀리지 않는 불가사의가 있다면 필자에게 연락을 취해 잘못된 길로 가는 우를 범하지 않기를 거듭 당부 드리며 이 글을 마칠까 한다.

[부록]

가장 최근에 있었던 체험기이다.

"코로나19 미국 캘리포니아 확산이 제일 많고 미국은 수많은 사람들이 죽어나갈 것이다"라고 예언했다.

4년전 필자가 미국을 3번 다녀왔는데 그 당시에 미국을 예언하기 위해서 캘리포니아에 트럼프 대통령 예비 후보자와 힐러리와 한참 경선할 때이다. 그 당시에 기도를 하면서 대한민국의 박근혜 대통령이 순방을 잘하고 탄탄대로를 걷던 때였다.

'박근혜 대통령 구속된다. 삼성의 이재용 부회장 구속된다. 롯데의 신회장 구속된다'나 이런 예언이 필자의 입을 통해 나오게 되자 대한민국의 한사람으로서 안타까운 마음에 필자의 예언 내용을 적어 속달로 편지를 보냈다.

그러나 결과는 한명도 필자의 말을 믿어주지 않았지만 보라! 지금 필자의 예언대로 박근혜 전 대통령은 지금 서울구치소에 있다. 그리고 이재용 부회장은 서울구치소에 갔을 때 저희 자서전을 3권을 속달로 넣어주기도 했다. 유튜브 효학문연구소를 검색하면 상세히 전부 다 기록이 돼 있다.

2019년 7~8월경부터 미국에 계속적으로 통화를 하면서 필자의 기도로 건강이 많이 회복된 지인이 계신다. 이분이 누구냐면 한국에서 유명한 명문대학을 나오고 미국에서 석·박사를 마치고 교수로 미국에서 내놓으라 하는 A급 비밀직장에 근무하시는 분이다.

이분이 미 국방성 과학자로서 근무를 하고 있을 때 그분께서는 원인 모를 병으로 머리가 아프고 혈압과 당뇨로 미국에서 유명한 병원은 모두 찾아다니고 대체의학 등 치료하기 위해 할 수 있는 방법은 다 해도 낫지 않다가 우연히 필자의 책을 보고 한국에 돌아왔을 때 카카오톡으로 메시지를 보내왔다.

이렇게 그분과 필자가 인연이 돼서 필자의 기도를 통해 그렇게 오랜 세월 고생하던 병이 낫고 건강이 회복되자 필자랑 무척 친하게 지내게 됐다. 그러던 어느 날 하루는 이 분으로부터 다음과 같은 내용의 다급한 이메일이 도착했다.

그분이 소개하고 싶은 분은 자기 지도교수이며 현 미국 캘리포니아 얼바인 캠퍼스 공대학장으로 계시는 쎄이교수로 약10년 간 피부암과 혈액암으로 고생하다가 이제 죽을 날이 3주도 안 남아 현재 중환자실에 계시는데 이제 초상을 치르기 위해서 모두 기다리고 있다고 했다. 그런데 바로 이 분은 미국에서도 유명한 과학자이며 미국 캘리포니아 얼바인 캠퍼스 공대 교수였다.

이 백인 교수는 그 밑으로 제자들이 노벨상을 받은 분들이 너무나 많기 때문에 미국 과학의 보배라고 했다. 따라서 쎄이 교수가 돌아가시면 세계의 과학이 10년이 뒤로 밀릴 정도로 그렇게 중요하고 이 세상에서 꼭 필요한 분으로 살려야 한다는 내용이었다.

미국 캘리포니아 얼바인 캠퍼스의 유명한 의대 교수 4명이 4~5년간을 그분의 치료를 맡아 왔으나 이제 두 손 두 발 다 들었고 초상을 치를 날만 기다리고 있다가 필자의 지인인 한국 과학자 이분께서 너무 좋아지시니까 지푸라기라도 잡는 심정으로 쎄이 교수가 자기 지도교수라며 꼭 살려야 한다고 필자에게 쎄이 교수의 사진과 이름을 보내왔다.

"저희 교수님이 좀 호전되게 해주십시오."

필자가 하는 것은 뭘까? 바로 그 집안의 조상 원귀 터를 천도하고 발복하는 것이다. 필자는 한국에서 그분이 보내준 쎄이 교수의 사진과 이름을 놓고 필자의 비법으로 5대조까지 천도하고 영혼을 발복해 줬다. 역시 이를 통해 죽을 날만 기다리고 있던 그 과학자 교수가 살아나자 미국에서는 기적이 일어났다고 발칵 뒤집어 졌다. 모든 검증은 바로 캘리포니아 의과대학에서 검증을 받는 것이다. 그래서 그들은 쎄이 교수가 살아난 일을 기적이라고 했다.

"너무나 감사하다"며 그 한국 과학자와 쎄이 교수로부터 초청을 받았다. 이제 그 쎄이 교수는 쾌차해 이제는 정정하셔서 강의도 많이 하시고 세미나 여행도 다니시고 그래서 감사한 마음으로 필자를 2019년 12월 20일부터 2020년 1월 20일까지 약 한달 동안 초청을 하기에 이르렀다.

그리고 미국에서도 필자의 기도를 통해 좋아지신 분들과 필자와 인연이 된 분들도 함께 초청을 받아서 2019년 12월 20일경 미국으로 향했다. 거기서 많은 후원과 접대를 받고 미국 캘리포니아 얼바인 캠퍼스에 쎄이 교수를 만나기 위해 방문했다. 그 쎄이 교수는 비밀요원으로 정말 쉽게 만날 수도 없는 분이다.

[그림33] 필자의 천도로 살아난 미국 캘리포니아 쎄이 교수와 함께.

그리고 어렵게 얼바인 캠퍼스 공대 앞에서 필자와 마주하게 됐다. 그 유명한 분께서 하시는 말씀이 “현대의학에서 내로라하는 의사들도 나를 못 살린다고 했는데 당신이 나의 생명의 은인입니다”라고. 그러면서 “현대과학이 아무리 발전됐다고 해도 신의 영역에 들어갈 수가 없습니다. 그런데 당신은 신이십니다”라고 필자에게 감사의 뜻을 전했다.

그리고 이런 말 저런 말 하다가 저에게 하시는 말씀이 “제가 죽을 때까지 발복 기도도 많이 해주세요”라고. 그때가 2020년도 1월 10일경이었다.

필자가 미국에 있다 보니까 뉴스를 봐도 영어를 잘 모르니까 몰랐는데 그분이 다음과 같은 질문을 필자에게 했다.

"지금 중국에 우한 코로나 바이러스가 번졌는데 미국은 봉쇄를 한다고 하지만 자기 밑에서 중국계 우한의 박사 한명이 있습니다. 이사람 때문에 전염이 되지 않을까 걱정입니다. 왜냐하면 암이 나았지만 아직은 면역력이 약하기 때문에 걱정이니 예언 좀 해주십시고 기도해 주십시오."

그래서 그 자리에서 바로 기도를 해보니까 이게 웬일입니까? 미국은 그 당시에 코로나 확진 환자가 한명도 없었고 오히려 코로나 코자도 없었던 시점이었다.

필자가 기도한 결과 다음과 같은 예언을 해줬다.

"교수님! 이 얼바인 캠퍼스가 패쇄 됩니다. 그리고 미국은 10만 명 이상이 코로나 바이러스로 죽어나갈 것입니다. 그리고 교수님도 격리가 될 거에요. 이제 미국은 코로나가 막 시작될 것입니다. 미국 전역에 최고로 뉴욕, 그리고 맨 마지막에 캘리포니아 여기가 최고로 많은 확진 자가 나오고 많은 사람들이 이 병으로 죽을 것입니다."

캘리포니아 얼바인 캠퍼스 면적이 대한민국 강남구 정도로 그렇게 넓다. 캠퍼스 안이 넓어 버스가 다니고 마치 학교가 아니라 시내처럼 크다. 그런데 쎄이 교수는 필자의 예언을 듣고도 너무 엄청난 사실에 놀라서인지 반반으로 듣는 눈치였다. 거짓말 반 진짜 반.

그리고 필자가 기도해 보니 잘못하면 필자도 미국에서 못 나오게 생겼다. 그래서 1월 12일경 한국으로 일정을 앞당겨 귀국을 했고 그다음부터 필자의 예언대로 코로나19가 전 세계를 강타하며 확산되기 시작했던 것이다.

여러분!

유튜브로 '효학문연구소'를 검색하시면 필자가 1부부터 10부까지 2시간짜리로 동영상을 올려놨다. 코로나는 뭐냐, 어떻게 예방하냐, 코로나 백신이 나올 것이냐, 저항력을 키워라, 이것은 제 자랑을 하려고 말하는 게 아니라 바로 필자는 영을 접속하는 사람이다.

영의 계시를 받아 필자가 예언해드리는 것이다. 그럼 코로나19의 예방법이 뭐냐? 천지조후에 하늘의 기운과 땅의 기운과 나의 노력과 우리 가문의 조상의 기를 받는 것이다.

여러분! 이것을 왜 필자가 말씀 드리냐면 훌륭한 자녀를 만들든 명품 자녀를 만들든 주식을 하든 정치를 하든 집안의 뿌리만 잘 돼 있으면 코로나가 와도 우리는 저항력으로 이길 수가 있기 때문이다. 이제 앞으로는 예언을 하면 코로나 시대이다. 아니 다른 또 바이러스가 많이 올 것이다. 그래서 이제 마스크 시대이다.

우리 바이러스가 눈에 보이는가? 보이지 않다. 이제 예방한다는 것은 바이러스가 와도 나의 몸에 저항력이 강하다면 그 저항력이 바로 나의 뿌리 영향이다. 이해가 되는가? 아무쪼록 여러분들 항상 건강하시고 하시는 일마다 잘 되시고 코로나19에 걸리지 마십시오.

건강하십시오. 또 건강하시길 축원합니다. 감사합니다.

[상담 및 후원]

저희 연구원에서는 일제 침략 등 해외 독립운동 희생자들, 월남파병 희생자들로 일본, 중국, 동남아시아, 미국 등 세계 도처에 산재해 있는 우리 선열들의 원혼을 조사 발굴해 한분의 영혼이라도 그 원한을 위로해 드리고 천도를 하고 있습니다.

특히 서울 동작동에 위치한 국립현충원에 잠들어 있는 54, 460 신위의 순국 영혼들과 대전 국립 현충원, 경남 마산의 3·15 묘지, 수요도 4·19 묘지, 광주 5·18 묘지, 경북 영천과 전북 임실에 있는 호국원에 안치된 순국 영혼들과 일본 지역에 묻혀있는 원혼들을 〈범민족적인 천도·위령사업〉이라는 사명적 목표를 걸고 추진하고 있으며 자료 수집을 위한 순례 기도를 하고 있습니다.

무엇보다 정확한 비법으로 명확하고 확실한 천도를 해드리는 것이 중요합니다. 그래서 천도를 하기 위해서는 많은 시간과 자금이 필요합니다. 모든 것이 턱없이 부족해 이에 뜻있는 분들의 정성어린 손길과 후원이 필요합니다.

후원을 원하시거나, 개인적으로 저자를 만나고 싶은 분들은 연락을 주시기 바랍니다.

〈 유튜브 '효학문연구소'를 검색하세요! / 일파도사 : 010-2609-9615 / 카카오톡 ID : laka1234 〉

최고의 집안
최고의 자녀
만들기 비법

—

초 판 인 쇄 | 2020년 8월 03일
초 판 발 행 | 2020년 8월 12일

저 자 | 일파도사
진 행 | 김진선
발 행 인 | 정상훈
디 자 인 | 신아름

펴 낸 곳 | 미디어북
서울특별시 관악구 봉천로 472
코업레지던스 B1층 102호

대 표 817-2400 팩 스 817-8998
考試界 · 고시계사 · 미디어북 817-8998~9
www.gosi-law.com

정가 20,000원
ISBN 979-11-89888-15-2 03810

미디어북은 考試界社 자매회사입니다